JILIANGJINGJIXUE JICHU

计量经济学基础

任丽君 ◎ 编著

中国财经出版传媒集团

经济科学出版社
Economic Science Press

图书在版编目（CIP）数据

计量经济学基础/任丽君编著．—北京：经济科学出版社，2019.6
ISBN 978－7－5218－0426－3

Ⅰ.①计⋯　Ⅱ.①任⋯　Ⅲ.①计量经济学　Ⅳ.①F224.0

中国版本图书馆 CIP 数据核字（2019）第 058136 号

责任编辑：王柳松
责任校对：郑淑艳
责任印制：李　鹏

计量经济学基础
任丽君　编著
经济科学出版社出版、发行　新华书店经销
社址：北京市海淀区阜成路甲 28 号　邮编：100142
总编部电话：010-88191217　发行部电话：010-88191522
网址：www.esp.com.cn
电子邮件：esp@esp.com.cn
天猫网店：经济科学出版社旗舰店
网址：http://jjkxcbs.tmall.com
北京季蜂印刷有限公司印装
710×1000　16 开　15.5 印张　280 000 字
2019 年 6 月第 1 版　2019 年 6 月第 1 次印刷
ISBN 978－7－5218－0426－3　定价：38.00 元
（图书出现印装问题，本社负责调换。电话：010-88191510）
（版权所有　侵权必究　打击盗版　举报热线：010-88191661
QQ：2242791300　营销中心电话：010-88191537
电子邮箱：dbts@esp.com.cn）

前 言
Preface

《计量经济学基础》终于完成了。为了配合本科生的双语教学任务，加快计量经济学的国际化步伐，结合笔者对这门课程多年的一线教学实践和国外访学所学，最终完成了这本难易适中的教材，供本科生研读。

纵观全书内容，知识难易适合的人群还包括政府部门的咨询机构、企事业部门的咨询机构、计量经济学的初学者以及专门从事计量经济学研究的专业学者等。

完成本书最主要的目的就是拨开迷雾，给初学者一条清晰、简洁的思维路径。多年来，面对国内外众多《计量经济学》版本，笔者发现普遍存在一个问题，就是难易程度划分不清，使本来简单的一门衍生学科变得晦涩难懂。一个本科生一学期学下来，不知计量经济学为何物是常有的事情。随手抛出一个问题，学生们无从下手也是常态。思虑良久，笔者最终的结论是相关资料没有为计量经济学框架划分出基础、中级、高级以及最新前沿等层级，导致这门新兴学科一方面依附于高等数学的最新发展；另一方面又与数理统计学重叠。

完成本书的第二个目的，就是方便学习双语计量经济学课程的本科生。对于初学计量经济学的本科新生，高等数学基础知识、统计学基础知识和经济学基础知识等刚刚进入脑海，还没来得及融会贯通，就要学习计量经济学这门交叉学科，而且完全是英文授课的计量经济学，对他们来说是一个不小的挑战。每学期开课第一周，笔者都如实告诉本科生，他们即将面临挑战，中途是不允许退缩的。结果，每年还是有个别英语阅读有障碍的学生退课了。学到第十一周时，笔者会问学生，你们后悔当初的选择吗？他们会回答我：没有，能坚持！学到最后一周的时候，笔者再问他们同样的问题，他们的回答让我振奋。不后悔，历练了自己，很享受既学习计量知识又学习专业英语的过程。这就是计量经济学学科本身的魅力，插上了国际化的翅膀，让学生们感受到了这门知识神奇的应用能力、改造能力以及自身学习潜能被激发出来的快感。

完成本书的第三个目的，就是笔者对几年双语计量经济学本科教学的总结，也是对国外访学成果的总结。从 2009 年被河北省政府选拔为第 11 期出国培训专家，到 2011 年回国之后，从事计量经济学、统计学的双语教学，短短五年时间，完成了这门学科从中文教学到双语教学的过渡。对美国的哥伦比亚大学、哈佛大学、麻省理工学院以及普林斯顿大学等世界顶尖学府的访学、参观经历，以及亲耳聆听诺贝尔经济学大师的课程，令笔者受益匪浅，也坚定了今后的治学道路，那就是更加踏实勤奋地去学习、研读和工作，以更加饱满的精神和热情迎接教研道路上更大的难题和挑战。

大家知道，计量经济学发展至今，已经有将近百年的历史，相比经济学、管理学、社会学等其他学科，这是一门年轻的学科。改革开放以后，中国的计量经济学从无到有。在组织形式上，从学科到系所再到研究院，相关机构如雨后春笋般建立起来，就是为了适应改革开放的时代春风，为经济转型储备咨询参考的智慧软实力。

当 40 余年的改革开放使中国经济越来越强、傲然屹立在世界东方的时候，计量经济学的应用能力和改造能力也越来越普遍地走进社会发展的各行各业，为这些行业的发展贡献着学科的智慧与专家的创新能力。从学科的研究论文到政府咨询报告，处处体现着计量的科学魅力及其越来越准确的预警能力。国际计量经济学界也是硕果累累，诺贝尔经济学奖日益偏爱那些辛苦耕耘在枯燥、单调又作用明显的计量经济学领域的辛苦探路者们。

作为经济学重要分支的计量经济学，基于计量经济学支撑理论的一个重要分支——统计推断的理论之上，把经济学从抽象的原理学科日益演变成一门有自然科学味道的科学。可以说，几十年的发展，中国的计量经济学完成了从抽象理论到具体建模，从经验感觉到量化科学，从一片迷茫到有数据可咨询，有模型可仿真的质的飞越，为中国经济发展起到了很好的咨询与保驾护航的作用。

未来，随着大数据搜集技术的日益提高，样本数据代替总体数据的能力越来越强，计量方法的不断推陈出新，数学理论的不断交叉融合，用计量技术准确模拟、精准预测未来不确定的经济领域、社会领域、管理领域等出现的新问题、新难点和突发事件等都不是无章可循、无从下手的事情了。另外，伴随着人工智能（AI）技术的跨界运用，将计量研究从烦琐的大数据中解脱出来，转而专攻技术方法的更新换代、统计量的原创研发与更精准的长期预测等工作，将是今后计量经济学的发展方向。

纵观全书，主要的创新包括以下几点：

第一个创新点，是结合本科生的专业学习架构和国际同类教育的发展状况，界定出适合本科生学习、研读的计量经济学本科基础阶段应该达到的知识层级。

第二个创新点，是结合国内外相关本科阶段的教材，提炼并融合成知识的核心内容，对存在异议的一些观点，进行重新推演和梳理，力争不给初学者留下学习上的模糊死角。

第三个创新点，是为双语计量经济教学，分析了国内外理论上的争议点，形成了作者本人的观点，供本科生学习时讨论，为初学者留足挖掘潜能的空间。

第四个创新点，是在教材中添加了重点知识的英语关键词，供初学者尽快摸到学习的门路，系统学习而不是仅仅形成零零散散的知识。

第五个创新点，是除教材中每章必有的总结与思考题外，还添加了拓展阅读、全英文的测试样卷等，供初学者自测使用。

总而言之，为双语计量经济学教学进行的教材编著，既要研读国内书籍又要选研国外原著，可以说工作千头万绪、时间非常紧张。因此，著作中如果有疏漏之处，敬请读者指正！

任丽君

2018 年 12 月于河北省保定市

目 录
Contents

▶ **第一部分　计量经济学概述及线性回归模型** ◀

第 3 章 一元线性回归模型 / 23

第 4 章 多元线性回归模型 / 35

第5章 线性回归模型检验 / 43

▶ 第二部分 突破线性回归模型 ◀

第6章 非线性函数关系的线性化 / 57

第7章 模型设定误差 / 65

▶ 第三部分　三种经典计量误差 ◀

第8章　经典计量误差——多重共线性 / 73

第9章　经典计量误差——自相关 / 82

第 10 章 经典计量误差——异方差 / 104

▶ 第四部分　拓展线性回归模型 ◀

第 11 章 带虚拟变量的线性回归模型 / 125

第 12 章 利用工具变量的线性回归模型 / 131

▶ 第五部分　横纵交织的线性模型 ◀

第 16 章 面板数据模型 / 182

▶ 第六部分 单一模型向联立模型的跨越 ◀

第 17 章 联立模型 / 203

第一部分
计量经济学概述及线性回归模型

　　从第一部分开始，本书将带你进入神奇的计量经济学领域。这个领域将概念化、抽象的经济学理论与关系，通过计量经济工具转化为具体的、科学的数字与规律，呈现于世人。

第1章　认识计量经济学

关于计量经济学（econometrics）的起源，我们从计量经济学的英文单词谈起。econometrics 单词由两部分组成：前面的部分是 econo，后面的部分是 metrics。众所周知，单词 economy 是经济、节约、经济结构、经济制度等意思。在计量经济学单词中，用 economy 单词中的前五个字母表达了经济之意。单词 metric 是米制的、公制的、用公制测量等意思，加上表示复数的 s，表达了测量的多样化。从起源分析，为适应经济发展的需要，计量经济学应运而生。

计量经济学理论架构的创立者是挪威的经济学家拉格纳·弗里希（Ragnar Frisch），1969 年首届诺贝尔经济学奖获得者之一。

历经百年的发展，计量经济学以其独特的量化作用，在经济学大学科中独树一帜，立于塔顶，引领着经济、管理、社会等众多学科从抽象理论的模糊认识日益走向精准、前瞻的可测可控的世界。历年的诺贝尔经济学奖偏爱计量经济学家，已是不争的事实。

最初，计量经济学作为一级学科——经济学中的二级学科数量经济学中的一个重要分支，与另一个重要分支——推断统计，既植根于大的经济学体系之中，又推动着平行的各分支学科不断走向完善。概括地讲，计量经济学是数量化的经济学，或者说是经济学的数量化。有些学者认为，正是由于计量经济学的出现，为我们打开了一扇观察复杂世界的窗户；也正是由于计量经济学的快速发展，经济学看上去越来越像一门自然科学了。

对于计量经济学的学科地位，本书从宏观和微观两个层面总结了以下两点。首先，从宏观层面来讲，计量经济学是我们认识未知世界的一种工具。随着经济理论和信息技术的快速融合，计量经济学正在向多个领域拓展运用，其中，包括社会、政治、文化、教育、生态、医学等。其次，从微观层面来讲，计量经济学搭建起了从枯燥的经济理论、统计数据到灵动、鲜活且极具趋势性交融的规律科学的桥梁。总而言之，如果说未来世界统计无处不在，那么，接下来可以说，计量方法提炼的规律也随处可寻。1998 年，教育部将计量经济学规定为经济和管理专业学生的必修主干课程，是时代发展和学科进步的必然结果。

1.1 计量经济学的三大理论支柱

图 1.1 是计量经济学的三大理论支柱，在图 1.1 中，我们能清晰地看出计量经济学这门课程的理论架构。这个架构，分为三个层次。

第一层次是基础学科，包括经济学、数学和统计学；

第二层次是交叉学科，包括经济数学、经济统计学和数理统计学；

第三层次是综合交叉学科，即计量经济学。

因此，希望学好计量经济学的同学们，对经济学、数学、统计学、经济数学、经济统计学和数理统计学六门课程，先要弄懂学透，才能做到真正的理解。

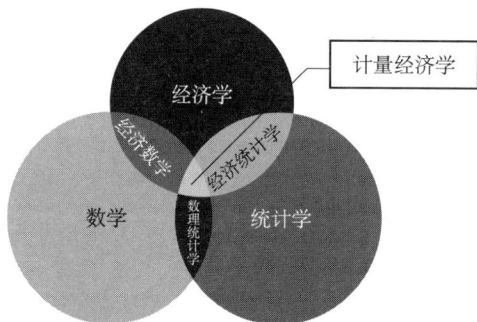

图 1.1   计量经济学三大理论支柱

资料来源：参见作者教学课件，根据拉格纳·弗里希对计量经济学科三大理论支柱的观点绘制而得。

1.2 需要复习的相关知识清单

对于初学计量经济学的同学们，需要结合图 1.1 的内容，复习以下相关学科知识，具体内容列出清单如下：

数学相关知识清单包括的主要内容有：随机变量、重要函数、概率分布、期望值、标准差、方差、协方差、矩、大数定律、中心极限定理、重要分布、随机过程、敛散性、微积分、无穷级数、泰勒公式、微分方程、差分方程、阶、矩阵、秩、迹、行列式、特征值、单位根等知识。

统计学相关知识清单包括的主要内容有：统计、抽样技术、总体、样本、变量、指标、统计量、线性模型、非线性模型、最小二乘估计、极大似然估计、广义矩估计、最小二乘估计派生出的估计、回归分析、平均、加权、统计推断、统计假设、统计检验、统计错误、统计量最优标准、拒绝域、接受域、置信水平、置信区间、显著性水平、自由度、临界值、典型统计分布、时间数列、滞后期、滞后变量、P 值、Q 值、AC 值、PAC 值、回归系数、残差、散点图、数据类型、变量类型等。

经济学相关知识清单包括的主要内容有：经济学原理、国民经济、国际经济、产业经济、区域经济、金融经济、教育经济、人力资本、战略经济、创新经济、结构经济、经济增长、弹性分析、边际分析、结构分析、静态分析、动态分析、均衡分析、投入产出分析、价值链、稳态性等。

1.3　模型是计量经济实现的载体

对于模型这个概念，我们并不陌生，英文中模型用 model 来表达，牛津高阶英汉双解词典是这样解释的：a copy of something, usually smaller than the original object，意思是说，模型通常是依照实物按照缩比的方法制成的。那么，对于经济模型，我们是不是可以将其定义为依照经济社会实际浓缩而成的现实版的微缩品呢？答案是肯定的，但又不能简单、生硬地这样理解。因为，现实的经济社会是由物质世界和精神世界共同组成的，经济模型中，应该更多地体现出，模型是由理性人主导的行为结果。因此，对经济社会进行度量的模型，即计量经济模型，应该是应用一整套计量的理论、方法和工具，对经济社会现实进行量化分析的过程。

具体的建模思路，本书整理成图 1.2。图 1.2 的步骤，依据模型检验是否通过，可以分成两个路径去理解。

第一个路径是模型一次检验通过的步骤：

发现问题、利用理论、给出假设、设计模型、整理数据、估计参数、检验模型、模型通过、应用结论。

第二个路径是模型一次检验未通过的步骤：

第一种方案：发现问题、利用理论、给出假设、设计模型、整理数据、估计参数、检验模型、发现误差、修正误差、应用结论。

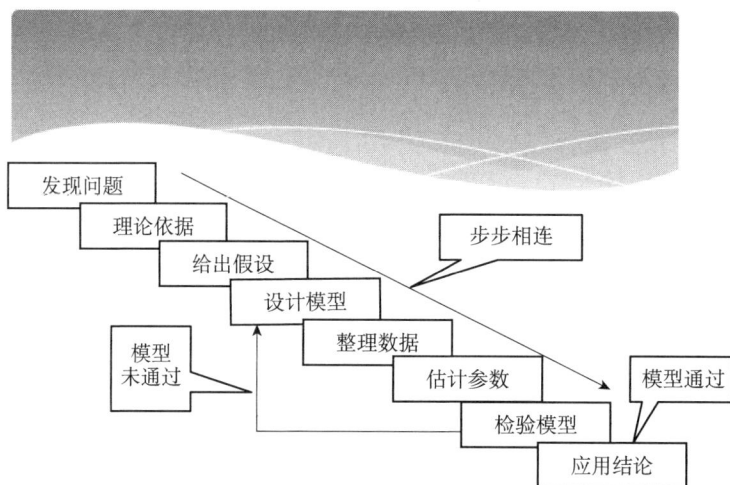

图 1.2 计量经济模型的设计步骤

资料来源：参见作者教学课件。

第二种方案：发现问题、利用理论、给出假设、设计模型、整理数据、估计参数、检验模型、模型错误、重设模型、整理数据、估计参数、检验模型、模型通过、应用结论。

第一种方案是模型设定上没有错误，但是模型中存在统计误差和计量误差等问题，需要通过修正解决这些问题；第二种方案是模型设计本身有误，需要重新选择适合的模型形式。另外，强调一点，检验、纠偏、修正的过程可能会重复许多次，才能最终得到正确的模型及结果。

关于计量经济学模型的设计步骤，将在随后章节结合案例具体展示。

1.4   国际计量经济学发展的主要脉络

（1）1926 年，挪威经济学家拉格纳·弗里希（Ragnar Frisch）发起、酝酿成立国际计量经济学会。

（2）1930 年，国际计量经济学会在美国俄亥俄州克利夫兰成立，E. 费舍尔（E. Frisher）任第一届会长。

（3）1933 年，国际计量经济学会会刊《计量经济学》（*Econometrica*）出版创刊号。

（4）20 世纪 40 年代以后，在国际上，计量经济学学科体系基本形成，计量方法广泛应用于经济学各分支。

（5）20 世纪 70 年代以后，在国际上，计量经济学科日益成熟，在研究领域内，中西合璧，不断更新计量方法、软件工具。

（6）20 世纪 80 年代，贝叶斯方法、协整理论、混沌理论、敛散规律性、空间计量经济学等新理论，渐渐充实到传统的计量经济学领域。

（7）1998 ~ 2008 年，是国际计量经济学发展最辉煌的时期，主要表现在国际计量经济学前沿理论与几个发展中大国快速出现的新一轮经济周期同频共振，结出了累累硕果，从这一时期的计量经济学论文可见一斑。

（8）2008 年以后，由于美国金融领域地产金融链条的断裂，随即发酵成世界经济格局的混沌状态，发达经济体进入经济的收敛期。然而，此时的新兴发展中国家，以中国为代表，与印度、巴西、南非、俄罗斯，力托世界经济的底盘，用了近十年的时间，将世界经济日渐拉回到正常、平稳的轨道。这一时期的计量经济学论文，大多集中在跨学科领域的研究上，旨在寻找经济增长的新动能和新引擎。

（9）2019 年以后，中国经济的巨大成就提高了中国在国际舞台上的话语权，世界进入大数据时代，中国进入大数据领域的领先梯队，计量技术步入新阶段。

1.5　国内计量经济学发展的主要脉络

（1）中国计量经济学研究始于 20 世纪 50 年代末，植根于新中国成立初期的国民经济综合平衡分析，模仿的是苏联的研究模式。1961 年 8 月 1 日，乌家培在《人民日报》上发表《谈谈经济数学方法》一文，也是中国第一篇关于数量经济学的论文。

（2）1979 年 3 月，全国数量经济研究会成立。

（3）1982 年 2 月，全国数量经济研究会第一届年会在西安召开，并出版了会刊《数量经济技术经济研究》。

（4）1992 年以后，计量经济学的培养计划应时代的召唤，贯彻到中国学历教育体系中。1998 年，教育部将计量经济学作为高等学校经济学各专业八门核心课程之一，成为经济学各专业本科生课程中的必修课。

（5）进入 21 世纪，中国数量经济学发展迅速。中国数量经济学年会和国际计量经济学中国年会相互借鉴，中国学者越来越多地参与国际计量经济研究。

纵观计量经济学在中国几十年的发展，与拥有 300 多年发展历史的统计学科相比，这门拥有近百年国际历史的计量经济学科，已经成为数量经济学的主体部分，与划分出来的统计学一级学科并驾齐驱、不分伯仲。从理论上看，从最初的投入产出、经济预测等国民经济的基本问题到后来的具有中国特色的计量经济学学科体系的建立，再到后来博弈与实验经济的计量、风险计量以及跨学科计量等领域的日新月异，可以说计量经济理论极其丰富。从方法上看，从单方程到多方程；从国内模型到连接世界计划模型；从线性模型到非线性模型；从有参数模型到半参数模型、非参数模型再到大数据挖掘；从静态模型到系统动态模型；从时间序列模型到复杂面板模型；从传统分布计量到实验混沌计量、空间计量等，难度在不断升级，领域在不断拓展。工具上，从传统的 TSP、Excel、SPSS、EViews 到随后的 R 语言、MATLAB、MONTECARLO、SPSSCLEMEMTINE 再到 AI 技术、DB 云计算等各类分析软件应有尽有。

应该说，计量经济学作为后起之秀的学科分支，通过跨界交叉、学科融合，正一步一个台阶地走向应用经济学科的塔尖，日益承担起量化经济学理论，甚至促进管理学、社会学、人口学等众多人文学科交叉融合的重担。当然，新理论、新方法以及新工具的原创、整理、应用和推广等单调、枯燥、艰苦的工作，还是需要专业人士潜心研究、深入其中的。

本章总结

本章从计量经济学的基本定义、起源、发展方向、学科地位以及发展现状入手，总结了构成计量经济学的三大理论支持体系的知识层级，探讨了计量经济学应用的实现载体、建模路径以及在计量经济学发展道路上的主要脉络。

英语词汇

Ragnar Frisch

Erving Frisher

Jan Tinbergen

econometrics

Econometrica

statistics

economics

econometric model

拓展阅读

①国际计量经济学会网页。

②中国数量经济学会网页。

③国际计量经济学会中国年会网页。

④国家统计局数据库国家数据网页。

⑤ 其他具有法律效力的官方数据网页。

本章思考

①结合经济社会，理解计量经济学概念及其在学科中的地位。

②结合学科知识，理解计量经济学理论三大支柱及层级知识。

③结合建模步骤，理解计量经济模型的两条设计及构建路径。

第2章　计量经济学常用术语

计量经济学是一门全新的经济学分支学科。进入这个领域，先要拿到"敲门砖"。"敲门砖"就是学科术语。本书整理出最基本的20多个常用术语，当然，还有许多术语，希望大家在学习过程中，边学边整理，不断储备进入计量经济学世界俱乐部的知识资本。

2.1　计量经济模型

计量经济模型，是计量经济学的实现载体，由被解释变量、解释变量、常数项和随机误差项（又称随机干扰项）组成。模型不同于以往学过的函数表达式，具体内容见图2.1。传统的线性回归模型主要包括一元线性回归模型和多元线性回归模型。许多不是线性形式的函数关系式也可以通过线性化的方法，使其具备线性化的特征，这就是非线性函数关系式的线性化。为了帮助大家尽快从函数概念转向计量模型的思维，我们需要对模型和函数进行比较。

首先，从概念上区分，模型是对经济社会的模拟，体现了一种非确定的相关关系的近似描述；而函数是对现实世界中某种确定关系的具体描述。其次，从形式上区分，模型不仅是经济现象之间的模拟与量化，还是抽象逻辑思维、系统动态变化以及机制不断耦合的综合表征；而函数仅仅是从自变量到因变量的一种映射，描述的是一种不变的等式关系。最后，从相互关系上区分，函数关系是模型构建的基础和依据；模型是函数关系从确定向相关或者不确定逻辑的延展。下面，以图2.1加以说明。

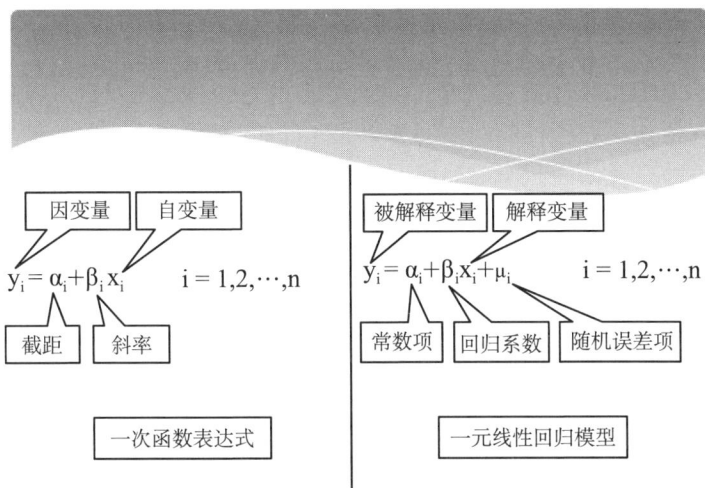

图 2.1　函数和模型的区别（以一元为例）

资料来源：参见作者教学课件。

2.1.1　形式不同

传统的一次函数表达式：$y_i = \alpha_i + \beta_i x_i$　　　$i = 1, 2, \cdots, n$。

一元线性回归模型一般式：$y_i = \alpha_i + \beta_i x_i + \mu_i$　　　$i = 1, 2, \cdots, n$。

2.1.2　组成不同

计量经济模型是计量经济学的三大支柱学科——数学、统计学和经济学，在学科理论与建模技术上的完美结合，而函数只是数学中的一个概念。

2.2　计量经济模型假设

对于假设，英文表达是 hypothesis，其复数形式是 hypotheses，也有的英文原版教材，采用 assumption 的表述。计量经济模型假设是计量经济模型构建的前提。在线性计量经济模型中，假设不是一项，是许多项的一个集合，我们习惯上将这些假设统称为传统经典假定（traditional classical hypotheses，TCH）。

假设的作用是对实现环境和实现条件的设定，以达到保证顺利运行既定理论的目的。正如"经济人"假设，是微观经济学的开篇之说，是所有微观经济理论成立的基本前提，可以说，没有这个假定，就没有微观经济学的基本框架与理论体系。

目前，对于初级计量经济学，我们更多的是以线性模型为基础展开研究的。基本脉络从一元线性回归模型到多元线性回归模型再到非线性关系式的线性化，这是单一线性回归模型的研究脉络。之后，从单一模型阶段过渡到联立模型阶段。所谓联立模型就是依据研究对象本身的内在逻辑构建而成的包含多个单一模型的联立模型组。从单一线性回归模型到联立模型组，实际上就是对 TCH 进行的联合界定。下面，认识什么是线性回归模型的传统经典假定。

对于一元线性回归模型，TCH 包括以下内容：（1）样本来源于一定的随机过程；（2）大样本具备一定的分布特征；（3）模型的随机误差项，在大样本的条件下，满足正态分布特征；（4）模型的随机误差项与解释变量相互独立；（5）模型的随机误差项各因子相互独立；（6）模型的解释变量为确定性数值；（7）模型的被解释变量为确定性数值。

对于多元线性回归模型，TCH 包括以下内容：（1）样本来源于一定的随机过程；（2）大样本具备一定的分布特征；（3）模型的随机误差项，在大样本的条件下，满足正态分布特征；（4）模型的随机误差项与解释变量相互独立；（5）模型的随机误差项各因子相互独立；（6）模型的解释变量为确定性数值；（7）模型的被解释变量为确定性数值；（8）模型的多元解释变量相互独立。

对于以上文字表达，我们可以用图 2.2 予以简明描述。

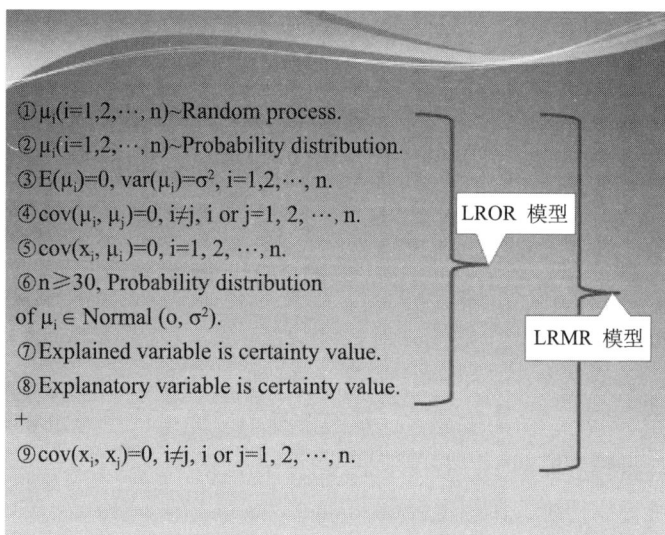

图 2.2　一元线性回归（LROR）模型和多元线性回归（LRMR）模型的 TCH

资料来源：参见作者教学课件。

2.3　模型解释变量

　　模型解释变量，在计量经济模型中称为元。包含一个解释变量的计量经济模型，常被称为一元线性回归模型；包含多个解释变量的计量经济模型，常被称为多元线性回归模型。元也被理解为维度的意思。为了方便起见，对于多元线性回归模型，我们经常用矩阵的形式表达。因为解释变量是确定性数值，所以，样本容量要尽量满足大样本的要求，即样本数量选取 30 个及以上。只有满足了大样本数量的要求，数据本身才容易呈现出大数定律的基本特征，也只有满足了大数定律的基本特征，构建起来的模型才更具代表性趋势特征。

　　进入线性回归模型的解释变量类型，一般包括以下几种：一是具备确定性数据的随机变量，简称确定性变量；二是解释变量的滞后项；三是被解释变量的滞后项；四是给定性变量赋值的虚拟变量等。

　　确定性变量包括两种：一种是前定变量；另一种是收集变量。所谓前定变量，一般采用经验值的形式，这个经验值，有时是人为设定的，有时是采用国际标准值。所谓收集变量，又称样本变量，是通过统计方法得到的随机过程中的确定数值。这些确定性变量对被解释变量构成一定的影响。如何判定何种因素能够作为解释变量对被解释变量产生影响，将在以后的章节中给予具体、详细的介绍。

　　解释变量的滞后项是指，相对于解释变量的当期值，其前期各值均是滞后项。滞后项的期数，有的学者也称为阶。选取多少期的滞后项进入模型，需要采取专门的统计量进行判断，将在以后的章节给予具体、详细的介绍。

　　被解释变量的滞后项是指，相对于被解释变量的当期值，其前期各值均是滞后项。这里，我们需要注意一点是，被解释变量的滞后项进入模型，使原来的静态模型具备了动态特征；但是，只包括解释变量滞后项的模型却不具备此特征。我们从初学阶段就要理解这些带滞后项模型的微妙区别。因为，每一个模型就是一个经济系统，系统中各个解释变量的综合变化反映出系统的当期状态；加入被解释变量滞后项作为解释变量的模型，显示出整个系统随时间变化的动态性特征。

　　在线性回归模型中，有些解释变量是定性变量，不能直接用数量表示。然而，这些变量对被解释变量可能构成影响，需要进入模型。这时，我们需要给这些定性变量先赋值，再进入模型作为解释变量。这些定性变量包括国家、地区、民族、政策、季节、性别、水平、状况、级别、阶段等。给定性变量赋值后的变量，称为虚拟变量。虚拟变量是一种特殊形式的变量，赋值后一般被称作二元变量、0~1变量或者是非变量等。这种变量的运用将不可能进入模型的定性变量纳入线性模型中。不过，需要注意的一点是，虚拟变量作为被解释变量的模型被称为线性概率模型，其参数推断方法与线性回归模型不同。

2.4 模型被解释变量

模型的被解释变量位于等号的左边，是单一解释变量或众多解释变量、单独解释或交互解释的对象。被解释变量可以具备随机性特征，但是，模型使用的样本是具体的数值，也可以是概率值。使用确定性变量作为被解释变量的模型是线性回归模型，使用概率值作为被解释变量的模型是线性概率模型，代表性模型是 Probit 模型和 Logit 模型。线性回归模型和线性概率模型采取的参数估计方法不同。一般来说，前者采用的是普通最小二乘法（ordinary least squared method，OLS 法）；后者采用的是极大似然估计法（maximum likelihood method，MLE 法）等。

2.5 随机误差项

在计量经济模型中，除了解释变量、被解释变量，能引起我们注意的部分就是随机误差项。随机误差项又称随机干扰项，是计量经济学的一个重要概念。许多模型的假设、统计量的检验、计量方法的修正，都是针对这个随机误差项的。因此，对于这个概念的解析，我们需要多用一些笔墨。

首先，我们要明确随机误差项是一个包含了所有除解释变量以外（有无常数项，依模型需要而定）对被解释变量有影响的变量的组合。也就是说，随机误差项中的因子不是一项，它是由多个因子形成的组合。其次，随机误差项是随机变量。为了满足研究需要，使模型更具研究意义，TCH 规定，随机误差项在大样本的条件下，服从正态分布。这个假定，使不计其数的变量有了约束的框架，大大简化了研究路径，但也降低了研究的精准度。后来，在传统计量经济学的基础上，发展了非参数计量经济学。非参数计量模型摒弃了TCH，不再假设模型数据的正态性特征，而是通过在数据中设定不同的窗宽去寻找数据本身的趋势特征。相比而言，非参数计量模型精准度有所提高，但是，这类模型需要大数据的支撑。同时，这种方法存在一个致命的缺点，一旦数据是虚假的，得出的模型结论将是颠覆性的。鉴于此，未来无论大数据技术如何发展，传统线性回归模型在计量经济学中的基础地位是不会改变的。

2.6　模型回归参数

在线性回归模型中，回归参数的概念就是解释变量对被解释变量的影响程度，是通过对样本数据的估计得到的。估计的常用方法，包括普通最小二乘法（OLS 法）、两阶段最小二乘法（TSLS 法）、加权最小二乘法（WLS 法）、广义最小二乘法（GLS 法）等。对于非线性模型，推断参数的常用方法包括广义矩法（GMM）、极大似然估计法（MLE 法）等。

回归参数的形式，依据模型的不同形式而具备不同的经济含义。线性模型的形式主要包括，线性—线性模型、线性—对数模型、对数—线性模型三种。三种模型的回归系数具有不同的经济含义，我们将在相关章节做具体介绍。这里需要提醒大家一点，有时，由于在时间序列中，不相关变量存在同向增减趋势，在模型的回归结果中，回归系数也会表现出显著性特征，这就是"虚假回归"现象。为了克服这种"虚假回归"现象，建模之前，大家应该对进入模型的变量进行相关性检验和稳定性检验，这对提高模型的科学性是很有必要的，以后，将在相关章节做详细介绍。

2.7　检验统计量

在计量经济学中，用作检验的统计量数量众多，因此，我们可以说，计量经济学是一门"关于模型和检验统计量的科学"。那么，什么是检验统计量呢？首先，我们要理解什么是统计量；然后，再去理解什么是检验统计量。

所谓统计量，是一种特殊的函数，这种函数的特殊性主要体现在，其与某种分布之间建立起某种直接或者间接的归属关系。所谓检验统计量，就是检验结合模型设计出的原假设和备择假设哪方成立的统计量。具体方法是，根据模型估计的结果得到相应的统计量数值，再与对应的临界值，见 2.13 节，进行比较，分析统计量值落入接受区域还是拒绝区域，见 2.12 节，来判断是接受原假设（等同于拒绝备择假设），还是接受备择假设（等同于拒绝原假设）。

在线性回归模型中，统计量大体包括三类：第一类是常规检验统计量，有 t 统计量、F 统计量、R^2 统计量、Chow 统计量、Jarque-Bera（JB）统计量等；第二类是计量误差检验统计量，有检验解释变量之间多重共线性的 VIF 统计量，有检验随机误差项自相关的 DW 统计量和 LM 统计量，有检验随机误差项异方差的 White 统计量等；第三类是模型设定检验统计量，有检验模型形式设定误差的 RESET 统计量，检验变量数据稳定性的 DF 统计量和 ADF 统计量，检验数据之间是否存在协整关系的 EG 统计量和 AEG 统计量，检验变量因果关系的格兰杰因果（Granger causality）统计量等。

2.8　原假设与备择假设

原假设和备择假设是假设检验中必不可少的一对概念。设计这对概念的时候，需要特别注意，什么应作为原概念，什么应作为对立的备择假设概念，需要结合检验问题的实际作出准确界定。设计原假设和备择假设与设计检验统计量一样，需要高度的科学性、严密的逻辑性和正确的理论知识作为支撑。下面，我们选择 F 统计量的原假设和备择假设加以说明。

大家知道，F 统计量是检验模型线性整体显著性的统计量。所以，设计原假设的时候，我们看到其定义是"所有的回归系数同时为零"的联合假设形式，相应的备择假设就是"所有的回归系数不同时为零"的对立假设。非常明显，原假设要表达的意思就是，模型中的解释变量整体不具备显著性，即所有的解释变量回归系数值对被解释变量都不产生影响，即为零。对于备择假设，其表达的意思是，模型中有部分解释变量对被解释变量形成影响，有影响的这些解释变量共同构成了一个整体的显著性值，即 F 值。

2.9　显著性水平

在计量经济学中，显著性水平这个概念，是最容易引起初学者迷惑的概念之一。实际上，它又是一个非常好理解的词语。我们可以给它一些简单明了的定义，即允许犯错的上限、允许出错的最大概率或者可接受误差的范围等。在初级计量经济学建模过程中，我们经常使用的显著性水平是 10%、5% 和 1%

等，一般用 α 表示。

2.10　置信水平

在计量经济学中，置信水平和显著性水平是相对应的一对概念。计算公式是"置信水平 = 1 - 显著性水平"。也就是说，如果我们选择了 5% 的显著性水平，那置信水平就是 95%。顾名思义，置信水平是可以接受的水平、有多大的把握、可以接受的范围或者可以接受的概率度等。

2.11　P 值

P 值是一个概率值，体现了一些统计量在一定的显著性水平下的计算值对应的发生概率。所以，为了便于记忆，我们经常称 P 值为"概中概"，即概率中的概率。另外，P 值还有一个用途，就是通过与显著性水平的联合分析，来判断是接受原假设还是拒绝原假设。由于 P 值的"概中概"特征，因此，在分布图上，如果它是比显著性水平更小的数值，就落在拒绝域的末梢。

2.12　拒绝域与接受域

在样本所属的概率（或概率密度）分布图上，以显著性水平为界，将区域划分为可以接受的区域和超过了显著性水平的不可以接受的区域。可以接受的区域被称作接受域，超过了显著性水平的不可以接受的区域被称作拒绝域。接受域和拒绝域的累计分布合起来是"1"的概念，即概率上的 100%。为了便于区分，在分布图上，我们一般将拒绝域绘制成阴影部分。

2.13　临界值

无论在哪种语言的任何一本计量经济学教材中，书的附录部分，都包含了几种代表性分布在常用显著性水平下的标准值，也称为临界值，供与统计量实际值做比较用。所谓临界值，就是在给定的显著性水平下，得到的检验统计量在对应分布上的标准值。因此，初学者一定要学会查一些统计量的临界值表。懂得在每张表上，要得到临界值，我们需要借助统计量中的哪些信息。比如，对于 F 统计量的 F 分布表，就需要知道第一自由度和第二自由度，才能得到 F 分布中的临界值。

2.14　自由度

从字面上理解，自由度就是自由的维度，是相对于约束条件而言的。约束条件多一个，自由度就损失一个。举个简单的例子，有三个变量 A、B 和 C，按照定义，我们知道三个变量三个维度，数据任意取。如果我们加上一个约束条件，即我们知道这三个变量的平均数 D，那么自由度还是 3 吗？答案是 3 减去 1，自由度变成了 2。因为在三个变量中，利用任意两个变量和该平均值，都可以计算出另外一个变量的具体数值。也就是说，那一个变量不再具有自由性特征，成了确定性变量。

2.15　模型变量类型

在计量经济模型中，变量的类型具有多样性。模型中代表性变量有确定性变量和随机性变量、前定变量和滞后变量、内生变量和外生变量、真实变量和虚拟变量等。对于初学者，应该注意一点，并不是每一个研究问题，都可以找到相应的变量来表述。当出现没有合适的变量的情况时，建模者可以采取国际经验的做法或自定义的方法来实现，数据的来源可以通过问卷调查的方式获得。

2.16　模型数据类型

数据是模型得以实现的支撑。从数据类型上看，计量经济模型的数据主要包括三类：时间数列、横截面数据和面板数据。所谓时间数列是指，同一指标在不同时期的数值序列；所谓横截面数据是指，同一指标的不同个体在某个时间节点上的数据集合；所谓面板数据是指，不同个体在不同时间节点上的数据集合。数据的来源包括，年鉴、抽样调查、问卷调查等。数据的获取渠道有官方渠道、调查渠道等。数据的存在方式包括公共数据、付费数据和调查数据等。

2.17　模型类型

通过以上知识的学习，我们知道，模型作为计量经济学的实现载体，数量众多。仅对于初学阶段，基本模型的数量就不会少于几十种。那么，面对众多的模型，我们如何掌握并使用呢？最简单的方法，就是将模型归类。大体上，初级阶段的计量经济模型从形式上分，包括以下几种：线性模型、对数模型、指数模型、几何级数模型、概率模型、混合模型、联立模型等；从有无滞后变量的角度，分为静态模型和动态模型；从模型数量的角度，分为单一模型和联立模型等。

2.18　约束条件

模型的约束条件，相比自由度而言就容易理解了。俗话说，没有规矩，不成方圆。对于计量经济模型来说，约束条件的设定是融科学性和可操作性为一体的技术。以 F 统计量为例，原假设规定"所有的回归系数同时为零"，这就是表达整体不显著的约束条件。在单一模型中，约束条件的设立，不存在联立模型之间的交互重叠关系的影响。在联立模型中，约束条件往往单独列出，与模型联立。

2.19　识别条件

联立模型，一般由行为模型和恒等关系式构成。所谓联立模型的识别，就是模型中涉及的含参数行为模型是否有解的问题。如果想要得到每个行为模型的解，就需要对其解释变量的数量进行设定，这就是联立模型的识别条件。联立模型的整体识别，依赖于联立模型中每一个行为模型的可识别。

联立模型的识别状况一般包括三种：恰好识别、过度识别和不可识别。判断联立模型识别状况的方法很多，一般常用的方法包括以下几种，解释变量数量判别法、阶判别法和秩判别法等。

关于解释变量数量判别法的基本原理是：联立模型中解释变量总数设为 M；内生变量总数设为 K；单一行为模型中包含的解释变量总数设为 N。对于联立模型中任意一个行为模型，如果存在 M − K = N − 1，说明这个单一行为模型是恰好识别；如果存在 M − K < N − 1，说明这个单一行为模型是过度识别；如果存在 M − K > N − 1，说明这个单一行为模型是不可识别。

关于阶判别法的基本原理是，联立模型中行为模型的个数设为 K；解释变量总数设为 M；某单一行为模型中解释变量的数量设为 N。对于联立模型中，任意一个行为模型，如果存在 M − N = K − 1，说明这个单一行为模型是恰好识别；如果存在 M − N < K − 1，说明这一单一行为模型是过度识别；如果存在 M − N > K − 1，说明这一单一行为模型是不可识别。

关于秩判别法的基本原理是，联立模型中行为模型的个数设为 K；解释变量总数设为 M；单一行为模型中解释变量的数量设为 N。在单一行为模型中，不包含在该模型中的排斥变量系数矩阵的秩为 rank（M − N）。对于联立模型中任意一个行为模型，如果存在 rank（M − N）= K − 1，说明这个单一行为模型是恰好识别；如果存在 rank（M − N）< K − 1，说明这个单一行为模型是过度识别；如果存在 rank（M − N）> K − 1，说明这个单一行为模型是不可识别。

以上三种判定联立模型是否可识别的条件，只能说是基于模型形式给出的一些参考条件。具体应用时，一定要结合所设计的联立模型在时间维度上的动态性、空间维度上的系统性的"两特性合一"的标准进行科学考量。

2.20 模型术语

计量经济学不同于数学、不同于统计学，更不同于经济学。三者交叉融合成为经济计量学或者计量经济学。尽管不像数学、统计学和经济学那样有丰厚的历史发展底蕴，但是，近一个世纪的积累，近几十年的快速发展，使计量经济学有了本学科丰富的专业术语。因此，对于计量经济学的初学者而言，掌握好计量经济学的专业术语，是学好这门课的前提和关键。

2.21　其他术语

对于计量经济学的模型术语，除了以上提到的这些常规术语之外，大家还可以总结出更多内容。其他代表性的术语还包括，拟合、置信区间、点估计、区间估计、独立性、计量误差、修正、多重共线性、同方差、异方差、自相关、联立模型、平稳性、因果检验、单位根检验等。

随着人工智能 AI 技术的快速发展和大数据挖掘技术的日渐普及，传统的计量经济模型不断被充实进新的内容，形成新的分支，这是样本量日益扩大、越来越接近全及总体的必然结果。今后，伴随着这一进程的深入，一些最早出现的传统术语，极有可能淡出该领域的视线，比如，置信水平与显著性水平等。同时，一些术语将被广泛应用，成为该领域的词汇新宠。比如，鲁棒性、逼近和维纳过程等。

本章总结

本章总结了计量经济学线性回归模型经常用到的 20 多个专业术语：计量经济模型、计量经济模型假设、模型解释变量、模型被解释变量、随机误差项、模型回归系数、检验统计量、原假设与备择假设、显著性水平、置信水平、P 值、拒绝域与接受域、临界值、自由度、模型类型、模型变量类型、模型数据类型、约束条件、识别条件、模型术语。对这些术语的解析通俗易懂、言简意赅，能比较容易地引领初学者进入计量经济学的殿堂。另外，作者还提供了一些其他专业术语：拟合、置信区间、点估计、区间估计、独立性、计量误差、修正、多重共线性、同方差、异方差、自相关、联立模型、平稳性、因果检验以及单位根检验等，供大家在学习过程中参考。

英语词汇

econometrics model hypothesis

explanatory variable

explained variable

random error term

regressive parameter

statistic test

null hypothesis

alternative hypothesis

significance level

confidence level

P value

reject region

accept region

critical value

freedom degree

model variable type

model data type

model type

restriction condition

identical condition

拓展阅读

①《统计学》相关知识。

②《概率论与数理统计》相关知识。

③《线性代数》相关知识。

④《微积分》相关知识。

⑤英文原版 Statistics，Probability，Linear algebra，Calculus 等。

本章思考

①结合《统计学》，理解计量经济学科的统计元素。

②结合《高等数学》，理解计量经济学科的数学元素。

③结合英文原版教材，理解计量经济学科的国际化元素。

第3章 一元线性回归模型

从本章开始，我们将进入计量经济模型的学习。模型是计量经济学的实现载体。在本书中，我们要学习的计量经济模型基本形式，不会少于三四十种。这三四十种计量经济模型遵循的基本脉络是一元线性回归模型、多元线性回归模型、非线性函数关系式的线性化模型、违背 TCH 的计量经济修正模型、扩展的线性回归模型、时间数列与线性回归模型结合而成的模型、面板数据与线性回归模型结合而成的模型、线性概率模型、联立模型的初等知识等。将这一脉络按模型相似性进行划分，又可以将其划分为六个部分，即单一线性回归模型、非线性函数关系式的线性化模型、扩展的线性回归模型、违背 TCH 的计量模型误差修正、时间数列与面板数列模型、联立模型等，见图 3.1。如果再按包含的模型数量划分，这一脉络直接可以分为两大部分：单一模型部分和联立模型部分。然而，这两大部分模型合起来最终被称为有参计量经济模型。本书把初级阶段的整个计量经济学内容，按"九六二一"的框架进行归纳，方便初学者系统学习。本书的写作顺序是基于其中的"六部分划分法"来展开的。遵循这一顺序，我们先进入第一部分的一元线性回归模型的学习。

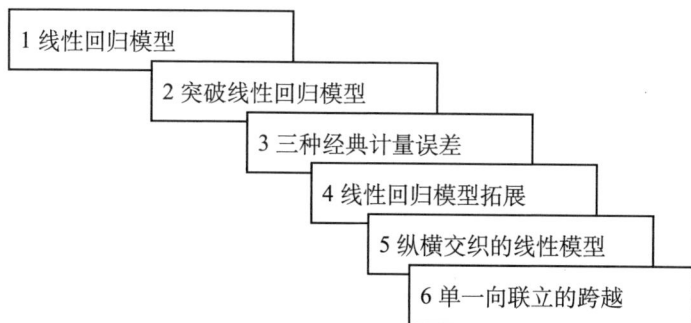

```
1 线性回归模型
  2 突破线性回归模型
    3 三种经典计量误差
      4 线性回归模型拓展
        5 纵横交织的线性模型
          6 单一向联立的跨越
```

图 3.1 全书研究框架

3.1 从函数向计量经济模型的转变

函数是在一定的对应法则下，从自变量到因变量的确定性关系等式。一元一次函数表达式为：

$$y_i = \alpha + \beta x_i \qquad i = 1, 2, \cdots, n \qquad (3.1)$$

一元线性回归模型是指，一个回归元对被解释因素影响程度的分析。一元线性回归模型的表达式为：

$$y_i = \alpha_i + \beta_i x_i + \mu_i \qquad i = 1, 2, \cdots, n \qquad (3.2)$$

以一元线性回归模型为例，将函数和计量经济模型的组成部分进行比较描述，大家可以重温图 2.1 的内容。

以往，大家学习过的直线函数由自变量、因变量、截距和斜率四部分组成。现在，我们即将学习的计量经济模型，以一元线性回归模型为例，由解释变量、被解释变量、回归系数、常数项和随机误差项五部分组成。纵观国内外同类教材，有时模型组成部分所用字母不同，但是构成是一致的。

3.2 一元线性回归模型回归系数估计

我们知道，计算一元一次函数的斜率，通常采取"两点确定一线"的方法。对于一元线性回归模型，因为表达的不是确定的函数关系，所以需要对回归系数进行估计，统计学中称为推断。无论计量经济学中的估计还是统计学中的推断，都是寻找逼近真实系数的过程，这一过程被称为"回归"。从近似系数到真实系数，取决于选取样本数据的多少与真实。

在计量经济模型中，线性回归模型估计回归系数的方法，通常采用普通最小二乘法。英文表达是 ordinary least squared method，简称 OLS 方法。

通过 OLS 方法，得到的一元线性回归模型回归系数的表达式是：

$$\hat{\beta_i} = \frac{\sum_{i=1}^{n}(x_i - \bar{x})(y_i - \bar{y})}{\sum_{i=1}^{n}(x_i - \bar{x})^2} \qquad i = 1, 2, \cdots, n \qquad (3.3)$$

在式（3.3）中，x_i 是解释变量选取的真实值；y_i 是被解释变量选取的真实值；$\bar{x}$ 是所选解释变量真实值的简单算术平均值；$\bar{y}$ 是所选被解释变量真实值的简单算术平均值；β_i 是回归系数总体真实值；$\hat{\beta_i}$ 是回归系数样本估计值。

根据式（3.3），计算出模型常数项的估计值，表达式如下：

$$\widehat{\alpha_i} = \bar{y} - \widehat{\beta_i}\bar{x} \qquad i = 1, 2, \cdots, n \qquad (3.4)$$

在式（3.4）中，α_i 是常数项的总体真实值；$\widehat{\alpha_i}$ 是常数项的样本估计值。

我们知道，在大数定律理论支撑下，鉴于随机误差项的正态性假定前提，按照正态性特征的线性传递原理，解释变量数值也应具备正态性分布特征。关于正态性线性传递的特征，是估计回归系数置信区间的理论依据。

根据选取的样本量，一般利用适合小样本的学生 t 分布（以下简称"t 分布"）代替总体的正态分布，查找给定显著性水平下的临界值，来估计解释变量回归系数的置信区间。因为无论是 t 分布还是正态分布，均是双侧对称分布，反映在置信区间上，也将会是呈对称取值的。

回归系数的置信区间表达式为：

$$\left[\widehat{\beta_i} - t_{\frac{\alpha}{2}}(n-2) \times S.E(\widehat{\beta_i}), \widehat{\beta_i} + t_{\frac{\alpha}{2}}(n-2) \times S.E(\widehat{\beta_i}) \right] \qquad (3.5)$$

在式（3.5）中，$t_{\frac{\alpha}{2}}(n-2)$ 为解释变量回归系数双侧 $t_{\frac{\alpha}{2}}$ 临界值，$S.E(\widehat{\beta_i})$ 为解释变量回归系数的标准误，也是其标准差的平均误差。

3.3　一元线性回归模型残差值

利用 OLS 方法，对模型（3.2）进行估计，得到了常数项样本估计值和回归系数样本估计值，随机误差项的估计值也可以同步得到，我们称其为模型残差，英文为 residual。以下是随机误差项估计值，即残差的表达式：

$$\widehat{\mu_i} = e_i = y_i - \widehat{y_i} = y_i - (\widehat{\alpha_i} + \widehat{\beta_i}\bar{x}) \qquad i = 1, 2, \cdots, n \qquad (3.6)$$

在式（3.6）中，μ_i 是随机误差项；$\widehat{\mu_i}$ 是随机误差项的估计值，一般用字母 e 来表示。

3.4　一元线性回归模型预测值

线性回归模型的预测，包括点预测和区间预测。点预测是指，模型（3.2）检验通过后，可以进入应用阶段，代入下一期的解释变量真实值进入预测模型，得到的被解释变量估计值就是根据下一期的解释变量时点真实值得到的被解释变量下一期的时点预测值，见式（3.7）。

3.4.1 点预测

结合式（3.3）和式（3.4），可以得到一元线性回归模型的点估计表达式：

$$\widehat{y_{i+1}} = \widehat{\alpha_i} + \widehat{\beta_i} x_{i+1} \quad i = 1, 2, \cdots, n \quad\quad (3.7)$$

在式（3.7）中，x_{i+1} 是 $i+1$ 期的解释变量真实值；$\widehat{y_{i+1}}$ 是 $i+1$ 期的被解释变量估计值。这种点到点的预测方法，既简单又便捷。但是，时点预测值的真实性、代表性，还需要通过估计置信区间值加以概率验证，基本步骤见图 3.2。

对图 3.2 进行解析，我们知道，对被解释变量进行预测，需要的因素包括回归系数估计值、常数项估计值、解释变量的下一期真实值。然后，将检验通过的估计值和解释变量的下一期真实值代入预测模型，就会得到被解释变量下一期的预测值。但是，我们需要注意两点：其一，在 OLS 方法中，计算回归系数估计值和常数项估计值的解释变量的简单算术平均值和被解释变量的简单算术平均值，均取自样本数据，这就不可避免地出现了一个不可忽视的问题，样本数据在多大程度上能代表总体数据，即解释变量和被解释变量的样本均值对各自的总体均值代表性问题。这一问题是预测之前先要明确的问题。其二，只有这个问题明确了，我们对模型预测的精准度才会做到心中有数，接下来，才是对被解释变量预测结果精准度的验证。目前，对这两步的验证采取的方法，均是对一定显著性水平下置信区间的计算。

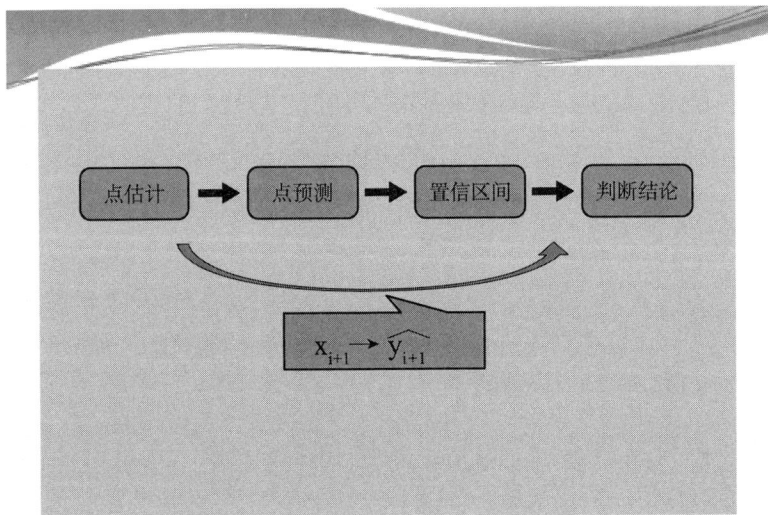

图 3.2　一元线性回归模型的点预测基本步骤

资料来源：参见作者教学课件。

3.4.2　$\widehat{y_{i+1}}$ 的置信区间

在 3.2 节中，关于估计回归系数置信区间的正态性线性传递理论，在对被解释变量估计其均值置信区间和下一期预测值置信区间上同样适用。

推导过程：

已知：$\widehat{y_{i+1}} = \widehat{\alpha_i} + \widehat{\beta_i} x_{i+1}$，$i = 1, 2, \cdots, n$。

$var(\widehat{\alpha_i}) = \dfrac{\sigma^2 \sum_{i=1}^{n} x_i^2}{n \sum_{i=1}^{n} (x_i - \bar{x})^2}$，其中：$\widehat{\sigma}^2 = \dfrac{1}{n} \sum_{i=1}^{n} e_i^2$　$i = 1, 2, \cdots, n$。

$var(\widehat{\beta_i}) = \dfrac{\sigma^2}{\sum_{i=1}^{n} (x_i - \bar{x})^2}$，其中：$\widehat{\sigma}^2 = \dfrac{1}{n} \sum_{i=1}^{n} e_i^2$　$i = 1, 2, \cdots, n$。

$cov(\widehat{\alpha_i}, \widehat{\beta_i}) = \dfrac{-\bar{x}\sigma^2}{\sum_{i=1}^{n} (x_i - \bar{x})^2}$，其中：$\widehat{\sigma}^2 = \dfrac{1}{n} \sum_{i=1}^{n} e_i^2$　$i = 1, 2, \cdots, n$。

考虑到总体未知，用样本方差来代替总体方差的估计值。即：

$$\sigma^2 \xrightarrow{\text{Asymptotically}} s^2 = \frac{\sum_{i=1}^{n} \widehat{e_i}^2}{n - 2}, \qquad \text{其中，} \widehat{e_i} \text{是随机误差项的估计量。}$$

根据正态性假设，$\widehat{y_{i+1}} - \bar{y}$ 符合正态分布，即满足均值为零，方差为某一常数的分布特征。因此，计算 $\widehat{y_{i+1}} - \bar{y}$ 的方差，过程如下：

$$var(\widehat{y_{i+1}} - \bar{y}) = E(\widehat{y_{i+1}} - \bar{y})^2 - [E(\widehat{y_{i+1}} - \bar{y})]^2 = E(\widehat{y_{i+1}} - \bar{y})^2$$

$$\begin{aligned}
E(\widehat{y_{i+1}} - \bar{y})^2 &= E[(\widehat{\alpha_i} + \widehat{\beta_i} x_{i+1}) - E(\alpha_i + \beta_i x_{i+1} + \mu_{i+1})]^2 \\
&= E[(\widehat{\alpha_i} - \alpha_i) + (\widehat{\beta_i} - \beta_i)x_{i+1} - E(\mu_{i+1})]^2 \\
&= E[(\widehat{\alpha_i} - \alpha_i) + (\widehat{\beta_i} - \beta_i)x_{i+1}]^2 \\
&= E\{(\widehat{\alpha_i} - \alpha_i)^2 + 2(\widehat{\alpha_i} - \alpha_i)(\widehat{\beta_i} - \beta_i)x_{i+1} + [(\widehat{\beta_i} - \beta_i)x_{i+1}]^2\} \\
&= var(\widehat{\alpha_i}) + 2x_{i+1}cov(\widehat{\alpha_i}, \widehat{\beta_i}) + x_{i+1}^2 var(\widehat{\beta_i}) \qquad (3.8)
\end{aligned}$$

在式（3.8）中，由三个部分的内容组成，将已知条件代入式（3.8），整理结果为：

$$\begin{aligned}
var(\widehat{y_{i+1}} - \bar{y}) &= var(\widehat{e_{i+1}}) \\
&= var(\widehat{\alpha_i}) + 2x_{i+1}cov(\widehat{\alpha_i}, \widehat{\beta_i}) + x_{i+1}^2 var(\widehat{\beta_i}) \\
&= \frac{\sigma^2 \sum_{i=1}^{n} x_i^2}{n \sum_{i=1}^{n} (x_i - \bar{x})^2} + 2x_{i+1} \times \frac{-\bar{x}\sigma^2}{\sum_{i=1}^{n} (x_i - \bar{x})^2} + x_{i+1}^2 \times \frac{\sigma^2}{\sum_{i=1}^{n} (x_i - \bar{x})^2} \\
&= \frac{\dfrac{\sigma^2}{n}(\sum_{i=1}^{n} x_i^2 - 2nx_{i+1} \times \bar{x} + n \times x_{i+1}^2)}{\sum_{i=1}^{n} (x_i - \bar{x})^2} \qquad (3.9)
\end{aligned}$$

根据整理结果，可以得出结论：

$$(\widehat{y_{i+1}} - \bar{y}) \sim N(0, \frac{\frac{\sigma^2}{n}(\sum_{i=1}^{n} x_i^2 - 2nx_{i+1} \times \bar{x} + n \times x_{i+1}^2)}{\sum_{i=1}^{n}(x_i - \bar{x})^2}) \quad (3.10)$$

$$\widehat{e_{i+1}} \sim N(0, \frac{\frac{\sigma^2}{n}(\sum_{i=1}^{n} x_i^2 - 2nx_{i+1} \times \bar{x} + n \times x_{i+1}^2)}{\sum_{i=1}^{n}(x_i - \bar{x})^2}) \quad (3.11)$$

将 $\sigma^2 \xrightarrow{\text{Asymptotically}} s^2 = \frac{\sum_{i=1}^{n} \hat{e}_i^2}{n-2}$ 代入式（3.10）、式（3.11），得到：

$$(\widehat{y_{i+1}} - \bar{y}) \sim N(0, \frac{\frac{\sum_{i=1}^{n} e_i^2}{n(n-2)}(\sum_{i=1}^{n} x_i^2 - 2nx_{i+1} \times \bar{x} + n \times x_{i+1}^2)}{\sum_{i=1}^{n}(x_i - \bar{x})^2}) \quad (3.12)$$

$$\widehat{e_{i+1}} \sim N\left(0, \frac{\frac{\sum_{i=1}^{n} e_i^2}{n(n-2)}(\sum_{i=1}^{n} x_i^2 - 2nx_{i+1} \times \bar{x} + n \times x_{i+1}^2)}{\sum_{i=1}^{n}(x_i - \bar{x})^2}\right) \quad (3.13)$$

$(\widehat{y_{i+1}} - \bar{y})$ 符合均值为零，方差为 $\dfrac{\frac{\sum_{i=1}^{n} e_i^2}{n(n-2)}(\sum_{i=1}^{n} x_i^2 - 2n \times x_{i+1} \times \bar{x} + n \times x_{i+1}^2)}{\sum_{i=1}^{n}(x_i - \bar{x})^2}$ 的正

态分布。其中，$S^2(\widehat{e_{i+1}}) = \dfrac{\frac{\sum_{i=1}^{n} e_i^2}{n(n-2)}(\sum_{i=1}^{n} x_i^2 - 2n \times x_{i+1} \times \bar{x} + n \times x_{i+1}^2)}{\sum_{i=1}^{n}(x_i - \bar{x})^2}$。

$\widehat{y_{i+1}}$ 的置信区间为：

$$\left[\widehat{y_{i+1}} - t_{\frac{\alpha}{2}}(n-2) \times S.E(\widehat{e_{i+1}}), \widehat{y_{i+1}} + t_{\frac{\alpha}{2}}(n-2) \times S.E(\widehat{e_{i+1}})\right] \quad (3.14)$$

模型通过检验后，未来任何一个时点的预测值都可以根据回归结果计算出来。计算出来的预测值将有多大把握落在可接受的区域内，就需要对预测值进行上述置信区间的计算。

3.5 案例分析

某农村地区 1978～2017 年，家庭每月可支配收入、家庭子女平均受教育年限和家庭成员每天有效工作时数，三项指标资料整理如下，见表 3.1。

表 3.1　　某农村地区 **1978 ～ 2017** 年家庭收入、接受教育、劳动情况指标

年份	月均收入（元/月）	教育年限（年/人）	劳动时数（小时/天）	年份	月均收入（元/月）	教育年限（年/人）	劳动实数（小时/天）
1978	20	12.8	5.5	1998	480	9.2	10.2
1979	26	12.7	5.6	1999	600	8.8	10.2
1980	30	12.6	5.7	2000	710	8.7	10.3
1981	36	11.5	5.9	2001	800	8.6	10.7
1982	40	10.9	6.1	2002	880	8.6	10.8
1983	42	10.8	6.2	2003	909	8.5	11
1984	44	10.6	6.4	2004	1200	8.6	11.2
1985	49	10.4	7.2	2005	1300	8.7	11.3
1986	58	10.5	7.6	2006	1500	8.6	11.5
1987	60	10.6	8.2	2007	1900	8.7	11.7
1988	66	11.2	8	2008	2100	8.5	11.9
1989	52	10.6	7.5	2009	2300	8.2	11.9
1990	90	9.8	8.5	2010	2500	8.3	12.1
1991	95	9.8	9.2	2011	2600	8.4	12.3
1992	106	9.4	9.7	2012	2700	8.2	12.5
1993	150	9.5	9	2013	2900	8.1	12.6
1994	180	9.6	9.5	2014	3003	7.9	12.8
1995	240	9.7	9.8	2015	3100	7.6	12.7
1996	336	9.9	9.9	2016	3500	7.5	12.9
1997	400	10.1	10.1	2017	4100	6.9	13.4

资料来源：根据作者的调研数据计算整理而得。

按照本书 1.3 节的知识，我们建立线性回归模型。

按照模型一次检验通过的步骤，详述如下：

（1）提出问题。

我们希望了解该地区农村家庭适龄子女平均受教育水平或者家庭劳动力日平均劳动情况对家庭月均收入状况的影响程度。

（2）利用理论。

人力资本相关理论认为，人力资本水平是影响个体收入的重要因素之一，选取农村家庭适龄子女平均受教育年限指标来表示；经济增长相关理论认为，人力资本和劳动力是引起增长的重要因素。

（3）给出假设。

假设该农村地区 1978 ～ 2017 年没有涉及指标口径上的变化，家庭数量、家庭人口处于平稳增长状态。

（4）设计模型。

建立一元线性回归模型：$y_i = \alpha_i + \beta_i x_i + \mu_i$，

被解释变量为 y_i，家庭月均收入状况，用 INCOME 表示；

解释变量 x_i 之一，家庭适龄子女平均受教育水平，用 EDUCATIONYEARS 表示；

解释变量 x_i 之二，家庭劳动力日均平均劳动情况，用 WORKHOURS 表示。

（5）收集数据。

数据由该农村地区年鉴资料、抽样调查资料、问询访谈资料等汇总而成。

（6）估计参数。

回归结果之一：

$$INCOME = 7390.56 - 670.23 \times WORKHOURS$$

家庭劳动力日均平均劳动情况的回归参数是 -670.23。

回归结果之二：

$$INCOME = -3121.91 + 426.28 \times EDUCATIONYEARS$$

家庭适龄子女平均受教育水平的回归参数是 426.28。

（7）检验模型。

本章知识没有涉及的检验，将放在以后相关章节。

（8）模型通过。

本章知识没有涉及，假设模型通过。

（9）应用结论。

A. 模型结果说明

a. 一元线性回归模型1：INCOME = 7390.56 - 670.23 × WORKHOURS。回归参数 -670.23 表明，在 1978 ~ 2017 年，该农村地区家庭劳动力日均平均劳动每减少1个小时，将减少家庭每月可支配收入 670.23 元。

b. 一元线性回归模型2：INCOME = -3121.91 + 426.28 × EDUCATION-YEARS。回归系数 426.28 表明，在 1978 ~ 2017 年，该农村地区家庭适龄子女平均受教育水平每提高一年，将增加家庭每月可支配收入 426.28 元。

B. 回归系数估计

a. 一元线性回归模型1：INCOME = 7390.56 - 670.23 × WORKHOURS。回归参数 -670.23 是 1978 ~ 2017 年劳动时间对家庭收入的点估计影响值。接下来，我们给定模型回归参数允许犯错的显著性水平是 5%，那么，这个回归系数作为估计值，可以在哪个区间范围内取值？以下是计算该回归参数置信区间的方法。

回归结果已知数据：

该项指标在回归中产生的标准误是 81.9；显著性水平为 5%；置信水平为 95%；样本容量 n = 40；该回归系数的置信区间为：

$$\left[\text{WOR}\widehat{\text{KHOUR}}\text{S} - t_{\frac{\alpha}{2}}(n-2) \times \text{S. E}(\text{WOR}\widehat{\text{KHOUR}}\text{S}), \right.$$

$$\text{WOR}\widehat{\text{KHOUR}}\text{S} + t_{\frac{\alpha}{2}}(n-2) \times \text{S. E}(\text{WOR}\widehat{\text{KHOUR}}\text{S}) \right]$$

$$= (-670.23 - 2.02 \times 81.9, -670.23 + 2.02 \times 81.9)$$

$$= \left[-835.67, -504.79 \right]$$

结果表明，该回归系数将以 95% 的把握落在置信区间 [-835.67，-504.79] 之内；也可以表述为，该回归系数将以 5% 的出错概率落在置信区间 [-835.67，-504.79] 之外。

b. 一元线性回归模型 2：INCOME = -3121.91 + 426.28 × EDUCATIONYEARS。回归系数 426.28 是 1978～2017 年该农村地区家庭适龄子女平均受教育水平对家庭收入的点估计影响值。每提高一年，将增加家庭每月可支配收入 426.28 元。同样，我们给定模型回归参数允许犯错的显著性水平是 5%，那么，这个回归系数作为估计值，可以在什么样的区间范围内取值？以下是计算该回归参数置信区间的步骤。

回归结果已知数据：

该项指标在回归中产生的标准误是 43.73；显著性水平是 5%；置信水平是 95%；样本容量 n = 40；该回归系数的置信区间为：

$$\left[\text{EDUCA}\widehat{\text{TION}}\text{Y} - t_{\frac{\alpha}{2}}(n-2) \times \text{S. E}(\text{EDUCA}\widehat{\text{TION}}\text{Y}), \right.$$

$$\text{EDUCA}\widehat{\text{TION}}\text{Y} + t_{\frac{\alpha}{2}}(n-2) \times \text{S. E}(\text{EDUCA}\widehat{\text{TION}}) \right]$$

$$= \left[426.28 - 2.02 \times 43.73, 426.28 + 2.02 \times 43.73 \right]$$

$$= \left[337.95, 514.61 \right]$$

结果表明，该回归系数将以 95% 的把握落在置信区间 [337.95，514.61] 之内；也可以表述为，该回归系数将以 5% 的出错概率落在置信区间 [337.95，514.61] 之外。

C. 模型预测应用

a. 2018 年点预测。

一元线性回归模型 1：INCOME = 7390.56 - 670.23 × WORKHOURS。预计 2018 年该农村地区家庭劳动力日均劳动时间减少一个小时，即 WORKHOURS = 5.9（小时），则影响 2018 年的家庭收入情况为：

$$\text{INCOME} = 7390.56 - 670.23 \times \text{WORKHOURS}$$

$$= 7390.56 - 670.23 \times 5.9 = 3436.2 \text{（元）}$$

2018 年，该农村地区家庭劳动力日均劳动时间减少一个小时，家庭月收入预计为 3436.2 元，同比减少约 664 元。

一元线性回归模型 2：INCOME = -3121.91 + 426.28 × EDUCATIONYEARS。预计 2018 年该农村地区家庭适龄子女受教育年限提高一年，即 EDUCATION-YEARS = 14.4 年，则影响 2018 年的家庭收入情况为：

$$INCOME = -3121.91 + 426.28 × EDUCATIONYEARS$$
$$= -3121.91 + 426.28 × 14.4 = 3016.52（元）$$

2018 年，该农村地区家庭适龄子女受教育年限提高一年，家庭月收入预计为 3016.52 元，同比减少约 1083.48 元。

对模型 2018 年的点预测表明，增加有效劳动时间，增加家庭收入，以应对家庭因为教育投入增加的开支削减家庭收入的情况。

b. 2018 年回归系数区间预测。

一元线性回归模型 1：INCOME = 7390.56 - 670.23 × WORKHOURS。2018 年，该农村地区家庭劳动力日均劳动时间减少一个小时，家庭月收入预计为 3436.2 元，同比减少约 664 元。我们给定模型回归参数允许犯错的显著性水平是 5%，那么，这个回归系数作为估计值，其置信区间是什么范围？

回归结果已知数据：

该项指标在回归中产生的标准误是 75.16；显著性水平为 5%；置信水平为 95%；样本容量 n = 41；该回归系数的置信区间为：

$$[\widehat{WORKHOURS} - t_{\frac{\alpha}{2}}(n-2) × S.E(\widehat{WORKHOURS}),$$
$$\widehat{WORKHOURS} + t_{\frac{\alpha}{2}}(n-2) × S.E(\widehat{WORKHOURS})]$$
$$= [-670.23 - 2.02 × 75.16, -670.23 + 2.02 × 75.16]$$
$$= [-822.05, -518.41]$$

结果表明，该回归系数将以 95% 的把握落在置信区间 [-822.05，-518.41] 之内；也可以表述为，该回归系数将以 5% 的出错概率落在置信区间 [-822.05，-518.41] 之外。

一元线性回归模型 2：INCOME = -3121.91 + 426.28 × EDUCATION-YEARS。预计 2018 年该农村地区家庭适龄子女受教育年限提高一年，家庭月收入预计为 3016.52 元，同比减少约 1083.48 元。同样，我们给定模型回归参数允许犯错的显著性水平是 5%，那么，这个回归系数作为估计值，可以在什么样的区间范围内取值？以下是计算该回归参数置信区间的步骤。

回归结果已知数据：

该项指标在回归中产生的标准误是 41.24；显著性水平为 5%；置信水平为 95%；样本容量 n = 41；该回归系数的置信区间为：

$$\left[\text{EDUCATIONY} - t_{\frac{\alpha}{2}}(n-2) \times \text{S. E}(\text{EDUCATIONY}), \right.$$

$$\left. \text{EDUCATIONY} + t_{\frac{\alpha}{2}}(n-2) \times \text{S. E}(\text{EDUCATION}) \right]$$

$$= \left[426.28 - 2.02 \times 41.24, \ 426.28 + 2.02 \times 41.24 \right]$$

$$= \left[342.98, \ 509.58 \right]$$

结果表明，该回归系数将以 95% 的把握落在置信区间［342.98，509.58］之内；也可以表述为，该回归系数将以 5% 的出错概率落在置信区间［342.98，509.58］之外。

以上是被解释变量点预测及回归系数估计值的区间预测。特别说明，以上案例仅配合本章涉及的知识内容，没有涉及的以后章节知识点内容，在此案例中不予体现。

本章总结

本章是进入计量经济模型学习的第一课。为了把学生引入计量经济学科的世界，先明确了函数和计量经济模型的区别。然后，对计量经济模型的重点组成部分——解释变量的回归系数和随机误差项进行了详细介绍。之后，对模型预测及预测结果的置信区间理论进行了逻辑推导。最后，给出了相关案例，对模型设计步骤中的本章知识点进行了演示。

英语词汇

function

ordinary least squared method（OLSM）

the best linear unbiased estimator（BLUE）

Student t distribution

larger number law

normality law

center limit law

significant interval

significance level

point forecast

interval forecast

one side test

two - side test

standard error

variance

deviation

拓展阅读

①深刻理解普通最小二乘法原理。

②阅读正态分布、学生 t 分布特征。

③阅读回归原理的相关英文知识。

④复习方差、协方差和期望等相关知识。

本章思考

①理解函数和计量经济模型的关系。

②掌握最小二乘法的理论逻辑。

③理解回归在计量经济学中的作用。

④掌握对一元线性回归模型回归结果、预测结果的经济分析。

⑤掌握回归系数、点预测值的置信区间估计方法。

第4章　多元线性回归模型

在第3章，学习了一元线性回归模型的形式、OLS 估计方法、回归系数表达式及置信区间、被解释变量点预测及置信区间计算等知识。本章将对解释变量进行扩展，允许多个解释变量纳入模型，即一元线性回归模型转变为多元线性回归模型。

4.1　多元线性回归模型一般表达式

我们知道，一个被解释变量不会单纯地被一个解释变量影响，经常被多个解释变量共同影响。因此，我们需要建立包括多个解释变量在内的多元线性回归模型。多元线性回归模型的一般表达式分为三种：方程形式、矩阵形式、向量形式。

4.1.1　方程形式

$$y_i = \alpha_i + \beta_{1i}x_{1i} + \beta_{2i}x_{2i} + \cdots + \beta_{ki}x_{ki} + \mu_i \qquad i = 1, 2, \cdots, n \qquad (4.1)$$

在式（4.1）中，y_i 是被解释变量；x_{ki} 是解释变量；μ_i 是随机误差项；α_i 是模型中的常数项；β_{ki} 是解释变量的回归系数，表明解释变量对被解释变量的影响程度。

4.1.2　矩阵形式

$$\begin{bmatrix} y_1 \\ y_2 \\ \vdots \\ y_i \end{bmatrix} = \begin{bmatrix} \alpha_1 \\ \alpha_2 \\ \vdots \\ \alpha_i \end{bmatrix} + \begin{bmatrix} \beta_1 \\ \beta_2 \\ \vdots \\ \beta_i \end{bmatrix} (x_{1i}, x_{2i}, \cdots, x_{ki}) + \begin{bmatrix} \mu_1 \\ \mu_2 \\ \vdots \\ \mu_i \end{bmatrix} \qquad i = 1, 2, \cdots, n \qquad (4.2)$$

4.1.3　向量形式

$$①Y = A + BX^1 + U \rightarrow ②Y = X\beta + U \tag{4.3}$$

在式（4.3）的①中 Y 是被解释变量向量，A 是常数项向量，B 是解释变量回归系数向量，X′是解释变量转置向量，U 是随机误差项向量；在式（4.3）的②中 X 是"1 + 解释变量"向量矩阵，β 是含常数项的回归系数矩阵，其余部分同①。

4.2　多元线性回归模型估计

一元线性回归模型估计采用的是 OLS 方法。同样，多元线性回归模型也采用 OLS 方法进行估计。我们知道，OLS 方法依据的基本原理是残差平方和最小原理，计量经济学中关于线性回归模型计算回归系数就是依据残差平方和最小的极值条件，通过计算保证极值成立的条件关系式构建联立方程组，求解回归系数的估计值。

4.2.1　OLS 方法依据的基本原理

$$\text{Minimum}\left(\sum_{i=1}^{n} e_i^2 \right) = \text{Minimum}\left[\sum_{i=1}^{n} \left(y_i - \widehat{y_i} \right)^2 \right] \tag{4.4}$$

我们用 e_i 表示随机误差项的估计值——残差。式（4.4）就是残差平方和最小原理的数学表达式。依据 TCH，随机误差项应该满足均值为零的前提假定，因此，也说明随机误差项有正有负的向量方向性特征。为了消除随机误差项方向性的影响，同时，保证平方以后的随机误差项的估计量——残差值达到最小，我们利用求极值的方法得到条件关系式。

4.2.2　残差平方和的极值条件

$$\frac{\partial \left(\sum_{i=1}^{n} e_i^2 \right)}{\partial \widehat{\beta_{ki}}} = 0 \qquad k = 0, 1, 2, \cdots, m; \qquad i = 1, 2, \cdots, n \tag{4.5}$$

在式（4.5）中，k = 0 时，表示模型中的常数项；k = 1，2，…，m 时，表示模型中的多元解释变量。据此求极值条件的偏导数，构建出（k + 1）个正规方程。然后，通过联立这些正规方程建立联立方程组，求解各项解释变量的回归系数值，包括常数项的回归系数值。

4.2.3　多元线性回归模型回归系数 OLS 估计量

用向量表示 OLS 估计量：

$$\hat{\beta} = (X'X)^{-1}X'Y \tag{4.6}$$

在式（4.6）中，X 为 $(1, 1, \cdots, 1)'_{i \times 1}$ 和解释变量观测值向量组成的矩阵，即计算回归系数的"1 + 所有观测值"矩阵，我们称之为备需数据阵，i 个 1 代表求极值条件的方程组中，用来求解常数项的回归系数；X' 是备需数据阵的逆矩阵；Y 是所有被解释变量观测值的矩阵。

式（4.6）告诉我们，计算多元线性回归系数的 OLS 估计量，需要计算出的数据有四项：X'、$X'X$、$(X'X)^{-1}$ 和 $X'Y$。

4.2.4　OLS 估计量的特征表达

无论一元线性回归模型还是多元线性回归模型，OLS 方法估计出的回归系数值具备三个统计性质：一是线性，也称一致性；二是无偏性，也称趋真性；三是有效性，也称最小方差性。三种性质的数学表达式为：

（1）一致性。

一种表示方法：$n \to \infty$，$\lim P(\lceil \hat{\beta}_{ki} - \beta_{ki} \rceil < \varepsilon) = 1$，其中，$\varepsilon > 0 \cup \varepsilon \to 0$；$k = 0, 1, 2, \cdots, n$；$i = 1, 2, \cdots, n$。

另一种表示方法：$\hat{\beta} = (X'X)^{-1}X'Y = (X'X)^{-1}X'(X\beta + U) = (X'X)^{-1}X'X\beta + (X'X)^{-1}X'U = \beta + (X'X)^{-1}X'U$。

（2）无偏性。

如果存在 $\hat{\beta}_{ki} = \beta_{ki}$，则称样本估计量 $\hat{\beta}_{ki}$ 是总体参数 β_{ki} 的无偏估计量。

（3）有效性。

已知 $\hat{\beta}_{ki}^{1}$ 和 $\hat{\beta}_{ki}^{m-1}$ 均是 β_{ki} 的估计量（$1 < m < i$；$k = 0, 1, 2, \cdots, n$；$i = 1, 2, \cdots, n$），如果始终存在 $var(\hat{\beta}_{ki}^{1}) < var(\hat{\beta}_{ki}^{m-1})$，则称 $\hat{\beta}_{ki}^{1}$ 是关于 β_{ki} 所有 m 个回归系数中方差最小的一个。

4.3　随机误差项的方差

TCH 要求，在大样本条件下，随机误差项满足均值为零、方差为常数的同方差假定。由于模型中选取样本的数量有限，随机误差项的同方差一般是未知的。因此，我们需要选择近似统计量对其进行替代。如果已知随机误差项的估计量，即模型的残差值，利用其构建的随机误差项方差的估计量公式为：

$$\hat{\sigma}^2 = S^2 = \frac{\sum_{i=1}^{n} e_i^2}{n-k-1} \tag{4.7}$$

在式（4.7）中，n 是样本观测值数量；k 是模型解释变量数量；e_i 是模型残差项；$\hat{\sigma}^2$ 是随机误差项总体方差的优良估计量，可以用无偏的样本方差 S^2 代替。

4.4　多元线性回归模型预测

4.4.1　点预测

多元线性回归模型的点预测与一元线性回归模型的点预测原理一样。将已知的 $x_{k(i+1)}$ 代入检验通过的多元线性模型，得到的 $\widehat{y_{i+1}}$ 值就是 i + 1 期的点预测值。具体表达式为：

$$\widehat{y_{i+1}} = \widehat{\alpha_i} + \widehat{\beta_{1i}} x_{1(i+1)} + \widehat{\beta_{2i}} x_{2(i+1)} + \cdots + \widehat{\beta_{ki}} x_{k(i+1)} \tag{4.8}$$

式（4.8）表明，点预测是通过已经估计出的线性回归模型进行的预测，特别是回归系数是估计出的已知值。那么，又引出一个新的问题，预测期如果与回归模型的时期比较临近，回归系数的值与预测期待估的回归系数值之间的误差不会太大；但是，如果预测期与回归模型的时期间隔较远，势必会造成回归系数值与预测期待估回归系数之间的误差较大，影响点预测的精确程度。因此，为了掌握预测值的精确程度，多元线性回归模型和一元线性回归模型一样，需要计算点预测值的置信区间。

4.4.2　区间预测

给定显著性水平 α 为 5% 的情况下，$\widehat{y_{i+1}}$ 值的置信区间为：

$$\left[\widehat{y_{i+1}} - t_{\frac{\alpha}{2}}(i+1-k) \times S.E(e_{i+1}), \ \widehat{y_{i+1}} + t_{\frac{\alpha}{2}}(i+1-k) \times S.E(e_{i+1}) \right] \tag{4.9}$$

在式（4.9）中，存在一个重要的关系式：

$$S.E(e_{i+1}) \times t_{\frac{\alpha}{2}}(i+1-k) = S.E(e_i) \times t_{\frac{\alpha}{2}}(i-k) \qquad i=1, 2, \cdots, n \tag{4.10}$$

可以进一步推导为：

$$S.E(e_{i+1}) = S.E(e_i) \times \frac{t_{\frac{\alpha}{2}}(i-k)}{t_{\frac{\alpha}{2}}(i+1-k)} \qquad i = 1,2,\cdots,n \qquad (4.11)$$

基于式（4.10）、式（4.11），我们不难发现，对 $S.E(e_{i+1})$ 的推导，可以转化为对 $S.E(e_i)$ 的推导。根据式（4.7），我们能得到随机误差项方差的估计值：$\widehat{\sigma}^2 = S^2 = \frac{\sum_{i=1}^{n} e_i^2}{n-k-1}$，其中，n 是样本观测值数量；k 是模型解释变量数量；e_i 是模型残差项。$S.E(e_i)$ 是一个伴随着回归系数估计直接计算出来的数值。

于是，式（4.9）可以表示为：

$$\left[\widehat{y_{i+1}} - t_{\frac{\alpha}{2}}(i-k) \times S.E(e_i),\ \widehat{y_{i+1}} + t_{\frac{\alpha}{2}}(i-k) \times S.E(e_i) \right] \qquad (4.12)$$

在多元线性回归模型中，对于 $S.E(e_i)$ 和 $S.E(e_{i+1})$ 的计算，相比一元线性回归模型要复杂一些。以下内容，将对这类统计量的计算方法进行演示。

4.4.3 $S.E(e_i)$ 和 $S.E(e_{i+1})$ 的计算

4.4.3.1 $S.E(e_i)$

已知预测误差为 $e_i = y_i - \widehat{y_i}$，假设模型设定是正确的。

已知 $S.E(e_i) = S.E(\widehat{\mu_i}) = S.E(y_i - \widehat{y_i})$

$$
\begin{aligned}
var(y_i - \widehat{y_i}) &= var\left[(\alpha_i + \beta_{1i}x_{1i} + \beta_{2i}x_{2i} + \cdots + \beta_{ki}x_{ki} + \mu_i) - (\widehat{\alpha_i} + \widehat{\beta_{1i}}x_{1i} + \widehat{\beta_{2i}}x_{2i} + \cdots + \widehat{\beta_{ki}}x_{ki}) \right] \\
&= var\left[(\alpha_i - \widehat{\alpha_i}) + (\beta_{1i} - \widehat{\beta_{1i}})x_{1i} + (\beta_{2i} - \widehat{\beta_{2i}})x_{2i} + \cdots + (\beta_{ki} - \widehat{\beta_{ki}})x_{ki} + \mu_i \right] \\
&= var(\alpha_i - \widehat{\alpha_i}) + var\left[(\beta_{1i} - \widehat{\beta_{1i}})x_{1i} \right] + var\left[(\beta_{2i} - \widehat{\beta_{2i}})x_{2i} \right] + \cdots + \\
&\quad var\left[(\beta_{ki} - \widehat{\beta_{ki}})x_{ki} \right] + var(\mu_i)
\end{aligned}
\qquad (4.13)
$$

式（4.13）已经转化为对多元线性回归模型回归系数预测误差的推导。因此，我们先对回归系数的预测误差进行推导；之后，再对模型的预测误差进行推导。

对多元回归系数预测误差的推导：

$$var(\alpha_i - \widehat{\alpha_i}) = E(\alpha_i - \widehat{\alpha_i})^2 - \left[E(\alpha_i - \widehat{\alpha_i}) \right]^2 = E(\alpha_i - \widehat{\alpha_i})^2 = \sigma_{(\alpha_i - \widehat{\alpha_i})}^2 = \sigma_0^2$$

$$var(\beta_{1i} - \widehat{\beta_{1i}}) = E(\beta_{1i} - \widehat{\beta_{1i}})^2 - \left[E(\beta_{1i} - \widehat{\beta_{1i}}) \right]^2 = E(\beta_{1i} - \widehat{\beta_{1i}})^2 = \sigma_{(\beta_{1i} - \widehat{\beta_{1i}})}^2 = \sigma_1^2$$

$$var(\beta_{2i} - \widehat{\beta_{2i}}) = E(\beta_{2i} - \widehat{\beta_{2i}})^2 - \left[E(\beta_{2i} - \widehat{\beta_{2i}}) \right]^2 = E(\beta_{2i} - \widehat{\beta_{2i}})^2 = \sigma_{(\beta_{2i} - \widehat{\beta_{2i}})}^2 = \sigma_2^2$$

$$\vdots$$

$$var(\beta_{ki} - \widehat{\beta_{ki}}) = E(\beta_{ki} - \widehat{\beta_{ki}})^2 - \left[E(\beta_{ki} - \widehat{\beta_{ki}}) \right]^2 = E(\beta_{ki} - \widehat{\beta_{ki}})^2 = \sigma_{(\beta_{ki} - \widehat{\beta_{ki}})}^2 = \sigma_k^2$$

将以上回归系数预测误差的系列推导结果代入式（4.13），结果如下：

$$\mathrm{var}(y_i - \widehat{y_i}) = \sigma_0^2 + \sigma_1^2 x_{1i}^2 + \sigma_2^2 x_{2i}^2 + \cdots + \sigma_k^2 x_{ki}^2 + \sigma^2 \tag{4.14}$$

$$\mathrm{S.\,E}(e_i) = \sqrt{\sigma_0^2 + \sigma_1^2 x_{1i}^2 + \sigma_2^2 x_{2i}^2 + \cdots + \sigma_k^2 x_{ki}^2 + \sigma^2} = \sqrt{\sigma_0^2 + \sigma^2 + \sum_{i=1}^{k}(\sigma_i x_{ki})^2} \tag{4.15}$$

4.4.3.2   S.E(e_{i+1})

已知预测误差为 $e_{i+1} = y_{i+1} - \widehat{y_{i+1}}$ ，假设模型设定是正确的。

已知 $\mathrm{S.\,E}(e_{i+1}) = \mathrm{S.\,E}(\widehat{\mu_{i+1}}) = \mathrm{S.\,E}(y_{i+1} - \widehat{y_{i+1}})$ ，作者将采用两种方法对其进行推导。

方法一：根据式（4.11），存在以下关系式：

$$\mathrm{S.\,E}(e_{i+1}) = \mathrm{S.\,E}(e_i) \times \frac{t_{\frac{\alpha}{2}}(i-k)}{t_{\frac{\alpha}{2}}(i+1-k)}$$

$$= \sqrt{\sigma_0^2 + \sigma^2 + \sum_{i=1}^{k}(\sigma_i x_{ki})^2} \times \frac{t_{\frac{\alpha}{2}}(i-k)}{t_{\frac{\alpha}{2}}(i+1-k)} \tag{4.16}$$

方法二：继续按照预测误差定义，对其进行证明。

计算 $\mathrm{var}(y_{i+1} - \widehat{y_{i+1}}) = \mathrm{var}[(\alpha_{i+1} + \beta_{1(i+1)} x_{1(i+1)} + \beta_{2(i+1)} x_{2(i+1)} + \cdots + \beta_{k(i+1)} x_{k(i+1)}$

$$+ \mu_{i+1}) - (\widehat{\alpha_i} + \widehat{\beta_{1i}} x_{1(i+1)} + \widehat{\beta_{2i}} x_{2(i+1)} + \cdots + \widehat{\beta_{ki}} x_{k(i+1)})]$$

$$= \mathrm{var}[(\alpha_{i+1} - \widehat{\alpha_i}) + (\beta_{1(i+1)} - \widehat{\beta_{1i}}) x_{1(i+1)} + (\beta_{2(i+1)} - \widehat{\beta_{2i}})$$

$$x_{2(i+1)} + \cdots + (\beta_{k(i+1)} - \widehat{\beta_{ki}}) x_{k(i+1)} + \mu_{(i+1)}]$$

$$= \mathrm{var}(\alpha_{i+1} - \widehat{\alpha_i}) + \mathrm{var}[(\beta_{1(i+1)} - \widehat{\beta_{1i}}) x_{1(i+1)}] + \mathrm{var}[(\beta_{2(i+1)} - \widehat{\beta_{2i}}) x_{2(i+1)}]$$

$$+ \cdots + \mathrm{var}[(\beta_{k(i+1)} - \widehat{\beta_{ki}}) x_{k(i+1)}] + \mathrm{var}(\mu_{(i+1)}) \tag{4.17}$$

同样，式（4.17）已经转化为对多元线性回归模型回归系数预测误差的推导。因此，作者仍然先对回归系数的预测误差进行推导；之后，再对模型的预测误差进行推导。以下关系式是作者对多元回归系数预测误差进行推导。假设关系式如下：

$$\alpha_{i+1} = \alpha_i + \delta \tag{4.18}$$

$$\beta_{k(i+1)} = \beta_{ki} + \varepsilon_k \tag{4.19}$$

将式（4.18）、式（4.19）代入式（4.17），整理如下：

$$\mathrm{var}(\alpha_{i+1} - \widehat{\alpha_i}) = \mathrm{var}(\alpha_i + \delta - \widehat{\alpha_i}) = \mathrm{var}[(\alpha_i - \widehat{\alpha_i}) + \delta] = \mathrm{var}(\alpha_i - \widehat{\alpha_i}) + \mathrm{var}(\delta) = \sigma_0^2 + \mathrm{var}(\delta)$$

$$\mathrm{var}(\beta_{1(i+1)} - \widehat{\beta_{1i}}) = \mathrm{var}(\beta_{1i} + \varepsilon_1 - \widehat{\beta_{1i}}) = \mathrm{var}[(\beta_{1i} - \widehat{\beta_{1i}}) + \varepsilon_1] = \sigma_1^2 + \mathrm{var}(\varepsilon_1)$$

$$\mathrm{var}(\beta_{2(i+1)} - \widehat{\beta_{2i}}) = \mathrm{var}(\beta_{2i} + \varepsilon_2 - \widehat{\beta_{2i}}) = \mathrm{var}[(\beta_{2i} - \widehat{\beta_{2i}}) + \varepsilon_2] = \sigma_2^2 + \mathrm{var}(\varepsilon_2)$$

$$\vdots$$

$$\mathrm{var}(\beta_{k(i+1)} - \widehat{\beta_{ki}}) = \mathrm{var}(\beta_{ki} + \varepsilon_k - \widehat{\beta_{ki}}) = \mathrm{var}[(\beta_{ki} - \widehat{\beta_{ki}}) + \varepsilon_k] = \sigma_k^2 + \mathrm{var}(\varepsilon_k)$$

将以上回归系数预测误差的系列推导结果代入式（4.17），结果如下：

$$\text{var}(y_{i+1} - \widehat{y_{i+1}}) = (\sigma_0^2 + \sigma_1^2 x_{1(i+1)}^2 + \sigma_2^2 x_{2(i+1)}^2 + \cdots + \sigma_k^2 x_{k(i+1)}^2 + \sigma^2) +$$
$$[\text{var}(\delta) + \text{var}(\varepsilon_1) x_{1(i+1)}^2 + \text{var}(\varepsilon_2) x_{2(i+1)}^2 + \cdots +$$
$$\text{var}(\varepsilon_k) x_{k(i+1)}^2 + \sigma^2] \tag{4.20}$$

整理式（4.20），得到的标准差表达式为：

$$S.E(e_{i+1}) = \sqrt{\begin{array}{c}(\sigma_0^2 + \sigma_1^2 x_{1(i+1)}^2 + \sigma_2^2 x_{2(i+1)}^2 + \cdots + \sigma_k^2 x_{k(i+1)}^2 + \sigma^2) + [\text{var}(\delta) + \text{var}(\varepsilon_1) x_{1(i+1)}^2 + \\ \text{var}(\varepsilon_2) x_{2(i+1)}^2 + \cdots + \text{var}(\varepsilon_k) x_{k(i+1)}^2 + \sigma^2]\end{array}}$$

$$= \sqrt{\sigma_0^2 + \text{var}(\delta) + \sigma^2 + \sum_{i=1}^{k} [\sigma_k^2 + \text{var}(\varepsilon_k)] x_{k(i+1)}^2}$$

$$= \sqrt{[S.E(e_i)]^2 + \text{var}(\delta) + \sum_{i=1}^{k} \text{var}(\varepsilon_k) x_{k(i+1)}^2} \tag{4.21}$$

根据式（4.11），设：

$$\epsilon_i = \frac{t_{\frac{\alpha}{2}}(i-k)}{t_{\frac{\alpha}{2}}(i+1-k)} \tag{4.22}$$

将式（4.22）代入式（4.21），整理得到：

$$[\epsilon_i S.E(e_i)]^2 = [S.E(e_i)]^2 + \text{var}(\delta) + \sum_{i=1}^{k} \text{var}(\varepsilon_k) x_{(i+1)}^2$$

$$\text{var}(\delta) + \sum_{i=1}^{k} \text{var}(\varepsilon_k) x_{(i+1)}^2 = (\epsilon_i^2 - 1)[S.E(e_i)]^2 \tag{4.23}$$

令 $\theta_i = (\epsilon_i^2 - 1)[S.E(e_i)]^2$，则式（4.23）整理为：

$$\text{var}(\delta) + \sum_{i=1}^{k} \text{var}(\varepsilon_k) x_{(i+1)}^2 = \theta_i \tag{4.23}'$$

按照 t 分布概率值计算：

$$\lim_{i \to i+1} (\epsilon_i^2 - 1) \approx 0 \tag{4.24}$$

$$\lim_{i \to i+\infty} (\epsilon_i^2 - 1) \cong \theta \in [0 \quad 3.82] \tag{4.25}$$

因此，本书认为，对于近期预测，$\theta_i \approx 0$；对于远期预测，θ_i 介于 0 与 $3.82 \times [S.E(e_i)]^2$ 之间。依据此规律，存在关系式：

$$S.E(e_{i+1}) \cong S.E(e_i) \tag{4.26}$$

综合来看，不难发现，关于 $S.E(e_{i+1})$ 的两种推导结果，式（4.26）与式（4.16）基本一致。鉴于推导过程中涉及的 t 分布及 t 检验相关知识，将在第 5 章详细讲述，因此，多元线性回归模型的案例将在第 5 章中展示。

本章总结

本章在一元线性回归模型的基础上，对多元线性回归模型的一般表达式、回归系数的估计方法、OLS 估计量的表达式、随机误差项方差的估计以及利用模型进行时点预测和置信区间预测的相关公式推导等知识进行了详尽描述。对于计量经济学的初学者，应该清楚地理解这部分知识所包含的逻辑思想和推理脉络。

英语词汇

linear regression with multiple regressors

equation form

matrix form

vector form

sum of residual squared

extreme value theory

linearity

consistency

unbiased

unbiasedness

effectiveness

the least variance

confidence interval

sample variance

sample standard deviation

standard error

point forecast

interval forecast

the best linear unbiased estimator

拓展阅读

①利用偏导数求极值的方法。

②矩阵、转置矩阵和逆矩阵等相关知识。

③几种重要的统计分布特征。

本章思考

①在多元线性回归模型中, 回归系数估计量的推导过程。

②多元线性回归模型随机误差项的估计及方差计算方法。

③在多元线性回归模型中, 点预测方法及其置信区间的计算方法。

④在多元线性回归模型中, 点预测置信区间的预测误差标准误的换算方法。

第5章　线性回归模型检验

线性回归模型是初级计量经济学的第一部分内容，这部分内容包括，模型的一般表达式、模型的系数估计、模型的检验和模型的应用。检验是其中的重要内容之一。通过以上两章的学习，我们已经掌握了模型的一般表达式、模型的系数估计以及模型在预测方面的应用。对于模型的检验，是这一部分的重要内容，也是计量经济学区别于其他经济学分支学科的关键所在。

5.1　检验的类型

对于检验，本书将其归纳为四类：统计型检验、计量型检验、选择型检验、其他型检验。以下分别介绍其定义。

统计型检验，是依据概率论与数理统计的知识构造统计量，对显著性进行的检验。代表性的统计量，有检验单一系数显著性的 t 统计量、检验整体显著性的 F 统计量、检验模型拟合效果是否显著的 R^2 统计量和 $\bar{R}^2$ 统计量、检验正态性的 JB 统计量以及检验稳定性的邹（Chow）检验统计量等，这些统计量一般要对应相应的统计分布。

计量型检验，是按照 TCH，针对随机误差项、解释变量之间违背其假设情况进行的检验。代表性的统计量，有 DW 统计量、LM 统计量、White 统计量、GQ 统计量和 VIF 统计量等。

选择型检验，是对模型形式选择、滞后期选择、因果关系选择等做出判断的检验统计量。代表性的统计量有拉姆齐 RESET（Ramsey RESET）统计量、SC（AIC）统计量、BIC 统计量、HQ 统计量、格兰杰因果（Granger causality）检验统计量和面板模型选择的豪斯曼（Hausman）检验等。

其他型检验，就是除统计型检验、计量型检验、选择型检验之外的属于初级计量经济学阶段的检验。比如，联立模型识别的 Rank 检验等。

5.2 线性回归模型检验

以上四个部分的检验，往往不是单独出现，而是混合出现的。因此，一个模型从最初设计到最终成为有利用价值的模型，其中的模型检验环节至关重要。正如我们在第一部分中提到的建立模型的基本步骤，有一个小内循环，就是当模型检验不通过时，要回到模型的设计阶段重新进行设计、调整，之后，再继续模型的检验等步骤。以下内容，本书将对线性模型部分涉及的主要检验进行详述。

5.2.1 单个回归系数的显著性检验

针对线性回归模型中的单个系数是否显著的检验，采用的是 t 检验，构造的统计量是 t 统计量，检验统计量对应的统计分布是 t 分布。

5.2.1.1 t 统计量的表达公式

$$t = \frac{\widehat{\beta_i} - \beta_{iH_0}}{S.E(\widehat{\beta_i})} \sim t_{\frac{\alpha}{2}}(n-k-1) \qquad i = 1,2,\cdots,n \qquad (5.1)$$

在式（5.1）中，n 是样本容量；k 为模型中解释变量的数量；$\widehat{\beta_i}$ 是解释变量的回归系数 OLS 估计值；S.E（$\widehat{\beta_i}$）是解释变量的回归系数 OLS 估计值的标准误差；β_{iH_0} 是该解释变量回归系数 OLS 估计值的原假设值，一般原假设将该解释变量的回归系数设为 0。因此，式（5.1）简化为：

$$t = \frac{\widehat{\beta_i}}{S.E(\widehat{\beta_i})} \sim t_{\frac{\alpha}{2}}(n-k-1) \qquad i = 1,2,\cdots,n \qquad (5.2)$$

t 统计量满足显著性水平为 α，自由度为$(n-k-1)$的 t 分布。

5.2.1.2 t 统计量的使用方法

H_0（原假设，以后不再注释）：$\beta_i = 0$；

H_1（备择假设，以后不再注释）：$\beta_i \neq 0$。

如果 $-t_{\frac{\alpha}{2}}(n-k-1) < t = \frac{\widehat{\beta_i}}{S.E(\widehat{\beta_i})} < t_{\frac{\alpha}{2}}(n-k-1)$，接受原假设，该解释

变量回归系数不显著；如果 $t = \dfrac{\widehat{\beta_i}}{S.E\,(\widehat{\beta_i})} \leqslant -t_{\frac{\alpha}{2}}(n-k-1)$ 或 $t = \dfrac{\widehat{\beta_i}}{S.E\,(\widehat{\beta_i})} \geqslant$
$t_{\frac{\alpha}{2}}(n-k-1)$，拒绝原假设，该解释变量回归系数显著。

5.2.1.3　使用 t 统计量的注意事项

① 用于检验的临界值需要查 t 分布表得到，前提是 t 统计量的显著性水平是设定值，自由度已知。

② t 统计量满足 t 分布，按照 t 分布的钟形对称特征，t 检验属于双边检验。

③ 对于双边临界点值，计入 t 分布的拒绝域范畴。

④ 在一元线性回归模型中，单一回归系数 t 检验就是整体回归系数显著性检验。

5.2.2　整体回归系数的显著性检验

5.2.2.1　F 统计量的表达公式

$$F = \frac{ESS/k}{RSS/(n-k-1)} \sim F_{\alpha}(k, n-k-1) \tag{5.3}$$

在式（5.3）中，n 是样本容量；k 为模型中解释变量的数量；ESS 是总离差的回归平方和；RSS 是总离差的残差平方和。F 统计量满足第一自由度（也称分子自由度）为 k，第二自由度（也称分母自由度）为（n–k–1）的 F 分布。

5.2.2.2　F 统计量的使用方法

H_0：$\beta_1 = \beta_2 = \cdots = \beta_k = 0$；

H_1：β_1，β_2，…，β_k 不同时为零。

如果 $F = \dfrac{ESS/k}{RSS/(n-k-1)} < F_{\alpha}(k, n-k-1)$，接受原假设，模型解释变量回归系数整体不显著；如果 $F = \dfrac{ESS/k}{RSS/(n-k-1)} \geqslant F_{\alpha}(k, n-k-1)$，拒绝原假设，不存在模型解释变量回归系数整体不显著的情况。

5.2.2.3　使用 F 统计量注意事项

① 用于检验的 F 统计量临界值需要查 F 分布表得到，前提是显著性水平

是设定值，第一自由度、第二自由度已知。

② F 统计量满足 F 分布，属于单边检验。

③ F 统计量公式中涉及的三个概念：总离差、总离差中回归平方和、总离差中残差平方和。三个概念的计算公式分别为：

总离差：$y - \bar{y}$。总离差包括两部分：未回归残差和回归误差。未回归残差：$y - \hat{y}$；回归误差：$\hat{y} - \bar{y}$。据此可以直接计算出：

总离差平方和：$\sum_{i=1}^{n}(y - \bar{y})^2$，用 TSS 字母表示；

总离差中残差平方和：$\sum_{i=1}^{n}(y - \hat{y})^2$，用 RSS 字母表示；

总离差中回归平方和：$\sum_{i=1}^{n}(\hat{y} - \bar{y})^2$，用 ESS 字母表示。

通过对被解释变量总离差的解析，可以得到两个重要的关系式：

其一，总离差 = 未回归残差 + 回归误差。

$$y - \bar{y} = (y - \hat{y}) + (\hat{y} - \bar{y}) \tag{5.4}$$

其二，总离差平方和 = 总离差中残差平方和 + 总离差中回归平方和。

$$\sum_{i=1}^{n}(y - \bar{y})^2 = \sum_{i=1}^{n}(y - \hat{y})^2 + \sum_{i=1}^{n}(\hat{y} - \bar{y})^2 \tag{5.5}$$

5.2.3 模型整体拟合效果的显著性检验

5.2.3.1 R^2 统计量

R^2 统计量是衡量线性回归模型拟合效果是否显著的检验统计量。一般称其为拟合优度、拟合测度等，其表达式为：

$$R^2 = \frac{ESS}{TSS} = 1 - \frac{RSS}{TSS} \tag{5.6}$$

式（5.6）表明，$R^2 \in [0, 1]$。当 $R^2 = 0$ 时，$ESS = 0$ 或者 $RSS = TSS$，说明所建线性模型没有拟合效果；当 $R^2 = 1$ 时，$ESS = TSS$ 或者 $RSS = 0$，说明所建线性模型完全拟合，原线性模型转变为方程等式。因此，两个端点值不符合线性回归模型的基本性质，予以剔除，即 $R^2 \in (0, 1)$。随着 R^2 值的增加，拟合效果显著增强。

5.2.3.2 $\bar{R}^2$ 统计量

$\bar{R}^2$ 统计量是修正的拟合优度或修正的拟合测度，同样，也是衡量线性回归模型拟合效果是否显著的检验统计量，一般用于多元线性回归模型。其表达式为：

$$\bar{R}^2 = 1 - \frac{RSS/(n - k - 1)}{TSS/(n - 1)} \tag{5.7}$$

式（5.7）是在式（5.6）的基础上修正而成的，即表达式的分子和分母分别除以各自的自由度。对于总离差平方和及两个组成部分：TSS、RSS 和 ESS，相应的自由度分别为（n－1）、（n－k－1）和 k，其中，n 是样本容量；k 为模型中解释变量的数量。

5.2.3.3　使用 R^2 统计量和 $\bar{R}^2$ 统计量注意事项

① R^2 统计量和 $\bar{R}^2$ 统计量是计量经济软件直接给出的数值，不需要查表。

② R^2 统计量的值一般比 $\bar{R}^2$ 统计量的值略大一点，是公式结构所致。

③ R^2 统计量一般用于一元线性回归模型拟合效果的检验；$\bar{R}^2$ 统计量一般用于多元线性回归模型拟合效果的检验。

④ 对于多元线性回归模型，不是加入越来越多的解释变量，$\bar{R}^2$ 统计量的数值就会相应提高，原因可以从该统计量的公式构成进行分析。当 $\bar{R}^2$ 统计量的值出现极端负值的时候，按相应的零值处理及做没有拟合效果处理。

5.2.4　随机误差项正态性检验

依据 TCH 原则，线性回归模型的随机误差项在大样本的情况下，要尽量满足正态分布的假定。为了检验这一假设命题是否成立，采用 JB 统计量进行正态性检验。

5.2.4.1　JB 统计量的一般表达式

JB 统计量全称扎克–布勒（Jarque-Bera）统计量，是以凯瑞斯·M. 扎克（Carios M. Jarque）和埃尤·K. 布勒（Anil K. Bera）命名的统计量，用来检验一组样本是否来自正态分布的一种方法。

$$JB = \frac{n}{6}\left[S^2 + \frac{(K-3)^2}{4}\right] \sim \chi_\alpha^2(2) \qquad (5.8)$$

在式（5.8）中，n 是样本容量；S 是样本的偏度值；K 是样本的峰度值。偏度和峰度的计算公式为：

$$S = \frac{1}{n}\sum_{i=1}^{n} \frac{(e_i - \bar{e})^3}{\left[\frac{1}{n}\sum_{i=1}^{n}(e_i - \bar{e})^2\right]^{3/2}} \qquad (5.9)$$

$$K = \frac{1}{n}\sum_{i=1}^{n} \frac{(e_i - \bar{e})^4}{\left[\frac{1}{n}\sum_{i=1}^{n}(e_i - \bar{e})^2\right]^2} \qquad (5.10)$$

在式（5.9）和式（5.10）中，e_i 为线性回归模型随机误差项的估计值，$\bar{e}$ 为线性回归模型随机误差项估计值的均值。另外，为简化统计量，设 N = K - 3，为正态分布的峰度值，代入式（5.8），得到：

$$JB = \frac{n}{6}\left(S^2 + \frac{N^2}{4}\right) \sim \chi_\alpha^2(2) \tag{5.11}$$

5.2.4.2 JB 统计量的使用方法

H_0：S = N = 0；

H_1：S、N 不同时为零。

如果 $JB < \chi_\alpha^2(2)$，接受原假设，线性回归模型的随机误差项满足正态分布特性；如果 $JB \geqslant \chi_\alpha^2(2)$，拒绝原假设，线性回归模型的随机误差项不满足正态分布特性。

5.2.4.3 使用 JB 统计量的注意事项

① JB 统计量服从显著性水平为 5%，自由度为 2 的 χ^2 分布，$\chi_{0.05}^2(2)$ 的值就是 5.99147，可以通过查 χ^2 分布表得到。之所以选择显著性水平为 5%，而没有选择其他显著性水平，原因在于尽量避免一个很小的临界值影响检验结果。

② JB 统计量不仅适合检验线性回归模型随机误差项的正态性特征，同样适用于对任何一组样本的正态性特征检验，既简捷又方便。

③ JB 统计量在小样本条件下不如在大样本、超大样本条件下表现明显。因此，为了清楚地检验随机误差项是否具备正态性特征，应该尽量使用大样本数据。

5.2.5 模型结构的稳定性检验

稳定性检验，一般包括三种：其一，是一组时序样本数据的稳定性检验，即单整检验；其二，是两组数据之间的稳定性检验，即是否具备协整关系的检验，每组数据可以是线性组合；其三，是模型建立以后的结构稳定性检验。每种检验使用不同的检验统计量。用于样本稳定性的单整检验和协整检验，将在时间数列部分进行解析。这里介绍的是第三种稳定性检验——对模型结构稳定性的 Chow 检验。

5.2.5.1　Chow 检验的一般表达式

Chow 检验是由美国华裔计量经济学家邹至庄于 1960 年建立的统计量，该统计量是利用模型回归产生的残差构建关系式。Chow 检验的核心思想是将待检验的样本平均分成两部分，然后分别回归，得到各自的残差平方和，构建 F 统计量，比较两次回归产生的两个回归系数是否一致来判断模型结构是否稳定。Chow 检验所用统计量的一般关系式为：

$$F = \frac{\left[\sum_{i=1}^{n}e_i^2 - \left(\sum_{i=1}^{n_1}e_{1i}^2 + \sum_{i=n_1+1}^{n_2}e_{2i}^2\right)\right]/(k+1)}{\left(\sum_{i=1}^{n_1}e_{1i}^2 + \sum_{i=n_1+1}^{n_2}e_{2i}^2\right)/(n_1+n_2-2k-2)} \sim F_\alpha(k+1, n-2k-2)$$

$$(5.12)$$

在式（5.12）中，k 是原模型解释变量的数量；n_1 是原样本分出来的第一部分样本数量，n_2 是原样本分出来的第二部分样本数量，存在 $n = n_1 + n_2$；$\sum_{i=1}^{n}e_i^2$ 是原模型的残差平方和；$\sum_{i=1}^{n_1}e_{1i}^2$ 是原模型分出的第一部分样本回归后的残差平方和；$\sum_{i=1}^{n_1}e_{2i}^2$ 是原模型分出的第二部分样本回归后的残差平方和。

5.2.5.2　Chow 检验的使用方法

$H_0: \hat{\beta_i^1} = \hat{\beta_i^2}$　　$i = 0, 1, 2, \cdots, k$；

$H_1: \hat{\beta_i^1} \neq \hat{\beta_i^2}$　　$i = 0, 1, 2, \cdots, k$。

如果 $F < F_\alpha(k+1, n-2k-2)$，接受原假设，线性回归模型结构稳定；如果 $F \geq F_\alpha(k+1, n-2k-2)$，拒绝原假设，线性回归模型结构不具稳定性。

5.2.5.3　使用 Chow 检验的注意事项

① Chow 检验构造的是 F 统计量，因此，需要查 F 分布表得到临界值。

② 使用 Chow 检验时，对待检样本，尽量做到均分，以保证两部分样本进行回归时样本容量一致。

③ 通过残差图，观察是否存在断点。如果存在较明显的断点，以断点为时点，将整个样本分成两部分，然后，对这两部分进行回归，以观察各部分回归系数是否出现变化。如果存在多个断点，就以各断点为时点，进行多部分的 Chow 检验。

④ 值得重申的一点是，Chow 检验不仅适合模型结构的稳定性检验，而且适合多组样本数据的稳定性检验。

5.3 案例分析

利用 3.5 节的案例资料,构建二元线性回归模型。其中,被解释变量是家庭每月可支配收入,解释变量是家庭子女平均受教育年限和家庭成员每天有效工作时数。按照 1.3 节的知识,我们建立线性回归模型。

$$y_i = \alpha_i + \beta_1 x_{1i} + \beta_2 x_{2i} + \mu_i \qquad i = 1, 2, \cdots, n$$

略去其他建模步骤,直接进入模型检验步骤。

通过 OLS 方法,得到的模型结果,见表 5.1。

表 5.1　　　　　　　　　二元线性回归模型 OLS 法回归结果

Variable	Coefficient	Std. Error	t-Statistic	Prob.
C	– 3876. 703	3643. 292	– 1. 064066	0. 2942
WORKHOURS	50. 11209	240. 0846	0. 208727	0. 8358
EDUCATIONYEARS	454. 9475	144. 3116	3. 152536	0. 0032
R-squared	0. 714661	Mean dependent var	1030. 050	
Adjusted R-squared	0. 699237	S. D. dependent var	1202. 794	
S. E. of regression	659. 6345	Akaike info criterion	15. 89329	
Sum squared resid	16099354	Schwarz criterion	16. 01995	
Log likelihood	– 314. 8657	Hannan-Quinn criter.	15. 93909	
F-statistic	46. 33513	Durbin-Watson stat	0. 083032	
Prob (F-statistic)	0. 000000			

注:Variable 表示变量;Coefficient 表示系数;Std. Error 表示标准误差;t-Statistic 表示 t 统计量;Prob. 表示 P 值;R-squared 表示判定系数;Mean dependent var 表示被解释变量均值;Adjusted R-squared 表示调整的判定系数;S. D. dependent var 表示被解释变量标准差;S. E. of regression 表示回归标准误差;Akaike info criterion 表示赤池信息准则;Sum squared resid 表示残差平方和;Schwarz criterion 表示施瓦茨准则;Log likelihood 表示对数似然值;Hannan-Quinn criter. 表示汉南-奎恩准则;F-statistic 表示 F 统计量;Durbin-Watson stat 表示杜宾-沃特森统计量;Prob (F-statistic) 表示 P 值(F 统计量),余表同。

关于模型的回归表达式为:

INCOME = – 3876. 703 + 50. 11209 × WORKHOURS + 454. 9475

　　　　　　　　(t = 0. 208727)　　　　　　(t = 3. 152536)

　　　× EDUCATIONYEARS

　　$R^2 = 0. 714661$　$\overline{R}^2 = 0. 699237$　$F = 46. 33513$　$JB = 2. 300825$

5.3.1　判断单一回归系数的显著性

观察 t 统计量的值，分别是 0.208727 和 3.152536，查 t 分布表得到的临界值为 2.02，因此，该地区家庭适龄子女受教育年限对家庭收入的影响显著。相比而言，劳动时间对家庭月可支配收入影响不显著。

5.3.2　判断整体回归系数的显著性

观察 F = 46.33513，查 F 分布表中的临界值为 3.2519，两值相差很远，因此，该模型解释变量的回归系数总体上说是显著的。

5.3.3　判断模型拟合效果的显著性

$R^2 = 0.714661$，$\bar{R}^2 = 0.699237$，两值围绕在 70% 左右，说明两个解释变量对被解释变量的解释能力达到 70%，拟合效果显著。

5.3.4　随机误差项的正态性检验

见图 5.1，JB 统计量的数值是 2.300825，小于 $\alpha = 5\%$ 下的临界值 5.99147，因此，可以认为随机误差项满足正态性假定，具备了正态分布特征。图 5.1 表现出的正态性，呈双峰正态趋势。

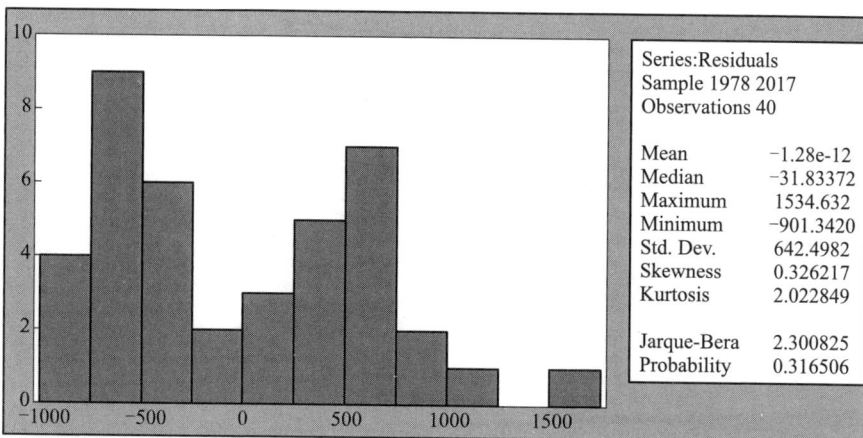

图 5.1　JB 正态性检验结果

5.3.5 模型结构稳定性检验

通过图 5.2 可以发现，转折点不止一个时点，包括 1987 年、1989 年、1992 年和 1993 年等。考虑到 Chow 检验提倡的数据均分原则，我们选择 1993 年作为转折点判断模型的总体结构稳定性。如表 5.2 所示，F-statistic 计算值是 105.3591，临界值是 2.8826，落在拒绝域，因此拒绝原假设，模型结构不稳定。

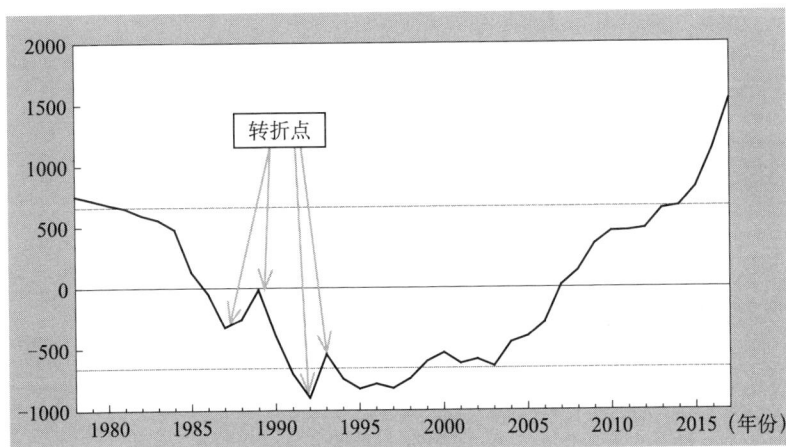

图 5.2 残差折线

表 5.2   **Chow 断点检验**

F-statistic	105.3591	Prob. F (3, 34)	0.0000
Log likelihood ratio	93.27175	Prob. Chi-Square (3)	0.0000
Wald Statistic	316.0774	Prob. Chi-Square (3)	0.0000

本章总结

本章将线性回归模型涉及的基本检验进行了统一介绍。这些基本检验包括的内容有，单个解释变量回归系数显著性检验、模型全部解释变量回归系数整体显著性检验、模型拟合效果的显著性检验、修正的模型拟合效果显著性检验、随机误差项的正态性检验以及模型结构稳定性检验等。

英语词汇

t test

t statistic

t distribution

F test

F statistic

F distribution

fitness measure

adjusted fitness measure

χ^2 distribution

normality test

Chow breakpoint test

the first freedom degree

the second freedom degree

structure stability test

拓展阅读

①几种常用的典型分布的相关知识。

②每位检验统计量的创立者的人生简介、学术成就。

③每个检验统计量扩展、升级的相关知识整理。

④适合线性回归模型阶段的最新统计量知识拓展。

本章思考

①理解单个解释变量显著性检验的基本原理。

②理解整体解释变量显著性检验的基本原理。

③拟合优度进行检验的基本原理。

④分析为何加入太多的冗余变量，修正拟合优度值反降不升。

⑤理解正态性检验的使用范围。

⑥理解结构稳定性检验的基本原理。

第二部分　突破线性回归模型

　　从第二部分开始，本书将带你认识丰富多彩的计量经济模型形式。因为世界是复杂的，所以模型形式不会全是线性；因为世界又是有规律可循的，所以非线性化的关系终究可以溯源。模型形式的设计如同服装设计，均码是基础，实事求是、量体裁衣才最合适，计量经济模型亦然。

第6章 非线性函数关系的线性化

通过第3章、第4章、第5章的学习，我们已经掌握了线性回归模型的构成、估计、检验和预测。接下来，我们要学习一些基于复杂一点的函数关系形成的模型，这些函数关系共同的特点是不再具备线性特征。如何将这些复杂的函数关系形成的模型转化为线性模型形式，就是非线性模型的线性化问题。

6.1 常见的函数关系式

从小学接触等式，到中学接触方程，都是基于常用的函数关系。这些确定性的函数关系，是建立计量经济模型的基本关系依据。计量经济学的初级阶段，利用的函数关系主要包括：幂函数、指数函数、对数函数和三角函数等。由这些常用的函数关系派生出许多函数表达式，作为计量经济模型的基本关系表达式。

6.1.1 常用的函数关系表达式

以下列举了一些常用的函数表达式，省略了其中的限定条件，供大家参考。

（1）一次函数表达式。

$$y = f(x) = kx + b$$

（2）反比例函数表达式。

$$y = f(x) = \frac{k}{x} + b$$

（3）指数函数表达式。

$$y = f(x) = ab^x$$

（4）幂函数表达式。

$$y = f(x) = ax^b$$

（5）二次函数表达式。

$$y = f(x) = kx^2 + b$$

（6）高次函数表达式。

$$y = f(x) = kx^n + b$$

（7）二次多项式表达式。

$$y = f(x) = a + bx + cx^2$$

（8）三次多项式表达式。

$$y = f(x) = a + bx + cx^2 + dx^3$$

（9）高次多项式表达式。

$$y = f(x) = a + bx + cx^2 + dx^3 + \cdots + \theta x^n$$

（10）对数函数表达式。

$$y = f(x) = \ln a^x$$

（11）三角函数表达式。

$$y = f(x) = \sin x$$

$$y = f(x) = \cos x$$

（12）生长函数表达式。

$$y = f(t) = k e^{-be^{-\alpha t}}$$

$$y = f(t) = \frac{K}{1 + be^{-\alpha t}}$$

$$y = f(t) = Ka^{bt}$$

（13）经济增长函数表达式。

$$y = f(x) = AL^\alpha K^\beta e^\mu$$

（14）CES 生产函数表达式。

$$y = f(x) = A(\delta_1 K^{-\rho} + \delta_2 L^{-\rho})^{-\frac{m}{\rho}} e^\mu$$

6.1.2 常用函数的线性化

对于以上一些非线性的常用函数表达式，其线性化的方法我们通常采用取自然对数的方法变化原式，同样省略了其中的限定条件。

（1）指数函数类的线性化。

$$y = ab^x \rightarrow \ln y = \ln a + (\ln b)x$$

（2）幂函数类的线性化。

$$y = ax^b \rightarrow \ln y = \ln a + b \ln x$$

（3）反比例函数类的线性化。

$$y = \frac{k}{x} + b \rightarrow \ln(y - b) = \ln k - \ln x$$

（4）对数函数类的线性化。

$$y = \ln a^x \rightarrow \ln y = \left[\ln(\ln a) \right] x$$

（5）生长函数类的线性化。

$$y = Ka^{bt} \rightarrow \ln y = \ln k + (b \ln a) t$$

$$y = \frac{K}{1 + be^{-\alpha t}} \rightarrow \left[\ln\left(\frac{k}{y} - 1 \right) \right] = \ln b - \alpha t \rightarrow \ln y^* = A + Bt$$

$$y = ke^{-be^{-\alpha t}} \rightarrow \ln(\ln k - \ln y) = \ln b - \alpha t$$

（6）经济增长函数类的线性化。

$$y = AL^{\alpha} K^{\beta} e^{\mu} \rightarrow \ln y = \ln A + \alpha \ln L + \beta \ln k + \mu$$

（7）CES 生产函数类的线性化。

$$y = A \left(\delta_1 K^{-\rho} + \delta_2 L^{-\rho} \right)^{-\frac{m}{\rho}} e^{\mu} \rightarrow \ln y = \ln A + \left(-\frac{m}{\rho} \right) \ln(\delta_1 K^{-\rho} + \delta_2 L^{-\rho}) + \mu$$

当然，在实际应用中，还会有许多更复杂的非线性函数关系表达式需要大家做线性化的工作。对这类工作，一要保持耐心，谨防模型线性化中由于粗心出现的漏项；二要注意规整表达式中的常数项，以达到尽可能简化所设模型形式的目的。

6.2 非线性化函数转化为线性化模型的系数表达

6.2.1 非线性化函数转化为线性化模型的类型

（1）对数线性模型。

$$y = \alpha \ln x + \mu$$

系数 α 表示的经济含义是，x 每变化 1%，y 将变化系数 α 个单位。

（2）线性对数模型。

$$\ln y = \alpha x + \mu$$

系数 α 表示的经济含义是，x 每变化 1 个单位，y 将变化系数 $100\alpha\%$。

（3）对数对数模型。

$$\ln y = \alpha \ln x + \mu$$

系数 α 表示的经济含义是，x 每变化 1%，y 将变化系数 α%。

（4）对数的对数与对数模型。

$$\ln y = \alpha \ln(\ln x) + \mu$$

系数 α 表示的经济含义是，x 每变化 x%，y 将变化系数 $\left(\dfrac{\alpha}{\ln x}\right)$%。

6.2.2 生长类函数转化为线性化模型的系数表达

对由生长类函数转化而成的线性化模型，在知识经济、创新技术突飞猛进发展的大背景下，应用价值会越来越明显。因此，本书将就其线性化模型回归系数的边际概念和弹性概念进行详细的推导演示，便于大家今后能准确地解释回归系数的经济含义。

6.2.2.1 推导之一

$y = \dfrac{k}{1 + be^{-\alpha t}} \rightarrow \left[\ln\left(\dfrac{k}{y} - 1\right)\right] = \ln b - \alpha t$ 的系数边际值 $\dfrac{dy}{dt}$ 和弹性值 $\dfrac{dy/y}{dt/t}$。

①系数边际值 $\dfrac{dy}{dt}$。

$\because \left[\ln\left(\dfrac{k}{y} - 1\right)\right]' = (\ln b - \alpha t)'$

$\therefore \dfrac{1}{\left(\dfrac{k}{y} - 1\right)} \times \left(\dfrac{k}{y} - 1\right)' \times t' = (-\alpha t)'$

整理得到，$\dfrac{y}{k - y} \times \dfrac{k}{y^2} \times t' = \alpha$，进一步整理得到，$t' = [\alpha y(k - y)]/k$，

代入已知的函数 y，得到，$t' = \alpha y\left(1 - \dfrac{1}{1 + be^{-\alpha t}}\right)$，最后整理得：

$$\frac{dy}{dt} = t' = \frac{abe^{-\alpha t}y}{1 + be^{-\alpha t}} \tag{6.1}$$

②系数弹性值 $\dfrac{dy/y}{dt/t}$。

$$\frac{\dfrac{dy}{y}}{\dfrac{dt}{t}} = \frac{dy}{dt} \times \frac{t}{y} = \frac{abe^{-\alpha t}y}{1 + be^{-\alpha t}} \times \frac{t}{y} = \frac{abe^{-\alpha t}t}{1 + be^{-\alpha t}} \tag{6.2}$$

6.2.2.2　推导之二

$y = ke^{-be^{-\alpha t}} \to \ln\left(\ln\dfrac{k}{y}\right) = \ln b - \alpha t$ 的系数边际值$\dfrac{dy}{dt}$和弹性值$\dfrac{dy/y}{dt/t}$。

①系数边际值$\dfrac{dy}{dt}$。

$\because \dfrac{dy}{dt} = \left\{\ln\left[\ln\left(\dfrac{k}{y}\right)\right]\right\}' = (\ln b - \alpha t)'$

$\therefore \dfrac{1}{\ln\left(\dfrac{k}{y}\right)} \times \left[\ln\left(\dfrac{k}{y}\right)\right]' \times \left(\dfrac{k}{y}\right)' \times t' = -\alpha$

进一步整理上式，得到：

$$\dfrac{dy}{dt} = t' = \alpha \times y \times \ln\left(\dfrac{k}{y}\right) = \alpha b \times e^{-\alpha t} \times y \qquad (6.3)$$

②系数弹性值$\dfrac{dy/y}{dt/t}$。

$$\dfrac{dy/y}{dt/t} = \dfrac{dy}{dt} \times \dfrac{t}{y} = \alpha b \times e^{-\alpha t} \times y \times \dfrac{t}{y} = \alpha b \times e^{-\alpha t} \times t \qquad (6.4)$$

6.2.2.3　应用生长函数模型注意事项

①6.2.2.1 类模型值介于 $0 \sim k$，伴随着时间轴趋于无穷大，$\lim_{t\to\infty} y_t = k$；伴随着时间轴趋于 0，$\lim_{t\to 0} y_t = 0$。模型存在转折点$\left(\dfrac{\ln b}{\alpha}, \dfrac{k}{2}\right)$，同时，该点也是对称点。

②6.2.2.2 类模型值介于 $0 \sim k$，$\alpha > 0$，$\lim_{t\to\infty} y_t = k$；$\alpha > 0$，$b > 0$，$\lim_{t\to -\infty} y_t = 0$。模型存在转折点$\left(\dfrac{\ln b}{\alpha}, \dfrac{k}{e}\right)$，但是，该点不是对称点。

6.3　案例分析

结合 3.5 节案例资料，在已知某农村地区 1978～2017 年的家庭每月可支配收入、家庭子女平均受教育年限和家庭成员每天有效工作时数三项指标的基础上，整理出该农村地区自 1978 年以来，家庭父母辈每月到农技部门学习技术的时间。利用生长类曲线线性化后的模型测算知识创新系数，见表 6.1、

表6.2和表6.3。

表6.1　　某农村地区1978～2017年家庭父母辈到农技部门学习情况

年份	月均收入（元）	劳动时数（小时/天）	父母学技术（月时数）	年份	月均收入（元）	劳动时数（小时/天）	父母学技术（月时数）
1978	20	5.5	6.2	1998	480	10.2	6.0
1979	26	5.6	6.5	1999	600	10.2	5.2
1980	30	5.7	6.4	2000	710	10.3	5.4
1981	36	5.9	5.8	2001	800	10.7	5.6
1982	40	6.1	5.6	2002	880	10.8	5.7
1983	42	6.2	5.4	2003	909	11.0	5.2
1984	44	6.4	5.6	2004	1200	11.2	5.6
1985	49	7.2	5.5	2005	1300	11.3	5.7
1986	58	7.6	5.2	2006	1500	11.5	5.8
1987	60	8.2	4.1	2007	1900	11.7	5.6
1988	66	8.0	3.5	2008	2100	11.9	5.9
1989	52	7.5	1.2	2009	2300	11.9	5.6
1990	90	8.5	2.3	2010	2500	12.1	5.9
1991	95	9.2	3.2	2011	2600	12.3	6.2
1992	106	9.7	4.3	2012	2700	12.5	6.6
1993	150	9.0	4.0	2013	2900	12.6	7.2
1994	180	9.5	4.3	2014	3003	12.8	8.6
1995	240	9.8	4.6	2015	3100	12.7	9.1
1996	336	9.9	6.2	2016	3500	12.9	11.6
1997	400	10.1	6.8	2017	4100	13.4	13.5

资料来源：根据作者的调研数据计算整理而得。

学习创新极限按每天24小时、每月30天计算，则 $k = 24 \times 30 = 720$ 时/月；y_i = 劳动时间 $\times 30$。计算父母创新 $\ln\left(\ln\left(\dfrac{K}{y_i}\right)\right)$。

表6.2　　某农村地区1978～2017年家庭父母辈到农技部门学习情况整理

年份	劳动时数（小时/天）	父母学技术（月时数）	父母创新	年份	劳动时数（小时/天）	父母学技术（月时数）	父母创新
1978	5.5	6.2	0.38751	1988	8	3.5	0.09405
1979	5.6	6.5	0.37520	1989	7.5	1.2	0.15113
1980	5.7	6.4	0.36297	1990	8.5	2.3	0.03728
1981	5.9	5.8	0.33869	1991	9.2	3.2	− 0.04202
1982	6.1	5.6	0.31464	1992	9.7	4.3	− 0.09880
1983	6.2	5.4	0.30270	1993	9	4	− 0.01936
1984	6.4	5.6	0.27896	1994	9.5	4.3	− 0.07606
1985	7.2	5.5	0.18563	1995	9.8	4.6	− 0.11018
1986	7.6	5.2	0.13968	1996	9.9	6.2	− 0.12158
1987	8.2	4.1	0.07132	1997	10.1	6.8	− 0.14443

续表

年份	劳动时数（小时/天）	父母学技术（月时数）	父母创新	年份	劳动时数（小时/天）	父母学技术（月时数）	父母创新
1998	10.2	6	-0.15588	2008	11.9	5.9	-0.35451
1999	10.2	5.2	-0.15588	2009	11.9	5.6	-0.35451
2000	10.3	5.4	-0.16734	2010	12.1	5.9	-0.37856
2001	10.7	5.6	-0.21343	2011	12.3	6.2	-0.40279
2002	10.8	5.7	-0.22501	2012	12.5	6.6	-0.42721
2003	11	5.2	-0.24826	2013	12.6	7.2	-0.43950
2004	11.2	5.6	-0.27162	2014	12.8	8.6	-0.46425
2005	11.3	5.7	-0.28336	2015	12.7	9.1	-0.45185
2006	11.5	5.8	-0.30692	2016	12.9	11.6	-0.47670
2007	11.7	5.6	-0.33064	2017	13.4	13.5	-0.53991

资料来源：根据作者的调研数据计算整理而得。

表 6.3　　　　　　　　　　　模型回归结果

Variable	Coefficient	Std. Error	t-Statistic	Prob.
C	0.372516	0.015042	24.76535	0.0000
YEAR	-0.023319	0.000639	-36.47246	0.0000
R-squared	0.972227	Mean dependent var	-0.105520	
Adjusted R-squared	0.971496	S. D. dependent var	0.276474	
S. E. of regression	0.046677	Akaike info criterion	-3.242413	
Sum squared resid	0.082793	Schwarz criterion	-3.157969	
Log likelihood	66.84826	Hannan-Quinn criter.	-3.211880	
F-statistic	1330.240	Durbin-Watson stat	0.554892	
Prob（F-statistic）	0.000000			

　　表 6.3 是模型回归结果，父母创新系数是 -0.023319，通过显著性检验，呈逐年下降趋势，原因是伴随着互联网的普及，获取农技知识的方式已从固定地点日益向网络学习的模式转变。因此，用传统的到农技机构学习的方式来衡量该地区父母辈的创新是不切实际的。一些农村基层的培训机构形同虚设也是现实情况。伴随着乡村振兴战略的稳步推进，这些机构有望焕发出新的生机与活力。

本章总结

　　本章先对常用的函数关系式进行了梳理，再对非线性的函数关系式进行了线性化的处理与总结。重点对两种生长类曲线的线性化回归模型进行了关于回归系数边际值和弹性的逻辑推导。案例部分采用的是 6.2.2.2 类生长曲线的线性化模型，对某农村地区的农村家庭父母辈创新活动进行的估计。

英语词汇

nonlinear model

linearity

function expression

power function

exponential function

logarithmic function

logarithmic function with logarithmic variable

double curve function

quadratic polynomial function

cubic polynomial function

Peard-Reed curve function

Gompertz curve function

economic growth model

constant elasticity of substitution（CES）production model

拓展阅读

①理解等式、方程、函数以及计量经济模型的关系。

②熟练掌握初等函数、典型函数及特殊函数的表达。

③广泛阅读关于生长类曲线的中英文参考文献。

④理解经济增长模型和 CSE 生产函数模型。

本章思考

①非线性函数关系线性化为何选择自然对数而不是常用对数。

②挖掘生长类线性化后的曲线模型与 AI 时代结合的利用空间。

③理解 CSE 生产函数模型的科学性和局限性。

④理解边际值和弹性值在不同对数线性模型中的应用。

第7章 模型设定误差

模型设定误差，顾名思义，就是在模型形式设计时，对依赖的函数关系选择上出现的偏差。在建模过程中，模型设定误差是一个很严重的问题。最简单的模型设定误差，就是模型的曲线关系由模型的线性关系代替而形成的偏差。对于模型的设定误差，首先，要明白其产生的根源；其次，要有测定检验模型设定误差的工具；最后，对于模型设定的误差，我们还要有修正的方法。

7.1 模型设定误差产生的根源

7.1.1 误选了模型函数关系式

对于误选了模型的函数关系式造成的模型设定误差后果，我们举例说明。如果在现实中我们选择的模型应该是多项式的形式，然而，我们却用了线性的形式来代替，产生的后果会很可怕。

真实的模型形式：

$$y_i = \beta_0 + \beta_1 x_i + \beta_2 x_i^2 + \beta_3 x_i^3 + \mu_i \tag{7.1}$$

选择的模型形式：

$$y_i = \beta_0^* + \beta_1^* x_i + \mu_i^* \tag{7.2}$$

观察式（7.1）和式（7.2），我们不难发现，式（7.1）是一个以三次多项式函数关系构建起来的模型；式（7.2）是一个以一次函数形式构建起来的模型。从式（7.1）到式（7.2），模型的形式简化了许多。原模型和误选模型，实际上存在一种特殊的关系，如图7.1所示。

$$y_i = \beta_0 + \beta_1 x_i + \beta_2 x_i^2 + \beta_3 x_i^3 + \mu_i \quad (1)$$

$$\Updownarrow$$

$$y_i = \beta_0^* + \beta_i^* x_i + \mu_i^* \quad (2)$$

图7.1　真实模型与误选模型

观察图7.1中第一行的阴影部分，我们称为（1）部；图7.1中第二行的阴影部分，我们称为（2）部。图7.1两个模型中的（1）部和（2）部是"等价"的关系，也可以称作"相当于"的关系，因此，模型形式设定上的误差，我们可以将其看作将复杂的多项式模型的（2）部全部放入了线性模型的（1）部的误差项中。这样的后果，其实就相当于人为地简化了模型的形式；忽略了重要的解释变量项x_i^2和x_i^3；人为地扩大了随机干扰项的内容等。

7.1.2　模型中忽略了重要变量

以上我们说模型形式设定的误差，从最终效果上分析，相当于真实模型中忽略了重要的解释变量。那么，在现实中，如果忽略了真实的解释变量，对模型的最终结果会有什么样的影响呢？从数学逻辑上说，忽略了重要的解释变量，使之全部归入随机误差项，在残差估计值的方差产生变化的同时，OLS估计量的整体偏倚程度也会受到很大影响。

7.1.3　模型中纳入了无关变量

如果是原本简洁的模型形式，被人为加入了许多无关紧要的解释变量，就等同于一个本来音色和谐的乐队，加入了滥竽充数的人一样。不仅影响了模型整体的统一性，还对整体的效果产生不必要的干扰。这时，尽管保留的OLS估计量的偏倚程度不会受到任何影响，但是，残差估计值的方差会被人为地提高。

7.1.4　原始数据的登记性误差

我们知道统计误差包括两类：一类是技术误差；另一类是登记误差。技术误差是指，由于抽样技术选择、运用和规范等方面出现偏差造成的抽样数据出现的误差；登记误差是指，由于数据登记过程中出现的漏报、瞒报、虚报和迟报等人为因素引起的数据偏差产生的误差。这里，我们强调的是第二个方面的误差，就是由于人为的原因，在数据选取过程中，使进入模型的数据产生的误差。这种误差造成了模型基础数据不够科学和准确，最终，不能很好地展现模型的本来趋势和特征，OLS 估计量也不再是具有最优性特征和无偏性特征的估计量。

7.2　模型设定误差的检验方法

RESET 检验法是检验模型设定是否存在误差的一种方法，全称 Ramsey RESET 检验，由詹姆斯·B. 拉姆齐（James B. Ramsey，1969）创立。RESET 检验适合以下几种情况：一是模型中是否省略了重要的解释变量；二是模型是否选择了不正确的函数关系形式；三是解释变量和随机误差项之间是否存在明显的相关性。如果存在以上的模型设定误差，最小二乘估计量将是有偏的和不一致的，传统的推断方式也将是无效的。

7.2.1　RESET 检验原理

拉姆齐认为，如果模型存在设定误差，残差估计量将是一个均值不为零的向量矩阵 ϵ。因此，RESET 检验的假设条件就可以表述为：

$$H_0 : \epsilon \sim N(0,\ \sigma^2 I) \tag{7.3}$$

$$H_1 : \epsilon \sim N(\mu,\ \sigma^2 I) \qquad \mu \neq 0 \tag{7.4}$$

这个检验基于以下扩展模型：$Y = X\beta + Z\gamma + \epsilon$。其中，令无设定误差的约束条件 $\gamma = 0$。

那么，什么样的解释变量能够被纳入矩阵 Z，成为代表设定误差的元素呢？拉姆齐认为，可以用被解释变量预测值的高次方项，以及和模型原有解释变量交叉项构成的线性组合，来代表模型中由于重要解释变量的遗漏、无关解释变量的漏选等行为产生的设定误差，被纳入矩阵 Z 中，即：

$$Z = [\ \hat{y}^2,\ \hat{y}^3,\ \hat{y}^4,\ \cdots\ ] \tag{7.5}$$

需要注意的一点是，运用 RESET 检验时，要定义进入矩阵 Z 中的解释变量及其数量。如果定义为 1，需要纳入 $\hat{y}^2$；如果定义为 2，需要同时纳入 $\hat{y}^2$ 和

$\hat{y}^3$；如果定义了一个很大的数值，那么，模型中有可能出现高度的多重共线性问题。

7.2.2 RESET 检验假设

下面，作者用一个具体的模型来诠释 RESET 统计量的内涵。

对下面的线性回归模型进行是否存在设定误差的检验：

$$y = \alpha x + \gamma_1 \hat{y}^2 + \gamma_2 \hat{y}^3 + \cdots + \gamma_{k-1} \hat{y}^k + \varepsilon \qquad (7.6)$$

依据 RESET 检验法的原理，先用模型的形式设立原假设和备择假设。

原假设：
$$y = \alpha x + \varepsilon \qquad (7.7)$$

备择假设：
$$y = \alpha x + \gamma_1 \hat{y}^2 + \gamma_2 \hat{y}^3 + \cdots + \gamma_{k-1} \hat{y}^k + \varepsilon \qquad (7.8)$$

模型（7.6）是一个包含被解释变量估计值高次方的加法多项式的模型关系式。根据此模型，原假设被定义为一元线性回归模型；备择假设是原模型的形式。

依据 RESET 检验法的原理，也可以用模型的形式设立原假设和备择假设。

原假设：
$$\gamma_1 = \gamma_2 = \cdots = \gamma_{k-1} = 0 \qquad (7.9)$$

备择假设：
$$\gamma_1, \ \gamma_2, \ \cdots, \ \gamma_{k-1} \text{不同时为零} \qquad (7.10)$$

式（7.9）是针对原模型式（7.6）中，所有被解释变量估计值高次方的回归系数同时为零的假定，结果等同于式（7.7）；式（7.10）是针对原模型（7.6）中，所有被解释变量估计值的回归系数不同时为零的假定，结果等同于式（7.8）。

通过以上分析我们不难发现，用模型定义的原假设和备择假设与用被解释变量估计值高次方的回归系数定义的原假设和备择假设，表达的含义是一样的。

7.2.3 RESET 检验统计量

下面，我们给出 RESET 检验统计量的公式：

$$F = \frac{(R_u^2 - R_r^2)/q}{(1 - R_u^2)/(n - k - 1 - q)} \qquad (7.11)$$

式（7.9）表明，RESET 检验统计量用的是 F 统计量的检验原理。在式（7.11）中，R_r^2 代表含约束条件的模型的判定系数统计量；R_u^2 代表不含约束条件的模型的判定系数统计量。n 代表样本容量，k 代表解释变量的个数；q

代表约束条件的个数。分子的自由度是 q；分母的自由度是 $n-k-q-1$。

对于给出的模型（7.6），原假设条件就是带约束条件的模型；备择假设条件就是不带约束条件的模型，其相应的判定系数，被代入式（7.9）中计算时，要注意代入的位置，坚决避免用错统计量。

7.2.4 RESET 检验标准

应用 RESET 检验统计量的检验方法：

如果 RESET 检验统计量的 F 实际计算值 $> F_\alpha(q, n-k-1-q)$临界值，拒绝原假设，原模型存在模型设定上的误差；如果 RESET 检验统计量的 F 实际计算值 $< F_\alpha(q, n-k-1-q)$临界值，接受原假设，原模型不存在设定上的误差。

7.2.5 RESET 检验应用

以下，我们通过对被解释变量 INCOME 和解释变量 WORKHOURS 以及 ED-UCATIONYEARS 建模，发现模型的判定系数不高，模型的拟合情况不佳。另外，鉴于这两个解释变量存在严重的多重共线性，所以，此处仅选择了相关系数和显著性相对较高的 EDUCATIONYEARS 作为解释变量进入模型。我们担心该模型存在设定误差的问题，接下来，用 RESET 检验法进行检验。检验结果见图 7.2。

Ramsey RESET Test
Equation: UNTITLED
Specification: INCOME C EDUCATIONYEARS
Omitted Variables: Squares of fitted values

	Value	df	Probability
t-statistic	21.56125	37	0.0000
F-statistic	464.8873	(1, 37)	0.0000
Likelihood ratio	104.2983	1	0.0000

F-test summary:

	Sum of S...	df	Mean Squares
Test SSR	1493004..	1	14930041
Restricted SSR	1611831...	38	424166.1
Unrestricted SSR	1188270..	37	32115.40
Unrestricted SSR	1188270..	37	32115.40

LR test summary:

	Value	df	
Restricted LogL	-314.889...	38	
Unrestricted LogL	-262.740...	37	

图 7.2　RESET 检验结果

$\because$ RESET $- F > F_{0.05}(1, 37)$ ($F_{0.05}(1, 37) \approx 4$)

$\therefore$ 拒绝原假设。

结论：原模型存在设定误差问题。

本章总结

模型的设定形式误差是一个比较严重的问题，也是一个普遍存在的问题。本章详述了其形成的机理和产生的主要根源，介绍了判定模型设定形式误差的RESET 统计量的基本原理和使用方法。

英语词汇

specification

misspecification

omission

relevant variable

superfluous variable

polynomial model

diagnostics

augmented regression

linear combination

cross term

Ramsey RESET test

拓展阅读

①Ramsey RESET 统计量的产生始末。

②关于一些特殊函数形式的拓展研究。

本章思考

①模型设定误差的主要类型。

②模型设定误差对 OLS 估计量的总体影响。

③模型设定误差的判定统计量。

第三部分　三种经典计量误差

　　从第三部分开始，本书将带你认识三种经典计量误差，认识计量经济学世界现实存在的不确定逻辑。当未知用已知来计量、当不确定性用确定性来定义，结果就是给误差留下了滋生的土壤。但是，未知性、不确定性才是人类认知面临的真实状态。我们走在探索未知、不确定性的道路上，一定要理性地看到完美假设背后的真实。

第8章 经典计量误差——多重共线性

从本章开始，我们将进入计量经济学基础第三部分的学习中。如果第一部分被定义为线性回归模型；第二部分被定义为突破线性回归模型；这部分内容就是对 TCH 部分假设的违背研究。所谓经典计量误差检验是指，为了避免线性回归模型违背 TCH 中的解释变量之间独立性、随机误差项同方差以及项内诸因子相互独立等，造成模型出现错误而进行的检验。这些检验不同于以前学习的对 OLS 估计出的回归模型显著类的统计检验。其不同性主要表现在以下两个方面。

从检验内容上说，两部分的检验侧重点不同。第一部分的统计检验是利用统计量对 OLS 估计方法下的回归模型的拟合优度、变量整体显著性、单个变量显著性、数据正态性特征和模型结构稳定性等进行的检验。经典计量检验是解释变量之间、误差项内因子之间以及随机误差项方差数列等表现出来的对 TCH 违背后的检验。

从检验性质上说，两部分的检验相互独立又不割裂。统计检验和计量检验均属于对同一模型的检验，是检验体系中对象不同又有机统一的一部分。统计检验通过的模型，计量检验不一定通过；计量检验通过的模型，统计检验不一定通过。最终，统计检验和计量检验均通过的模型，还需进行其他检验。

8.1 多重共线性的概念

多重共线性是指，带多个回归元的线性回归模型中，解释变量之间相互不独立。多重共线性，按共线程度分为完全多重共线性和不完全多重共线性。两种概念可以用线性方程形式、矩阵形式和相关系数的形式分别进行定义。

8.1.1 方程的形式

假如存在以下关系式：

$$\alpha_1 x_1 + \alpha_2 x_2 + \cdots + \alpha_k x_k + \mu_i = 0 \tag{8.1}$$

在式（8.1）中，如果 $\mu_i = 0$，x_1，x_2，$\cdots$，x_k 中任何一项均可以由其他项线性表示。所以，我们可以说，x_1，x_2，$\cdots$，x_k 存在完全多重共线性问题。在式（8.1）中，如果 $\mu_i \neq 0$，x_1，x_2，$\cdots$，x_k 中任何一项均可以由其他项与 μ_i 线性表示。所以，我们可以说，x_1，x_2，$\cdots$，x_k 存在不完全多重共线性问题。

8.1.2 矩阵的形式

假设模型是带有 k 个回归元的 k 元线性回归模型。由 k 个解释变量组成的向量矩阵是包括 i 行和 k 列的向量矩阵。即：

$$X = \begin{bmatrix} x_{11} & x_{12} \cdots & x_{1k} \\ \vdots & \ddots & \vdots \\ x_{i1} & x_{i2} \cdots & x_{ik} \end{bmatrix} \tag{8.2}$$

在式（8.2）中，如果 $rankX = k$，矩阵是列满秩矩阵，k 个解释变量相互独立，则模型不存在任何多重共线性问题。在式（8.2）中，如果 $rankX < k$，模型存在多重共线性问题。

8.1.3 相关系数形式

假设模型是带有 k 个回归元的 k 元线性回归模型，我们用式（8.2）中 X 来表示由 k 个解释变量组成的向量矩阵，这是一个包含 n 行和 k 列的向量矩阵，其相关系数矩阵为：

$$cor\ (x_{is},\ x_{it}) = \begin{bmatrix} x_{1i}^2 & x_{1i}x_{2i} & \cdots & x_{1i}x_{ki} \\ x_{2i}x_{1i} & x_{2i}^2 & \cdots & x_{2i}x_{ki} \\ \vdots & \vdots & \cdots & \vdots \\ x_{ki}x_{1i} & x_{ki}x_{2i} & \cdots & x_{ki}^2 \end{bmatrix} \tag{8.3}$$

x_{is}、x_{it} 是向量矩阵 X 中的任意两项，其中：$i = 1$，2，$\cdots$，n；$s = 1$，

2，…，k；t = 1，2，…，k；s ≠ t。$r_{x_{is}x_{it}}$ 表示这两个任意解释变量的相关系数。在式（8.3）中，如果存在 $|r_{x_{is}x_{it}}| = 1$，则模型存在完全的多重共线性；如果存在 $|r_{x_{is}x_{it}}| = 0$，则模型不存在多重共线性问题；如果 $0 < |r_{x_{is}x_{it}}| < 1$，则模型存在不完全的多重共线性问题。

8.2　多重共线性产生的原因

以前，我们在构建线性回归模型时，经常提醒大家，要用相关系数，先看一看变量之间的相关程度。之后，再依据相关程度的高低，决定哪个变量可以纳入模型。因此，相关系数高的变量，是建立回归模型的前提条件。然而，如果每个进入模型的解释变量均和被解释变量存在一定程度的相关性，根据线性的传递性特征，解释变量之间也就存在着一定程度的多重共线性。所以，多重共线性在线性回归模型中是不可避免的，甚至可以说是普遍存在的，只是程度的轻重而已。这是从数学知识的角度，对多重共线性存在必然性的理论解释。在现实中，以下几种情况，也是多重共线性产生的主要原因。

首先，样本数据方面的原因。随着时间的变化，数据本身呈现出的内在趋同性，使变量相关程度很高。表现在模型中，就是变量之间的多重共线性特征。

其次，变量选择方面的原因。建模的时候，我们选择指标，一般都是凭着一种经验，这种经验和感觉，容易选择特征趋同的变量，使模型呈现出多重共线性特征。

最后，模型选择方面的原因。建模的时候，本来比较复杂的模型形式，经常会被简单的线性回归模型所取代。这就造成了本来可以避免的多重共线性问题，由于设定者设计成了简单的线性回归模型而出现。

8.3　模型存在多重共线性的不利后果

8.3.1　普通最小二乘估计量（OLSE）的方差增大

以完全多重共线性为例：

$$\alpha_1 x_1 + \alpha_2 x_2 + \cdots + \alpha_k x_k = 0 \rightarrow \alpha_1 x_1 = -(\alpha_2 x_2 + \cdots + \alpha_k x_k) \quad (8.4)$$

如果我们把 $\alpha_1 x_1$ 称作第一部分；把 $[-(\alpha_2 x_2 + \cdots + \alpha_k x_k)]$ 称作第二部分，那么，就有关系式：

$$y_i = \alpha_1 x_1 + \alpha_2 x_2 + \cdots + \alpha_k x_k + \mu_i = 2\alpha_1 x_1 = 2[-(\alpha_2 x_2 + \cdots + \alpha_k x_k)] \quad (8.5)$$

在式（8.5）中，明显存在第一部分和第二部分重叠的现象。如果以加法的形式将两个部分组合在一起，对于 y_i 来讲，无疑是重复汇总了一个和第一部分相同的部分。具有完全共线性特征的模型，进入模型的某一个变量或等价于这个变量的几个变量组成的线性组合，对被解释变量的解释力不会有任何提高。相反，由于可忽略的变量进入模型，OLSE 的偏倚程度虽然不会受到影响，但是，其方差却呈不断增大趋势。

8.3.2 模型的精准性降低

存在多重共线性的模型，解释变量之间可以相互解释，互为线性关系，对被解释变量的解释力不会有太大提高，其结果也会对模型的准确性产生影响，进而影响模型的代表性。多重共线性问题在线性回归模型中不可避免，因此，选择适量的、最具代表性的解释变量纳入模型，不贪图解释变量越多越好，是建模者应该时刻谨记的原则。

8.3.3 模型的结构不合理

如果线性回归模型存在多重共线性问题，意味着进入模型的解释变量的解释力不足，解释方向单调。对于整个模型系统来讲，也就意味着解释力的结构不能很好地代表解释变量的全部内容，造成模型结构的不科学、不合理。

8.3.4 模型的稳定性不高

对于同一个平面而言，我们知道面上两点决定一线、面上三点决定一面。对于多维度的线性回归模型而言，如果维度过于繁杂无序，是不利于建模者抓住模型的主要解释因素的。然而，维度过少，模型的精准度又会降低，且内部结构会出现不稳定、不合理导致的模型代表性差的问题。归纳为一点就是，模型的代表性和生命力是紧密相连的。设计合理的模型，生命力久远；设计不合理的模型，很快就会被新的、更高精准度的模型所取代。所以，科学选择进入模型的解释变量，是模型保持稳定性和生命力的关键一环。

8.4　诊断多重共线性的方法

8.4.1　方差膨胀因子诊断法

方差膨胀因子的英文表达是 variance inflation factor 或者 variance inflating factor，简写为 VIF，有时为了表达复数的概念，还可以表示成 VIFs。方差膨胀因子是指，在线性回归模型 OLS 估计过程中，一个回归元的回归系数方差有多少是由模型中其他回归元由于与之存在的多重共线性引起的。因此，方差膨胀因子是衡量线性回归模型中解释变量之间多重共线性程度的一种既简便又实用的方法。

8.4.1.1　VIF 的一般表达式

方差膨胀因子统计量的一般表达式为：

$$\text{VIF}_i = \frac{1}{1 - R_i^2} \qquad i = 1, 2, \cdots, n \qquad (8.6)$$

在式（8.6）中，脚标 i 表示模型中第 i 个解释变量。R_i^2 表示第 i 个解释变量作为被解释变量，与模型中其他解释变量构成辅助模型，然后进行 OLS 回归得到的 R^2 值。VIF_i 就是用包含 R_i^2 值构造的表达第 i 个解释变量的方差膨胀因子的统计量。$\text{VIF}_i \geq 5$，存在多重共线性；$\text{VIF}_i \geq 10$，存在严重的多重共线性。

8.4.1.2　VIF 的输出结果

方差膨胀因子输出结果包括两种形式：一种是 Centered VIF_i；另一种是 Uncentered VIF_i。前者是带常数项计算的方差膨胀因子；后者是不带常数项计算的方差膨胀因子。作者发现国内教材关于这部分内容，许多讲的是不带常数项的方差膨胀因子，即 Uncentered VIF_i，因此，结果展示出的只有 Uncentered VIF_i 值，见表 8.1。

以 3.5 节的案例为例，将 INCOME 作为被解释变量，将 WORKHOURS 和 EDUCATIONYEARS 作为解释变量，建立二元线性回归模型。不含常数项的

Uncentered VIF$_i$ 计算结果，如表8.1所示。

表 8.1   VIF 结果展示

Variable	Coefficient Variance	Uncentered VIF
WORKHOURS	858.4005	7.239724
EDUCATIONYEARS	787.0270	7.239724

同样以 3.5 节的案例为例，将 INCOME 作为被解释变量，将 WORK-HOURS 和 EDUCATIONYEARS 作为解释变量，建立含常数项的二元线性回归模型。含常数项的 Centered VIF 计算结果如表 8.2 所示。

表 8.2   VIF 结果展示

Variable	Coefficient Variance	Uncentered VIF	Centered VIF
C	13273580	1220.229	NA
WORKHOURS	57640.60	487.8308	10.61572
EDUCATIONYEARS	20825.84	192.2399	10.61572

结果显示，无论是不含常数项的线性回归模型 OLS 估计后得到的不含常数项的 Uncentered VIF$_i$值，还是含常数项的线性回归模型经过 OLS 估计得到的含常数项的 Centered VIF$_i$值，基本上均能如实显现出由于模型中存在的多重共线性而产生的 OLS 估计量方差增大的趋势。

8.4.2 辅助回归模型诊断法

辅助回归模型诊断法，又称子模型辅助诊断法，就是将模型中的任意一个解释变量单独拿出来作为被解释变量，对其余的解释变量进行 OLS 估计；然后，再逐一比较每个子模型的拟合优度 R_i^2 的情况；最后，依据 R_i^2 的数值大小，确定共线程度的大小，做出对哪些解释变量的取与舍。

应用辅助回归模型诊断法，要注意一个细节，即在构建每个辅助回归模型的时候，要秉承现实性原则，尽量满足不完全共线性的要求。

8.4.3 特征值统计量诊断法

特征值统计量诊断法是指，利用线性回归模型中解释变量标准化后的转置矩阵和标准化后的解释变量矩阵的乘积构成的样本相关系数矩阵，构建特征向量矩阵，求解特征值。然后，用计算出来的特征值中的最大特征值除以最小特征值得到条件数，记作 CN，即 condition number。之后，再对条件数开平方，得到条件指数，记作 CI，即 condition index。条件指数是衡量一个由多个解释变量构建的相关系数矩阵的多重共线程度，也可以称作病态程度指数，数值越大，多重共线程度越大，模型呈病态。一般认为，该值达到 10 以上即存在多重共线性。

8.5　对多重共线性问题的修正

解释变量之间应该保持相互的独立性，这是线性回归模型 TCH 条件之一。但现实中，解释变量之间的多重共线性问题又是普遍存在的。对于多重共线性问题的修正方法，重点介绍逐步回归法。

8.5.1　逐步回归法的本质特征

第一个观点，逐步回归法本质上是在模型中不断增加必要解释变量数量的过程。必要解释变量是那些对被解释变量能产生一定影响的显著性变量。

第二个观点，逐步回归法是对每一个应用该法的线性回归模型进行的对回归系数显著性和模型整体显著性及拟合优度统计量的频繁比较。

第三个观点，逐步回归法是一个从一元线性回归模型到多元线性回归模型的逐步筛选的机制与过程。

以上三个观点，体现出逐步回归法的本质特征。

8.5.2　逐步回归法的具体应用

8.5.2.1　逐步回归法的基础模型

基础模型是一个一元线性回归模型，指对被解释变量起到最佳解释力并且回归系数符号也符合经济理论和实际的基本模型。其中的解释变量，是众多解释变量中的一个。

8.5.2.2　基础模型的选择方法

逐步回归法中的基础模型，是继续筛选新指标的基准模型。

基础模型选择流程：

首先，借助相关系数矩阵，选择被解释变量和解释变量相关度最高的一对关系变量，构建基础模型，或者用所有解释变量逐一对被解释变量进行 OLS 估计，寻找 R^2 和 t 值最大的模型作为基础模型；其次，以基础模型为依据，继续对被解释变量和剩余的解释变量逐一进行 OLS 估计，对回归结果按显著性检验值进行排序；最后，符合"两条标准"的解释变量将保留在模型中，违背"两条标准"的解释变量作剔除处理。

8.5.2.3 模型变量筛选的"两条标准"

标准之一：在基础模型上，添加必要解释变量进入模型，之后进行 OLS 回归，观察相比基础模型，新增解释变量的模型是否提高了拟合优度值。提高者保留；反之，做剔除处理。

标准之二：在基础模型上，新增的解释变量进入模型后，观察回归系数是否显著，回归系数的符号是否经得起理论与实际的双重检验。回归系数显著且符号通过理论与实际双重检验者保留；反之，做剔除处理。

8.5.2.4 使用逐步回归法过程中需要注意的事项

本书重申解释变量之间的多重共线性问题，是建模过程中不可避免的现实问题。多重共线性的普遍存在，使修正工作既单调又烦琐。因此，减轻而不是完全消除模型中的多重共线性的严重程度，是逐步回归方法的根本性、客观性目的。

本章总结

本章对违背 TCH 中关于解释变量之间相互独立产生的多重共线性问题进行了定义、产生原因、对 OLS 估计量的影响、诊断方法以及修正方法等内容的详细阐述。其中，对多重共线性的定义，是从方程等式、矩阵的秩以及相关系数含义三个角度进行的描述；对多重共线性的诊断方法，重点介绍了方差膨胀因子法；针对存在多重共线性的模型修正，采取的是既简单又实用的逐步回归法，美中不足的是该方法的过程烦琐一些。

英语词汇

traditional classical hypotheses

multicollinearity

perfect multicollinearity

imperfect multicollinearity

matrix rank

autocorrelation matrix

inertia of data

parameter diagnosis

variance inflation（inflating）factor（s）

auxiliary model

condition number

condition index

stepwise regression method

Frisch comprehensive analysis method

basic model

two criterions

拓展阅读
①相关系数及偏相关系数知识。
②剔除模型数据内在惯性的方法。
③通过变换线性模型形式避免多重共线性的方法。

本章思考
①理解多重共线性的不可避免性。
②如何将不可避免的多重共线性程度减至最小。
③理解逐步回归法基本原理的"两条标准"。

第9章 经典计量误差——自相关

如果说多重共线性问题是出现在多元线性回归模型解释变量之间的问题，那么，自相关问题就是出现在随机误差项中各因子的问题。TCH 中，有一点是关于随机误差项因子的假设，即 cov（μ_i，μ_j）$=0$　$i \neq j$, i $=1$, 2, $\cdots$, n; j $=1$, 2, $\cdots$, n。观察该公式不难发现，这个假设针对的是随机误差项中的不同因子，当然，也包括随机误差项中这些因子的滞后项。因此，我们可以给出定义，如果是误差项和误差项的一期滞后项违背了这条假定，就形成了模型中的一阶自相关现象；如果是误差项和误差项的高阶滞后项违背了这条假定，就形成了模型的高阶自相关现象。对于模型的一阶自相关现象和高阶自相关现象，我们将介绍不同的统计量进行检验，并予以修正。

9.1　自相关现象产生的原因

对于自相关现象产生的主要原因，可以归纳为以下几点：

其一，在一个相同的时间段内，经济变量有趋势上的惯性，这种惯性使经济指标的报告期值与其自身的滞后期值存在时间上的自然联系。表现在模型中，就是数列的自相关现象。

其二，模型形式的设定误差，造成随机误差项中包括了许多不应该包括进来的因素。这些因素和其自身的滞后项，处在同一个随机误差项中。因此，自相关现象不可避免。

其三，模型中忽略了重要解释变量，随机误差项包含了这些解释变量。这些解释变量和自身滞后项共处于随机误差项中，数列相关不可避免。

9.2 自相关现象对模型的影响

首先，自相关现象是针对随机误差项内部因子的，对解释变量没有影响。所以，OLS 估计量的偏倚性不受影响。

其次，随机误差项的估计方差不再准确。

再次，回归系数 OLS 估计量的方差不再有效，即 OLSE 不再具备最小方差性。

最后，模型用于预测时精准度下降，成为低效的误差模型，应用价值降低。

9.3 自相关现象的检验

一般来说，对自相关现象的检验包括：图示法、统计量法和逐步回归法三种。

9.3.1 图示法

在平面坐标中，用时间和残差的估计量做横轴和纵轴，绘制残差图。通过残差图的趋势和走向，对残差的自相关类型做出初步判断。一般来说，残差图反映的自相关类型主要包括三种：正自相关、负自相关和无自相关等，如图 9.1、图 9.2 和图 9.3 所示。非线性自相关比较鲜见。

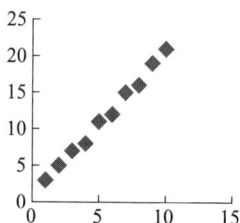

图 9.1 正自相关

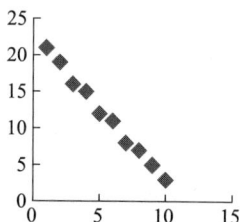

图 9.2 负自相关

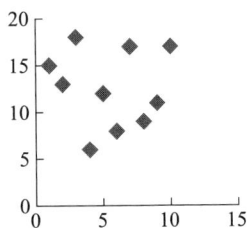

图 9.3　无自相关

9.3.2　统计量法

9.3.2.1　DW 统计量

检验线性回归模型是否存在一阶自相关，我们一般选择 DW 统计量。如果模型中包含被解释变量的一期滞后项作为的解释变量，检验模型是否存在一阶自相关问题，需要选择 Durbin – h 统计量。两个统计量的表达公式如下：

$$DW = \frac{\sum_{t=2}^{n}(\widehat{\mu_t} - \widehat{\mu_{t-1}})^2}{\sum_{t=1}^{n}\widehat{\mu_t}^2} \tag{9.1}$$

$$Durbin - h = (1 - \frac{DW}{2})\sqrt{\frac{n}{1 - n \times var(\widehat{b})}} \tag{9.2}$$

式（9.1）的取值范围是 [0, 4]。在这个闭区间中，又分出五个子区间。这五个子区间分别是拒绝域、接受域和不确定区域三类，其中，拒绝域包括两个；接受域包括一个；不确定区域包括两个。每个区间的具体范围，见图 9.4。在式（9.2）中，$\widehat{b}$ 是被解释变量一期滞后项作为解释变量的回归系数估计量。

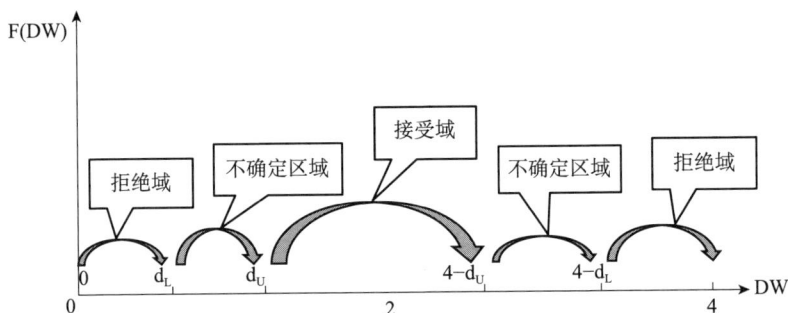

图 9.4　DW 统计量取值区间划分

图 9.4 展示了 DW 统计量在每个子区间上的判定结果。

每个子区间的具体界限为：

$d_U < DW < 4 - d_U$，处于接受域；

$0 < DW < d_L$ 和 $4 - d_L < DW < 4$，处于拒绝域；

$d_L < DW < d_U$ 和 $4 - d_U < DW < 4 - d_L$，处于不确定区域。

对应的自相关系数 $\rho \in [-1, 1]$，将此区间值进行划分。

每个子区间的具体数值为：

$\rho = 0$，$DW = 2$，模型不存在数列相关问题；

$\rho = 1$，$DW = 0$，模型存在完全的正自相关；

$\rho = -1$，$DW = 4$，模型存在完全的负自相关；

$0 < \rho < 1$，$0 < DW < 2$，模型存在一定程度的正自相关、不确定及不存在自相关；

$-1 < \rho < 0$，$2 < DW < 4$，模型存在"不存在自相关、不确定和一定程度的负自相关"。

对于 Durbin - h 统计量，我们需要查标准正态分布表寻找临界值，判断是拒绝原假设还是接受原假设。那么，两个一阶自相关检验的统计量，原假设和备择假设如何表达呢？

DW 统计量的原假设：$\rho = 0$；

DW 统计量的备择假设：$\rho \neq 0$。

Durbin - h 统计量的原假设：$\rho = 0$；

Durbin - h 统计量的备择假设：$\rho \neq 0$。

其中，ρ 代表一阶自相关系数。两个统计量，有着必然的联系，即 Durbin - h 统计量是由 DW 统计量和被解释变量滞后一期回归系数的方差等因子构成的统计量。

9.3.2.2　LM 统计量

LM 统计量，又称 BG 统计量，全称为 Breusch-Godfrey 检验。两位创立者的全名分别是澳大利亚的特里沃·S. 布罗施（Trevor S. Breusch）和美国的莱斯立·G. 戈弗雷（Leslie G. Godfrey）。LM 统计量是针对检验线性回归模型中随机误差项存在的高阶自相关现象构造的统计量。

LM 统计量的表达公式如下：

$$LM = TR^2 \sim \chi^2(p) \tag{9.3}$$

在式（9.3）中，T 是样本容量，R^2 是辅助回归模型经过 OLS 估计得到的拟合优度值，该辅助回归模型是以残差估计值作为被解释变量，以残差估计值的滞后项作为解释变量组合而成的线性回归模型。有的教材也将解释变量纳入，本书选择不带解释变量的辅助模型形式。LM 统计量服从在显著性水平 α 下，自由度为滞后期数的卡方分布。

LM 检验的原假设和备择假设分别是：

原假设：$\rho_1 = \rho_2 = \cdots = \rho_p = 0$；

备择假设：ρ_1，ρ_2，…，ρ_p，不同时为零。

LM 检验的判定标准：

如果计算统计量值大于查表得到的临界值 $TR^2 > \chi_\alpha^2 (p)$，拒绝原假设，即模型中不存在随机误差项的高阶自相关现象；否则，接受原假设，即模型中存在随机误差项的高阶自相关现象。

在 LM 检验中，我们需要注意一点，滞后期数一方面是可以通过观察残差项及其与各期滞后项之间的相关系数和偏相关系数进行设定；另一方面也可以凭借经验人为设定。因此，这是一个理论基础知识和实践经验结合下的选择值。国内有些教材，认为 10 期或者 15 期左右的滞后值，是比较普遍的观测上限。当然，具体数值，还是要依据研究问题的实际情况和残差相关图对滞后期长度做出科学的判断。

9.3.3 逐步回归法

逐步回归法，就是利用残差项的估计值作为被解释变量，用残差项估计值的各期滞后值作为解释变量，构造各种形式的模型进行回归。然后，根据得到的判定系数 R^2 的拟合优度值，判断残差估计值的自相关程度。因此，结合问题本身，选择构建符合实际情况的模型形式是运用这一方法的首要任务。另外，这一方法的优点是适合一阶自相关也适合高阶自相关，同时，适合各种可以线性化的模型形式。当然，缺点也有，就是不断地去做回归，工作量比较大。

利用这种方法，我们需要记住如下几种基本的模型形式：

$$\widehat{e_i} = \alpha_0 + \rho_1 \widehat{e_{i-1}} + \varepsilon_i \tag{9.4}$$

$$\widehat{e_i} = \alpha_0 + \rho_1 \widehat{e_{i-1}}^2 + \varepsilon_i \tag{9.5}$$

$$\widehat{e_i} = \alpha_0 + \rho_1 \widehat{e_{i-1}}^3 + \varepsilon_i \tag{9.6}$$

$$\vdots$$

$$\widehat{e_i} = \alpha_0 + \rho_1 \sqrt{\widehat{e_{i-1}}} + \varepsilon_i \tag{9.7}$$

$$\widehat{e_i} = \alpha_0 + \rho_1 \sqrt[3]{\widehat{e_{i-1}}} + \varepsilon_i \tag{9.8}$$

$$\vdots$$

$$\widehat{e_i} = \alpha_0 + \rho_1 \sqrt[p]{\widehat{e_{i-1}}} + \varepsilon_i \tag{9.9}$$

$$\vdots$$

$$\widehat{e_t} = \alpha_0 + \sum_{i=1}^{p} \rho_i \sqrt[i+1]{\widehat{e_{i-1}}} + \varepsilon_t \tag{9.10}$$

$$\widehat{e_i} = \alpha_0 + \rho_1 \widehat{e_{i-1}} + \rho_2 \widehat{e_{i-2}} + \cdots + \rho_p \widehat{e_{i-p}} + \varepsilon_i \tag{9.11}$$

$$\widehat{e_t} = \alpha_0 + \rho_1 \sum \widehat{e_{i-1}} + \rho_2 \sum \widehat{e_{i-1}}^2 + \rho_3 \sum \widehat{e_{i-1}}^3 + \cdots + \rho_p \sum \widehat{e_{i-1}}^p + \varepsilon_i \tag{9.12}$$

$$\vdots$$

以上，本书只给出了几种供大家使用时参考的模型表达式。在具体应用中，还有许多类似的模型。在此，篇幅有限，不再赘述。

9.4　对自相关误差的修正

模型随机误差项的自相关问题，是违背线性回归模型 TCH 的计量误差问题，需要修正。对于线性回归模型随机误差项自相关的修正，一般采用的是广义差分法。为了更好地理解广义差分法的基本原理，我们先要明确三个问题。

第一个问题，大家需要知道如何构建一个消除随机误差项异方差问题的差分基础模型；第二个问题，大家需要知道什么是广义差分法中的广义概念，如何计算广义差分；第三个问题，基于以上两步，大家要掌握如何能连续写出一个广义高阶差分模型的方法。

如果这三个问题明确地解决了，大家也就掌握了修正随机误差项自相关问题的核心环节。下面，作者将从线性回归模型的代数关系式和多元线性回归模型的矩阵表达式两个方面做出推演。

9.4.1　函数形式的线性回归模型随机误差项自相关问题的修正

9.4.1.1　一元线性回归模型随机误差项自相关问题的修正

已知一元线性回归模型：

$$y_i = \alpha_0 + \beta_1 x_i + \mu_i \qquad i = 1, 2, \cdots, n$$

其中，随机误差项存在一阶自相关现象的函数关系式为：

$$\mu_i = \rho \mu_{i-1} + \theta_i \qquad i = 2, \cdots, n \tag{9.13}$$

在式（9.13）中，ρ 是一阶自相关系数。

这里需要注意一点，式（9.13）既是线性回归模型随机误差项存在一阶自相关的函数关系表达式，也是修正了随机误差项一阶自相关现象的基础模型。此时，式（9.13）中 θ_i 已经没有自相关问题了。

根据一元线性回归模型，我们可以计算出 μ_i 和 μ_{i-1} 的关系式，如式（9.14）、式（9.15）所示：

$$\mu_i = y_i - (\alpha_0 + \beta_1 x_i) \tag{9.14}$$

$$\mu_{i-1} = y_{i-1} - (\alpha_0^1 + \beta_1^1 x_{i-1}) \tag{9.15}$$

将式（9.14）、式（9.15）代入式（9.13），整理结果如下：

$$[y_i - (\alpha_0 + \beta_1 x_i)] = \rho [y_{i-1} - (\alpha_0^1 + \beta_1^1 x_{i-1})] + \theta_i$$

移项并整理：

$$y_i - \rho y_{i-1} = (\alpha_0 - \rho \alpha_0^1) + (\beta_1 x_i - \rho \beta_1^1 x_{i-1}) + \theta_i \tag{9.16}$$

同样，式（9.16）中已经不存在随机误差项的一阶自相关问题了。为了简化模型形式，可以对式（9.16）进行赋值。

令 $y_i^* = y_i - \rho y_{i-1}$，$\alpha_0^* = \alpha_0 - \rho \alpha_0^1$，$x_i^* = \beta_1 x_i - \rho \beta_1^1 x_{i-1}$

将以上三个表达式代入式（9.16），会形成一个新的模型表达式，如式（9.17）所示。

$$y_i^* = \alpha_0^* + x_i^* + \theta_i \tag{9.17}$$

式（9.17）代表修正后的新模型，该模型已经不存在随机误差项的自相关问题了，可以利用 OLS 方法直接进行回归分析。

9.4.1.2 多元线性回归模型随机误差项自相关问题的修正

已知多元线性回归模型的代数表达式：

$$y_i = \alpha_0 + \beta_1 x_{1i} + \beta_2 x_{2i} + \cdots + \beta_k x_{ki} + \mu_i \qquad i = 1, 2, \cdots, n; \ k = 1, 2, \cdots, m \tag{9.18}$$

在式（9.18）中，随机误差项存在高阶自相关现象的函数表达式为：

$$\mu_i = \rho_1 \mu_{i-1} + \rho_2 \mu_{i-2} + \cdots + \rho_p \mu_{i-p} + \theta_i \qquad i = 1, 2, \cdots, n; \ p = 1, 2, \cdots, n-1 \tag{9.19}$$

在式（9.19）中，ρ_1，ρ_2，$\cdots$，ρ_p 是各阶自相关系数。

同样，这里需要注意一点，式（9.19）既是线性回归模型随机误差项存在高阶自相关的函数表达式，也是消除随机误差项高阶自相关现象的基础模型。式（9.19）中的 θ_i 已经不存在自相关问题了。

根据式（9.18）可以计算出 μ_i，μ_{i-1}，μ_{i-2}，$\cdots$，μ_{i-p} 的关系式，如

式（9.20）~式（9.23）所示。

$$\mu_i = y_i - (\alpha_0 + \beta_1 x_{1i} + \beta_2 x_{2i} + \cdots + \beta_k x_{ki}) \tag{9.20}$$

$$\mu_{i-1} = y_{i-1} - (\alpha_0^1 + \beta_1^1 x_{1(i-1)} + \beta_2^1 x_{2(i-1)} + \cdots + \beta_k^1 x_{k(i-1)}) \tag{9.21}$$

$$\mu_{i-2} = y_{i-2} - (\alpha_0^2 + \beta_1^2 x_{1(i-2)} + \beta_2^2 x_{2(i-2)} + \cdots + \beta_k^2 x_{k(i-2)}) \tag{9.22}$$

$$\vdots$$

$$\mu_{i-p} = y_{i-p} - (\alpha_0^p + \beta_1^p x_{1(i-p)} + \beta_2^p x_{2(i-p)} + \cdots + \beta_k^p x_{k(i-p)}) \tag{9.23}$$

将式（9.20）、式（9.21）、式（9.22）、式（9.23）代入式（9.19），整理结果如下：

$$y_i - (\alpha_0 + \beta_1 x_{1i} + \beta_2 x_{2i} + \cdots + \beta_k x_{ki}) = \rho_1 [y_{i-1} - (\alpha_0^1 + \beta_1^1 x_{1(i-1)} + \beta_2^1 x_{2(i-1)} + \cdots$$
$$+ \beta_k^1 x_{k(i-1)})] + \rho_2 [y_{i-2} - (\alpha_0^2 + \beta_1^2 x_{1(i-2)} + \beta_2^2 x_{2(i-2)} + \cdots + \beta_k^2 x_{k(i-2)})] + \cdots$$
$$+ \rho_p [y_{i-p} - (\alpha_0^p + \beta_1^p x_{1(i-p)} + \beta_2^p x_{2(i-p)} + \cdots + \beta_k^p x_{k(i-p)})] + \theta_i$$

移项并整理：

$$y_i - \rho_1 y_{i-1} - \rho_2 y_{i-2} - \cdots - \rho_p y_{i-p}$$
$$= (\alpha_0 - \rho_1 \alpha_0^1 - \rho_2 \alpha_0^2 - \cdots - \rho_p \alpha_0^p)$$
$$+ (\beta_1 x_{1i} - \rho_1 \beta_1^1 x_{1(i-1)} - \rho_2 \beta_1^2 x_{1(i-2)} - \cdots - \rho_p \beta_1^p x_{1(i-p)})$$
$$+ (\beta_2 x_{2i} - \rho_1 \beta_2^1 x_{2(i-1)} - \rho_2 \beta_2^2 x_{2(i-2)} - \cdots - \rho_p \beta_2^p x_{2(i-p)}) + \cdots$$
$$+ (\beta_k x_{ki} - \rho_1 \beta_k^1 x_{k(i-1)} - \rho_2 \beta_k^2 x_{k(i-2)} - \cdots - \rho_p \beta_k^p x_{k(i-p)}) + \theta_i \tag{9.24}$$

式（9.24）中已经不存在随机误差项的高阶自相关问题了。为了简化模型形式，可以对式（9.24）进行赋值简化。

$$y_i^* = y_i - \rho_1 y_{i-1} - \rho_2 y_{i-2} - \cdots - \rho_p y_{i-p}.$$
$$\alpha_0^* = \alpha_0 - \rho_1 \alpha_0^1 - \rho_2 \alpha_0^2 - \cdots - \rho_p \alpha_0^p.$$
$$x_{1i}^* = \beta_1 x_{1i} - \rho_1 \beta_1^1 x_{1(i-1)} - \rho_2 \beta_1^2 x_{1(i-2)} - \cdots - \rho_p \beta_1^p x_{1(i-p)}$$
$$x_{2i}^* = \beta_2 x_{2i} - \rho_1 \beta_2^1 x_{2(i-1)} - \rho_2 \beta_2^2 x_{2(i-2)} - \cdots - \rho_p \beta_2^p x_{2(i-p)}$$
$$\vdots$$
$$x_{ki}^* = \beta_k x_{ki} - \rho_1 \beta_k^1 x_{k(i-1)} - \rho_2 \beta_k^2 x_{k(i-2)} - \cdots - \rho_p \beta_k^p x_{k(i-p)}$$

将以上表达式代入式（9.24），形成一个新的模型表达式，如式（9.25）所示：

$$y_i^* = \alpha_0^* + x_{1i}^* + x_{2i}^* + \cdots + x_{ki}^* + \theta_i \tag{9.25}$$

式（9.25）代表修正后的新模型，该模型已经不存在随机误差项的自相关问题了，可以利用 OLS 方法进行回归分析。

在式（9.24）中，关于解释变量和被解释变量，每一项均是自身减去自身滞后项乘以相应的自相关系数的差值，这些差值被称为广义差分变换式。经过广义差分变换后的模型，如式（9.25）不再具有随机误差项的自相关问题。

因此，我们称式（9.24）和式（9.25）是没有自相关的广义差分变换模型，式（9.25）是式（9.24）的简化式。随机误差项的自相关系数 ρ 是一个重要的参数，取值范围是 $[-1, 1]$。

9.4.2　矩阵式线性回归模型随机误差项自相关问题的修正

已知线性回归模型的矩阵表达通式为 $Y = A + XB + U$，其随机误差项的表达通式为 $U = Y - A - XB$，即：

$$
\begin{bmatrix} y_1 \\ y_2 \\ \vdots \\ y_n \end{bmatrix} = \begin{bmatrix} \alpha_1 \\ \alpha_2 \\ \vdots \\ \alpha_n \end{bmatrix} + \begin{bmatrix} x_{11} & x_{12} & \cdots & x_{1k} \\ x_{21} & x_{22} & \cdots & x_{2k} \\ \vdots & \vdots & \vdots & \vdots \\ x_{n1} & x_{n2} & \cdots & x_{nk} \end{bmatrix} \begin{bmatrix} \beta_1 \\ \beta_2 \\ \vdots \\ \beta_k \end{bmatrix} + \begin{bmatrix} \mu_1 \\ \mu_2 \\ \vdots \\ \mu_n \end{bmatrix} \tag{9.26}
$$

$$
\begin{bmatrix} \mu_1 \\ \mu_2 \\ \vdots \\ \mu_n \end{bmatrix} = \begin{bmatrix} y_1 \\ y_2 \\ \vdots \\ y_n \end{bmatrix} - \begin{bmatrix} \alpha_1 \\ \alpha_2 \\ \vdots \\ \alpha_n \end{bmatrix} - \begin{bmatrix} x_{11} & x_{12} & \cdots & x_{1k} \\ x_{21} & x_{22} & \cdots & x_{2k} \\ \vdots & \vdots & \vdots & \vdots \\ x_{n1} & x_{n2} & \cdots & x_{nk} \end{bmatrix} \begin{bmatrix} \beta_1 \\ \beta_2 \\ \vdots \\ \beta_k \end{bmatrix} \tag{9.27}
$$

如果随机误差项存在一阶自相关现象，则矩阵表达式应为：

$$
\begin{bmatrix} \mu_1 \\ \mu_2 \\ \vdots \\ \mu_n \end{bmatrix} = \begin{bmatrix} \mu_0 \\ \mu_1 \\ \vdots \\ \mu_{n-1} \end{bmatrix} \begin{bmatrix} \rho_0 & \rho_1 & \cdots & \rho_{n-1} \end{bmatrix}' + \begin{bmatrix} \theta_0 \\ \theta_1 \\ \vdots \\ \theta_{n-1} \end{bmatrix} \tag{9.28}
$$

式（9.28）既是剔除了一阶自相关之后的模型矩阵表达式，也是剔除了一阶自相关的基础模型。用矩阵的通式来表示，即：

$$
\begin{bmatrix} \mu_0 \\ \mu_1 \\ \vdots \\ \mu_{n-1} \end{bmatrix} = \begin{bmatrix} y_0 \\ y_1 \\ \vdots \\ y_{n-1} \end{bmatrix} - \begin{bmatrix} \alpha_0 \\ \alpha_1 \\ \vdots \\ \alpha_{n-1} \end{bmatrix} - \begin{bmatrix} x_{01} & x_{02} & \cdots & x_{0k} \\ x_{11} & x_{12} & \cdots & x_{1k} \\ \vdots & \vdots & \vdots & \vdots \\ x_{(n-1)1} & x_{(n-1)2} & \cdots & x_{(n-1)k} \end{bmatrix} \begin{bmatrix} \beta_1^1 \\ \beta_2^1 \\ \vdots \\ \beta_k^1 \end{bmatrix} \tag{9.29}
$$

将式（9.27）、式（9.29）代入式（9.28），整理如下：

$$
\begin{bmatrix} y_1 \\ y_2 \\ \vdots \\ y_n \end{bmatrix} - \begin{bmatrix} \alpha_1 \\ \alpha_2 \\ \vdots \\ \alpha_n \end{bmatrix} - \begin{bmatrix} x_{11} & x_{12} & \cdots & x_{1k} \\ x_{21} & x_{22} & \cdots & x_{2k} \\ \vdots & \vdots & \vdots & \vdots \\ x_{n1} & x_{n2} & \cdots & x_{nk} \end{bmatrix} \begin{bmatrix} \beta_1 \\ \beta_2 \\ \cdots \\ \beta_k \end{bmatrix} = \begin{bmatrix} y_0 \\ y_1 \\ \vdots \\ y_{n-1} \end{bmatrix} \begin{bmatrix} \rho_0 & \rho_1 & \cdots & \rho_{n-1} \end{bmatrix}' - \begin{bmatrix} \alpha_0 \\ \alpha_1 \\ \vdots \\ \alpha_{n-1} \end{bmatrix} \begin{bmatrix} \rho_0 & \rho_1 & \cdots & \rho_{n-1} \end{bmatrix}' -
$$

$$
\begin{bmatrix}
x_{01} & x_{02} & \cdots & x_{0k} \\
x_{11} & x_{12} & \cdots & x_{1k} \\
\vdots & \vdots & \vdots & \vdots \\
x_{(n-1)1} & x_{(n-1)2} & \cdots & x_{(n-1)k}
\end{bmatrix}
\begin{bmatrix}
\beta_1^1 \\ \beta_2^1 \\ \vdots \\ \beta_k^1
\end{bmatrix}
\begin{bmatrix} \rho_0 & \rho_1 & \cdots & \rho_{n-1} \end{bmatrix}'
+
\begin{bmatrix}
\theta_0 \\ \theta_1 \\ \vdots \\ \theta_{n-1}
\end{bmatrix}
\tag{9.30}
$$

整理式（9.30），得到式（9.31）：

$$
\begin{bmatrix} y_1 \\ y_2 \\ \vdots \\ y_n \end{bmatrix}
-
\begin{bmatrix} y_0 \\ y_1 \\ \vdots \\ y_{n-1} \end{bmatrix}
\begin{bmatrix} \rho_0 & \rho_1 & \cdots & \rho_{n-1} \end{bmatrix}'
=
\begin{bmatrix} \alpha_1 \\ \alpha_2 \\ \vdots \\ \alpha_n \end{bmatrix}
-
\begin{bmatrix} \alpha_0 \\ \alpha_1 \\ \vdots \\ \alpha_{n-1} \end{bmatrix}
\begin{bmatrix} \rho_0 & \rho_1 & \cdots & \rho_{n-1} \end{bmatrix}'
+
\begin{bmatrix}
x_{11} & x_{12} & \cdots & x_{1k} \\
x_{21} & x_{22} & \cdots & x_{2k} \\
\vdots & \vdots & \vdots & \vdots \\
x_{n1} & x_{n2} & \cdots & x_{nk}
\end{bmatrix}
\begin{bmatrix} \beta_1 \\ \beta_2 \\ \vdots \\ \beta_k \end{bmatrix}
-
$$

$$
\begin{bmatrix}
x_{01} & x_{02} & \cdots & x_{0k} \\
x_{11} & x_{12} & \cdots & x_{1k} \\
\vdots & \vdots & \vdots & \vdots \\
x_{(n-1)1} & x_{(n-1)2} & \cdots & x_{(n-1)k}
\end{bmatrix}
\begin{bmatrix}
\beta_1^1 \\ \beta_2^1 \\ \vdots \\ \beta_k^1
\end{bmatrix}
\begin{bmatrix} \rho_0 & \rho_1 & \cdots & \rho_{n-1} \end{bmatrix}'
+
\begin{bmatrix}
\theta_0 \\ \theta_1 \\ \vdots \\ \theta_{n-1}
\end{bmatrix}
\tag{9.31}
$$

式（9.31）就是修正随机误差项自相关的矩阵表达式。下面，通过合并整理出矩阵简式。

$$
\begin{bmatrix} y_1^* \\ y_2^* \\ \vdots \\ y_n^* \end{bmatrix}
=
\begin{bmatrix} \alpha_1^* \\ \alpha_2^* \\ \vdots \\ \alpha_n^* \end{bmatrix}
+
\begin{bmatrix}
x_{11}^* & x_{12}^* & \cdots & x_{1k}^* \\
x_{21}^* & x_{22}^* & \cdots & x_{2k}^* \\
\vdots & \vdots & \vdots & \vdots \\
x_{n1}^* & x_{n2}^* & \cdots & x_{nk}^*
\end{bmatrix}
+
\begin{bmatrix}
\theta_0 \\ \theta_1 \\ \vdots \\ \theta_{n-1}
\end{bmatrix}
\tag{9.32}
$$

其中，令：

$$
\begin{bmatrix} y_1^* \\ y_2^* \\ \vdots \\ y_n^* \end{bmatrix}
=
\begin{bmatrix} y_1 \\ y_2 \\ \vdots \\ y_n \end{bmatrix}
-
\begin{bmatrix} y_0 \\ y_1 \\ \vdots \\ y_{n-1} \end{bmatrix}
\begin{bmatrix} \rho_0 & \rho_1 & \cdots & \rho_{n-1} \end{bmatrix}'
\tag{9.33}
$$

$$
\begin{bmatrix} \alpha_1^* \\ \alpha_2^* \\ \vdots \\ \alpha_n^* \end{bmatrix}
=
\begin{bmatrix} \alpha_1 \\ \alpha_2 \\ \vdots \\ \alpha_n \end{bmatrix}
-
\begin{bmatrix} \alpha_0 \\ \alpha_1 \\ \vdots \\ \alpha_{n-1} \end{bmatrix}
\begin{bmatrix} \rho_0 & \rho_1 & \cdots & \rho_{n-1} \end{bmatrix}'
\tag{9.34}
$$

$$
\begin{bmatrix} x_{11}^* & x_{12}^* & \cdots & x_{1k}^* \\ x_{21}^* & x_{22}^* & \cdots & x_{2k}^* \\ \vdots & \vdots & \vdots & \vdots \\ x_{n1}^* & x_{n2}^* & \cdots & x_{nk}^* \end{bmatrix} = \begin{bmatrix} x_{11} & x_{12} & \cdots & x_{1k} \\ x_{21} & x_{22} & \cdots & x_{2k} \\ \vdots & \vdots & \vdots & \vdots \\ x_{n1} & x_{n2} & \cdots & x_{nk} \end{bmatrix} \begin{bmatrix} \beta_1 \\ \beta_2 \\ \vdots \\ \beta_k \end{bmatrix} -
$$

$$
\begin{bmatrix} x_{01} & x_{02} & \cdots & x_{0k} \\ x_{11} & x_{12} & \cdots & x_{1k} \\ \vdots & \vdots & \vdots & \vdots \\ x_{(n-1)1} & x_{(n-1)2} & \cdots & x_{(n-1)k} \end{bmatrix} \begin{bmatrix} \beta_1^1 \\ \beta_2^1 \\ \vdots \\ \beta_k^1 \end{bmatrix} \begin{bmatrix} \rho_0 & \rho_1 & \cdots & \rho_{n-1} \end{bmatrix}' \tag{9.35}
$$

式（9.33）、式（9.34）和式（9.35）是赋值简化过程，也是广义差分的变换过程。通过广义差分变换，式（9.31）和式（9.32）中的随机误差项已经不存在自相关问题，多元线性回归模型完成了随机误差项一阶自相关的修正，式（9.32）是式（9.31）的简化式。矩阵式多元线性回归模型随机误差项高阶自相关的修正方法相同，不再赘述。

9.5 广义差分法中 ρ 的取值问题

自相关系数 ρ 的取值关系到整个广义差分法的运用。关于 ρ 的取值，有以下几种方法可供选择。

9.5.1 采用 DW 值，构建计算式

已知 $DW \in [0, 4]$，其中，$\rho \in [-1, 1]$。根据统计量的计算公式，存在 $2(1-\rho) \approx DW$，因此，存在关系式：

$$
\rho \approx 1 - \frac{DW}{2} \tag{9.36}
$$

在式（9.36）要求样本容量趋近于无穷大时，"约等于"才成立。因此，公式适用于大样本的情况。对于小样本，泰尔·H.（Theil H.）设计了以下公式。

$$
\rho \approx \frac{n^2\left(1 - \dfrac{DW}{2}\right) + (k^2 + 1)}{n^2 - (k^2 + 1)} \tag{9.37}
$$

在式（9.37）中，当 $n \to \infty$ 时，k 作为解释变量的个数，相比 n 来说要小得多。因此，$k^2 + 1$ 在 $n \to \infty$ 时可以忽略不计。整理其内在逻辑为：

$$\rho \approx \frac{n^2\left(1 - \dfrac{DW}{2}\right) + (k^2 + 1)}{n^2 - (k^2 + 1)} \approx \frac{n^2\left(1 - \dfrac{DW}{2}\right)}{n^2} = 1 - \frac{DW}{2} \qquad (9.38)$$

也就是说，在大样本条件下，式（9.37）渐近于式（9.36），见式（9.38）。

9.5.2　构建一期滞后模型，选取回归系数

通过以上分析可知，随机误差项存在一阶自回归和高阶自相关的基础模型分别是式（9.13）、式（9.19）及式（9.28）。依据这些基础模型，我们可以构建出包含被解释变量和解释变量滞后项的一元、多元消除随机误差项自相关的模型，见式（9.16）、式（9.24）及式（9.31）；简化这些已修正了自相关问题的模型，分别是式（9.17）、式（9.25）及式（9.32）。以一元线性回归模型修正随机误差项自相关的广义差分模型式（9.16）为例：

$$y_i - \rho y_{i-1} = (\alpha_0 - \rho\alpha_0^1) + (\beta_1 x_i - \rho\beta_1^1 x_{i-1}) + \theta_i$$

式中包含自相关系数的部分有两处：一处是 ρy_{i-1}；另一处是 $\rho\beta_1^1 x_{i-1}$。前者是自相关系数本身，后者是自相关系数乘以新模型中 x_{i-1} 的回归系数之积。因此，可以对上式进行直接回归。命令为：

$$\text{LS} \quad y_i \quad c \quad y_{i-1} \quad x_i \quad x_{i-1}$$

其中，y_{i-1} 的回归系数就是随机误差项的自相关系数本身。

这种通过构建一期滞后回归模型直接得到随机误差项自相关系数的方法，既简单又方便地提供了我们希望得到的 ρ 值。不过，需要注意的一点是由于被解释变量的一期滞后项纳入模型作为解释变量，所以 DW 检验统计量失效。这时，需依据模型中出现的由被解释变量滞后项作为解释变量的模型，其滞后期是一阶滞后还是高阶滞后，来决定是采取适合一阶自相关检验的 Durbin-h 统计量还是适合高阶自相关检验的 LM 统计量进行检验。

9.6　缺省值的填补方法

残差滞后一期和残差滞后两期分别存在一个缺省值、两个缺省值。如何对缺省值进行补充，本书设计了两种方法：一种是回归系数法；另一种是移动平均取均值法。

回归系数法的基本原理和步骤。回归系数法是通过对已知样本的 OLS 回归，找到解释变量与被解释变量之间的长期趋势关系，用这一趋势值，推算变量本身

的滞后一期值；得到具体数值后，添加到一期滞后缺省值的位置。之后，再进行解释变量和被解释变量之间的 OLS 回归，继续找寻添加了滞后一期后不存在缺省值的解释变量和被解释变量之间的长期趋势，再用新趋势值去推算变量的滞后两期值……以此类推，直到填满缺省值。这里需要注意的一点就是，无论是向前滞后还是向后滞后，都需要通过已知数据信息先找寻到数据的内在规律性。

移动平均取均值法的基本原理和步骤。移动平均法是基于 TCH 中随机误差项的正态性假定，用移动平均的方法推算其相邻值。依据缺省值的数量，可以采用三年移动平均或五年移动平均。相比回归系数法，移动平均的方法准确性强一些，但是趋势性差一些。因此，选择哪种方法，主要依据已知样本量的大小。对于大样本或者超大样本，尽量采取回归系数法先估计数据内在的趋势值。

9.7　案例分析

利用 3.5 节的案例资料，对某农村地区 1978～2017 年家庭每月可支配收入、家庭子女平均受教育年限和家庭成员每天有效工作时数等项指标进行回归分析，检验模型是否存在自相关问题。

① 对原始数据进行 OLS 方法估计，结果如表 9.1 所示。

表 9.1　　　　　　　　　　　原始数据回归结果

Variable	Coefficient	Std. Error	t-Statistic	Prob.
C	– 3876. 703	3643. 292	– 1. 064066	0. 2942
WORKHOURS	50. 11209	240. 0846	0. 208727	0. 8358
EDUCATIONYEARS	454. 9475	144. 3116	3. 152536	0. 0032
R-squared	0. 714661	Mean dependent var		1030. 050
Adjusted R-squared	0. 699237	S. D. dependent var		1202. 794
S. E. of regression	659. 6345	Akaike info criterion		15. 89329
Sum squared resid	16099354	Schwarz criterion		16. 01995
Log likelihood	– 314. 8657	Hannan-Quinn criter.		15. 93909
F-statistic	46. 33513	Durbin-Watson stat		0. 083032
Prob（F-statistic）	0. 000000			

分析表 9.1，这是一个二元线性回归模型，观察 t 统计量检验值，家庭成员每天有效工作时数(WORKHOURS)变量没有通过单个系数的显著性检验，可以做剔除处理。经 OLS 方法估计得到的残差图见图 9.5，表明原模型存在明显的正自相关。

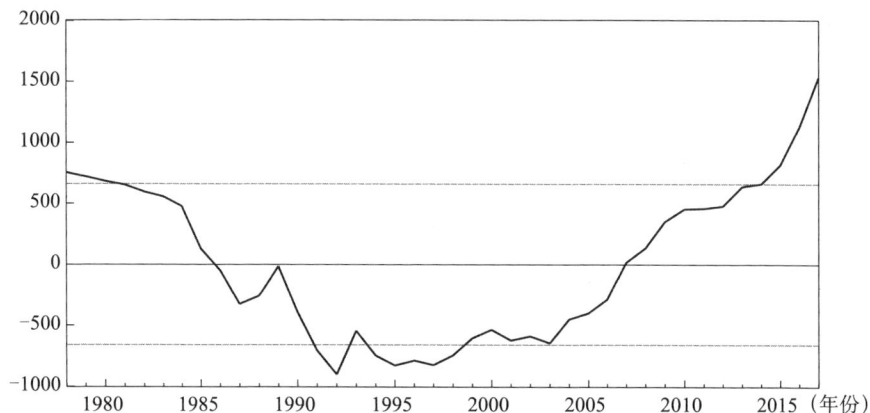

图9.5 经OLS方法估计形成的残差序列

② 按照单个系数显著性值，对解释变量做出取舍，然后进行 OLS 方法估计，回归结果，见表9.2。

表9.2   **二次回归结果**

Variable	Coefficient	Std. Error	t-Statistic	Prob.
C	−3121.914	438.2127	−7.124197	0.0000
EDUCATIONYEARS	426.2796	43.73117	9.747730	0.0000
R-squared	0.714325	Mean dependent var		1030.050
Adjusted R-squared	0.706807	S. D. dependent var		1202.794
S. E. of regression	651.2803	Akaike info criterion		15.84446
Sum squared resid	16118311	Schwarz criterion		15.92891
Log likelihood	−314.8893	Hannan-Quinn criter.		15.87500
F-statistic	95.01823	Durbin-Watson stat		0.078257
Prob（F-statistic）	0.000000			

观察 OLS 估计得到的残差图，见图9.6，再次表明新模型存在明显的正自相关现象。

$$INCOME = -3121.914 + 426.2796EDUCATIONYEARS \qquad (9.39)$$

③ 对包含 INCOME 和 EDUCATIONYEARS 的新模型进行一阶自相关问题的修正。修正过程分为以下几步：

第一步：根据新模型回归结果，建立新模型的残差现期、残差滞后一期和残差滞后两期三个时间数列。

第二步：可以利用移动平均法或回归系数法，对残差滞后一期和残差滞后两期的缺省值进行补充。这里，采用回归系数法进行补充。

第三步：将残差作为被解释变量，将残差滞后一期和残差滞后两期分别作为解释变量进行 OLS 方法估计。

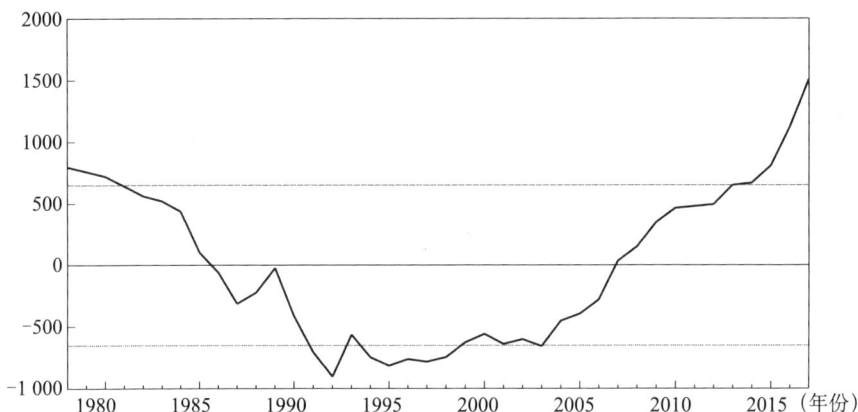

图 9.6　经 OLS 方法估计形成的残差序列

表 9.3 是根据回归系数法对残差现期、残差滞后一期和残差滞后两期的数值列表。

表 9.3　　　　　残差现期、残差滞后一期和残差滞后两期数值

年份	μ_i	μ_{i-1}	μ_{i-2}	年份	μ_i	μ_{i-1}	μ_{i-2}
1978	797. 3757	828. 9100 *	856. 2222 *	1998	− 746. 1386	− 783. 5107	− 762. 2547
1979	760. 7477	797. 3757	828. 9100 *	1999	− 626. 1386	− 746. 1386	− 783. 5107
1980	722. 1198	760. 7477	797. 3757	2000	− 558. 7666	− 626. 1386	− 746. 1386
1981	642. 8638	722. 1198	760. 7477	2001	− 639. 2785	− 558. 7666	− 626. 1386
1982	561. 6079	642. 8638	722. 1198	2002	− 601. 9064	− 639. 2785	− 558. 7666
1983	520. 9799	561. 6079	642. 8638	2003	− 658. 1624	− 601. 9064	− 639. 2785
1984	437. 7240	520. 9799	561. 6079	2004	− 452. 4183	− 658. 1624	− 601. 9064
1985	101. 7003	437. 7240	520. 9799	2005	− 395. 0462	− 452. 4183	− 658. 1624
1986	− 59. 8116	101. 7003	437. 7240	2006	− 280. 3022	− 395. 0462	− 452. 4183
1987	− 313. 5793	− 59. 81156	101. 7003	2007	34. 44190	− 280. 3022	− 395. 0462
1988	− 222. 3234	− 313. 5793	− 59. 8116	2008	149. 1860	34. 44190	− 280. 3022
1989	− 23. 18360	− 222. 3234	− 313. 5793	2009	349. 1860	149. 1860	34. 44190
1990	− 411. 4632	− 23. 18360	− 222. 3234	2010	463. 9300	349. 1860	149. 1860
1991	− 704. 8590	− 411. 4632	− 23. 18360	2011	478. 6741	463. 9300	349. 1860
1992	− 906. 9988	− 704. 8590	− 411. 4632	2012	493. 4182	478. 6741	463. 9300
1993	− 564. 6031	− 906. 9988	− 704. 8590	2013	650. 7902	493. 4182	478. 6741
1994	− 747. 7429	− 564. 6031	− 906. 9988	2014	668. 5343	650. 7902	493. 4182
1995	− 815. 6268	− 747. 7429	− 564. 6031	2015	808. 1623	668. 5343	650. 7902
1996	− 762. 2547	− 815. 6268	− 747. 7429	2016	1122. 906	808. 1623	668. 5343
1997	− 783. 5107	− 762. 2547	− 815. 6268	2017	1509. 767	1122. 906	808. 1623

注：带 * 号的数据，是通过回归系数法，对缺省值的估算结果。

表9.4是对残差滞后一期和残差滞后两期的 DW 检验和 LM 检验。

表9.4　　　　　　　　残差现值与残差滞后一期的回归结果

Variable	Coefficient	Std. Error	t-Statistic	Prob.
C	17. 22848	28. 67262	0. 600869	0. 5515
E1	1. 012165	0. 047580	21. 27290	0. 0000
R-squared	0. 922534	Mean dependent var		5. 00E – 06
Adjusted R-squared	0. 920495	S. D. dependent var		642. 8764
S. E. of regression	181. 2692	Akaike info criterion		13. 28655
Sum squared resid	1248625.	Schwarz criterion		13. 37099
Log likelihood	– 263. 7310	Hannan-Quinn criter.		13. 31708
F-statistic	452. 5365	Durbin-Watson stat		1. 258360
Prob （F-statistic）	0. 000000			

$$\mu_t = 17.22848 + 1.012165\mu_{t-1} \tag{9.40}$$

t 值：　　　　　　　　　　　　（21. 27290）

R^2：0. 922534；DW：1. 258360；F 值：452. 5365

观察表9.4和式（9.40），比较表9.5，最后，将结果放在图9.7中，结果表明，残差项的滞后一期中仍然存在微弱的自相关现象。从理论上讲，该检验结果属于没有通过检验；但是，从现实性上讲，我们无法完全避免随机误差项中不存在自相关问题，所以说，图9.7的结果是比较接近实际的结果。因此，我们可以给出结论，通过 DW 检验结果显示，原模型存在微弱的一阶正自相关现象。

表9.5　　　　　　　　DW 统计量临界值（α = 0. 05，节选）

样本数量 N	解释变量 K = 1	
	d_L	d_U
38	1. 427	1. 535
39	1. 435	1. 540
40	1. 442	1. 544

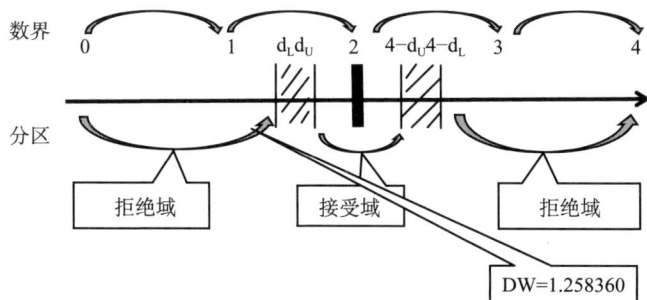

图9.7　DW 统计量检验一阶自相关结果

接下来，继续对原残差模型进行高阶自相关的检验，选择的统计量是 LM 统计量，检验结果，见表9.6。

表 9.6   Breusch-Godfrey 序列相关 LM 检验

F-statistic	2.502618	Prob. F (2, 36)		0.0960
Obs*R-squared	4.882534	Prob. Chi-Square (2)		0.0871
Variable	Coefficient	Std. Error	t-Statistic	Prob.
C	4.069042	27.74033	0.146683	0.8842
E1	-0.020667	0.046932	-0.440365	0.6623
RESID (-1)	0.347307	0.172942	2.008225	0.0522
RESID (-2)	0.082655	0.180262	0.458525	0.6493

观察表9.6的 LM 检验结果，作为被解释变量的残差和作为解释变量的残差滞后两期构成的模型，LM 统计量没有通过相应的卡方检验，存在明显的二阶自相关问题。接下来，我们将采用广义差分法对存在二阶自相关的原模型（9.39）进行修正。

第一，对残差现值作为被解释变量，残差滞后一期、残差滞后两期作为解释变量的二元线性模型进行回归，回归结果，见表9.7。

第二，对表9.7的结果进行 DW 检验，检验结果见式（9.41）。

表 9.7   残差现值与残差滞后一期、残差滞后两期的回归结果

Variable	Coefficient	Std. Error	t-Statistic	Prob.
C	14.38656	27.31677	0.526657	0.6016
E1	1.363236	0.164049	8.309922	0.0000
E2	-0.372234	0.167181	-2.226534	0.0321
R-squared	0.931687	Mean dependent var		5.00E-06
Adjusted R-squared	0.927994	S.D. dependent var		642.8764
Sum squared resid	1101094.	Schwarz criterion		13.33748
Log likelihood	-261.2163	Hannan-Quinn criter.		13.25661
F-statistic	252.3113	Durbin-Watson stat		1.990030
Prob (F-statistic)	0.000000			

$$\mu_t = 14.38656 + 1.363236\mu_{t-1} - 0.372234\mu_{t-2} \qquad (9.41)$$

t 值：   （8.309922） （-2.226534）

R^2：0.931687；DW：1.990030；F 值：252.3113

观察表9.7和式（9.41）发现，由残差现值作为被解释变量，包含残差滞后一期和残差滞后两期的解释变量，已经消除了自相关现象，DW = 1.99003，其

中：$\gamma_1 = 1.363236$；$\gamma_2 = -0.372234$。

第三，将 $\gamma_1 = 1.363236$；$\gamma_2 = -0.372234$ 代入广义差分基础模型，调整原解释变量和原被解释变量，以下为广义差分过程。

式①：$y_t = \alpha_0 + \beta_1 x_t + \mu_t$。

式②：$\mu_t = y_t - (\alpha_0 + \beta_1 x_t)$。

式③：$\mu_{t-1} = y_{t-1} - (\alpha_0^1 + \beta_0^1 x_{t-1})$。

式④：$\mu_{t-2} = y_{t-2} - (\alpha_0^2 + \beta_0^2 x_{t-2})$。

将式①、式②、式③和式④，代入式（9.41），整理如下：

$$y_t - (\alpha_0 + \beta_1 x_t) = 14.38656 + 1.363236 \times [y_{t-1} - (\alpha_0^1 + \beta_0^1 x_{t-1})] - 0.372234$$
$$\times [y_{t-2} - (\alpha_0^2 + \beta_0^2 x_{t-2})]$$

即：

$$y_t - 1.363236 y_{t-1} + 0.372234 y_{t-2} = (14.38656 + \alpha_0 - 1.363236\alpha_0^1 + 0.372234\alpha_0^2)$$
$$+ (\beta_1 x_t - 1.363236\beta_0^1 x_{t-1} + 0.372234\beta_0^2 x_{t-2})$$

$$(9.42)$$

令：

式⑤：$y^* = y_t - 1.363236 y_{t-1} + 0.372234 y_{t-2}$。

式⑥：$\alpha = 14.38656 + \alpha_0 - 1.363236\alpha_0^1 + 0.372234\alpha_0^2$。

式⑦：$x^* = \beta_1 x_t - 1.363236\beta_0^1 x_{t-1} + 0.372234\beta_0^2 x_{t-2}$。

将式⑤、式⑥和式⑦代入式（9.42），得到简化的一元线性关系式：

$$y^* = \alpha + x^* \tag{9.43}$$

按照式（9.42）整理数据表，计算 y^* 中涉及的 $1.363236 y_{t-1}$ 的值和 $-0.372234 y_{t-2}$ 的值。在计算过程中，y_{t-1} 存在一个 1978 年缺省值，y_{t-2} 存在 1978 年和 1979 年两个缺省值。采用回归系数法计算这些缺省值。

计算缺省值 y_{t-1}（1978），见表9.8。

表9.8　　　　　　　　　　　　**回归结果之一**

时间范围：1979 2017
包含的样本量：39

Variable	Coefficient	Std. Error	t-Statistic	Prob.
Y1	1.095823	0.010309	106.3027	0.0000

根据回归结果，计算 y_{t-1}（1978）的具体数值。由于存在等式：

$$y_{t-1}（1978）= y_{t-2}（1979）$$

计算缺省值 y_{t-2}（1978），见表9.9。

表 9.9   回归结果之二

时间范围：1980 2017
包含的样本量：38

Variable	Coefficient	Std. Error	t – Statistic	Prob.
Y2	1. 184883	0. 018276	64. 83298	0. 0000

根据回归结果，计算 y_{t-1}（1978）的具体数值。计算结果列于表 9.10 中，处于阴影面积处。之后，计算出相应的 $1.363236y_{t-1}$ 的值和 $-0.372234y_{t-2}$ 的值。

表 9.10   被解释变量 y 及滞后项取值过程

年份	y	y_{t-1}	y_{t-2}	$1.363236y_{t-1}$	$-0.372234y_{t-2}$
1978	20	22	17	29. 991	– 6. 328
1979	26	20	22	27. 265	– 8. 189
1980	30	26	20	35. 444	– 7. 445
1981	36	30	26	40. 897	– 9. 678
1982	40	36	30	49. 076	– 11. 167
1983	42	40	36	54. 529	– 13. 400
1984	44	42	40	57. 256	– 14. 889
1985	49	44	42	59. 982	– 15. 634
1986	58	49	44	66. 799	– 16. 378
1987	60	58	49	79. 068	– 18. 239
1988	66	60	58	81. 794	– 21. 590
1989	52	66	60	89. 974	– 22. 334
1990	90	52	66	70. 888	– 24. 567
1991	95	90	52	122. 691	– 19. 356
1992	106	95	90	129. 507	– 33. 501
1993	150	106	95	144. 503	– 35. 362
1994	180	150	106	204. 485	– 39. 457
1995	240	180	150	245. 382	– 55. 835
1996	336	240	180	327. 177	– 67. 002
1997	400	336	240	458. 047	– 89. 336
1998	480	400	336	545. 294	– 125. 071
1999	600	480	400	654. 353	– 148. 894
2000	710	600	480	817. 942	– 178. 672
2001	800	710	600	967. 898	– 223. 340
2002	880	800	710	1090. 589	– 264. 286
2003	909	880	800	1199. 648	– 297. 787
2004	1200	909	880	1239. 182	– 327. 566
2005	1300	1200	909	1635. 883	– 338. 361
2006	1500	1300	1200	1772. 207	– 446. 681
2007	1900	1500	1300	2044. 854	– 483. 904
2008	2100	1900	1500	2590. 148	– 558. 351
2009	2300	2100	1900	2862. 796	– 707. 245

年份	y	y_{t-1}	y_{t-2}	$1.363236y_{t-1}$	$-0.372234y_{t-2}$
2010	2500	2300	2100	3135.443	-781.691
2011	2600	2500	2300	3408.090	-856.138
2012	2700	2600	2500	3544.414	-930.585
2013	2900	2700	2600	3680.737	-967.808
2014	3003	2900	2700	3953.384	-1005.032
2015	3100	3003	2900	4093.798	-1079.479
2016	3500	3100	3003	4226.032	-1117.819
2017	4100	3500	3100	4771.326	-1153.925

按照式（9.42）整理数据表，先计算 β_0^1 的值和 β_0^2 的值，采取的方法依然是回归系数法。之后，计算 $\beta_1 x_t$、$1.363236\beta_0^1 x_{t-1}$ 的值和 $-0.372234\beta_0^2 x_{t-2}$ 的值。在计算过程中，x_{t-1} 存在一个缺省值 x_{t-1}（1978），x_{t-2} 存在两个缺省值 x_{t-2}（1978）和 x_{t-2}（1979）。如表 9.11 中阴影部分所示。

表 9.11 　　　　　　　　　　　　　解释变量 x 及其滞后项取值过程

年份	x_t	x_{t-1}	x_{t-2}	$\beta_1 x_t$	$1.363236\beta_0^1 x_{t-1}$	$-0.372234\beta_0^2 x_{t-2}$
1978	5.5	5.4	5.3	2344.538	7.500	2.046
1979	5.6	5.5	5.4	2387.166	7.639	2.084
1980	5.7	5.6	5.5	2429.794	7.778	2.123
1981	5.9	5.7	5.6	2515.050	7.916	2.162
1982	6.1	5.9	5.7	2600.306	8.194	2.200
1983	6.2	6.1	5.9	2642.934	8.472	2.278
1984	6.4	6.2	6.1	2728.189	8.611	2.355
1985	7.2	6.4	6.2	3069.213	8.889	2.393
1986	7.6	7.2	6.4	3239.725	10.000	2.471
1987	8.2	7.6	7.2	3495.493	10.555	2.779
1988	8	8.2	7.6	3410.237	11.389	2.934
1989	7.5	8	8.2	3197.097	11.111	3.165
1990	8.5	7.5	8	3623.377	10.416	3.088
1991	9.2	8.5	7.5	3921.772	11.805	2.895
1992	9.7	9.2	8.5	4134.912	12.777	3.281
1993	9	9.7	9.2	3836.516	13.472	3.551
1994	9.5	9	9.7	4049.656	12.500	3.744
1995	9.8	9.5	9	4177.540	13.194	3.474
1996	9.9	9.8	9.5	4220.168	13.611	3.667
1997	10.1	9.9	9.8	4305.424	13.750	3.783
1998	10.2	10.1	9.9	4348.052	14.027	3.822
1999	10.2	10.2	10.1	4348.052	14.166	3.899
2000	10.3	10.2	10.2	4390.680	14.166	3.937
2001	10.7	10.3	10.2	4561.192	14.305	3.937
2002	10.8	10.7	10.3	4603.820	14.861	3.976
2003	11	10.8	10.7	4689.076	15.000	4.130

续表

年份	x_t	x_{t-1}	x_{t-2}	$\beta_1 x_t$	$1.363236\beta_0^1 x_{t-1}$	$-0.372234\beta_0^2 x_{t-2}$
2004	11.2	11	10.8	4774.332	15.277	4.169
2005	11.3	11.2	11	4816.959	15.555	4.246
2006	11.5	11.3	11.2	4902.215	15.694	4.323
2007	11.7	11.5	11.3	4987.471	15.972	4.362
2008	11.9	11.7	11.5	5072.727	16.250	4.439
2009	11.9	11.9	11.7	5072.727	16.527	4.516
2010	12.1	11.9	11.9	5157.983	16.527	4.594
2011	12.3	12.1	11.9	5243.239	16.805	4.594
2012	12.5	12.3	12.1	5328.495	17.083	4.671
2013	12.6	12.5	12.3	5371.123	17.361	4.748
2014	12.8	12.6	12.5	5456.379	17.500	4.825
2015	12.7	12.8	12.6	5413.751	17.777	4.864
2016	12.9	12.7	12.8	5499.007	17.638	4.941
2017	13.4	12.9	12.7	5712.147	17.916	4.902

表 9.12 表明，原模型存在的二阶自相关已经被彻底消除，表中 DW = 1.728171，落入无自相关区域内。尽管原模型中的自相关现象被彻底消除，但是，不代表没有其他问题，表中检验单一解释变量显著性的 t 统计量就没有通过检验。鉴于此处研究的侧重点是自相关问题，其他问题暂忽略不计。

以上案例是广义差分法消除自相关的步骤分解。另外，还可以采取"残差相关图"诊断自相关阶数，然后，利用"AR（P）"命令直接计算自相关系数值的方法修正自相关问题。软件程序的原因，结果可能存在一些不同。

表 9.12　　　　广义差分法模型修正自相关回归结果

被解释变量：Y　　　　　　　时间范围：1978~2017 年　　　　　　包含的样本量：40

Variable	Coefficient	Std. Error	t-Statistic	Prob.
C	-70.47683	93.31185	-0.755283	0.4553
X	0.086093	0.114461	0.752157	0.4571
Y1	1.037858	0.148451	6.991235	0.0000
Y2	1.003306	0.562677	1.783093	0.0835
X1	-32.79064	47.90759	-0.684456	0.4983
X2	49.46058	127.6981	0.387324	0.7009
R-squared	0.995168	Mean dependent var		1030.050
Adjusted R-squared	0.994457	S. D. dependent var		1202.794
S. E. of regression	89.55074	Akaike info criterion		11.96497
Sum squared resid	272657.4	Schwarz criterion		12.21830
Log likelihood	-233.2994	Hannan-Quinn criter.		12.05657
F-statistic	1400.345	Durbin-Watson stat		1.728171
Prob（F-statistic）	0.000000			

本章总结

本章先对自相关的定义、产生原因进行了解析。之后，对检验一阶自相关、高阶自相关的统计量进行了介绍。关于修正自相关的方法，重点对广义差分法的原理、步骤、基础模型、自相关系数以及缺省值的补充方法进行了重点介绍。最后，案例分析对随机误差项的自相关问题是如何修正的进行了具体的步骤演示和软件实现的命令说明。

英语词汇

autocorrelation

one order autocorrelation

high order autocorrelation

basic model

generalized bifference method

autocorrelation parameter

missing value

moving average method

parameter regression method

autocorrelation correction method

Durbin Watson statistic

Durbin Henri Theil statistic

拓展阅读

①自相关检验统计量的英文原版解析。

②LM 统计量中构建辅助回归模型的中英文对照解析。

③广义差分方法中缺省值的补充方法的外文解析。

④DW 检验中不确定判断区域的国际研究最新进展。

本章思考

①随机误差项存在自相关的因素分析。

②随机误差项存在自相关的检验方法。

③随机误差项存在自相关的修正方法。

④熟练掌握本书中关于广义差分方法中缺省值的补充方法。

第 10 章 经典计量误差——异方差

与多重共线性、自相关一样，异方差现象同样是线性回归模型对 TCH 的违背。在 TCH 中，有一条就是要求随机误差项的方差是一个常数，不随解释变量时点的变化而变化。当然，假定是一种理想的建模环境状态。在现实中，同方差现象是不容易出现的，异方差现象是经常出现的。因此，同方差可以看作是异方差的一个特例，异方差才是普遍存在的现实情况。

10.1 异方差的概念

以下用公式来表达上述含义。

$$\text{var}(\mu_i) = \sigma^2 \rightarrow \text{var}(\mu_i) = \sigma_i^2 \tag{10.1}$$

$$\text{var}(\mu_i) = \sigma^2 \in \text{var}(\mu_i) = \sigma_i^2 \tag{10.2}$$

式（10.1）是建模需要的同方差假定向现实异方差的一个过渡表达。在式（10.1）中，字母 σ 是否带脚标，是同方差和异方差表达上的本质区别。式（10.2）是同方差和异方差的一个逻辑关系表达，即同方差是异方差的一种特殊情况。这里，用符号 $\in$ 代表"归属于"的意思。图 10.1 总结了经典计量误差的三种代表形式。

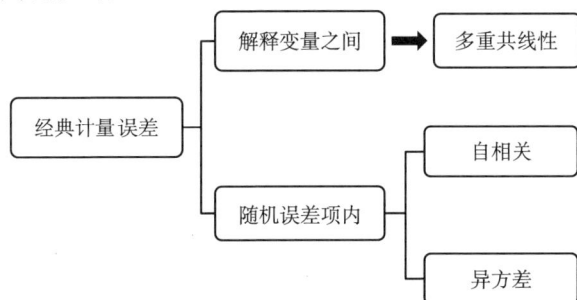

图 10.1 经典计量误差

图 10.1 表明，由于解释变量两两不独立，所以，模型中存在多重共线性问题。自相关和异方差，都是出自随机误差项内。两者的关系，用图 10.2 表示。随机误差项方差用向量矩阵表示，见式（10.3）。

$$\text{var}(\hat{\mu}_i) = \text{E}(\hat{\mu}_i\hat{\mu}'_i) = \begin{bmatrix} \hat{\mu}_{11} & \hat{\mu}_{12} & \cdots & \hat{\mu}_{1n} \\ \hat{\mu}_{21} & \hat{\mu}_{22} & \cdots & \hat{\mu}_{2n} \\ \vdots & \vdots & & \vdots \\ \hat{\mu}_{n1} & \hat{\mu}_{n2} & \cdots & \hat{\mu}_{nn} \end{bmatrix}$$

$$\begin{bmatrix} \hat{\mu}_{11} & \hat{\mu}_{21} & \cdots & \hat{\mu}_{n1} \\ \hat{\mu}_{12} & \hat{\mu}_{22} & \cdots & \hat{\mu}_{n2} \\ \vdots & \vdots & & \vdots \\ \hat{\mu}_{1n} & \hat{\mu}_{2n} & \cdots & \hat{\mu}_{nn} \end{bmatrix} \quad (10.3)$$

将式（10.3）进行矩阵相乘，整理之后，得到图 10.2，随机误差项估计量的方差矩阵及存在的问题。通过图 10.2 中矩阵主对角线上随机误差项估计量的方差是否为常数，可以判断模型是同方差还是异方差；其余位置上的协方差是否为零，可以判断模型是否存在自相关现象。

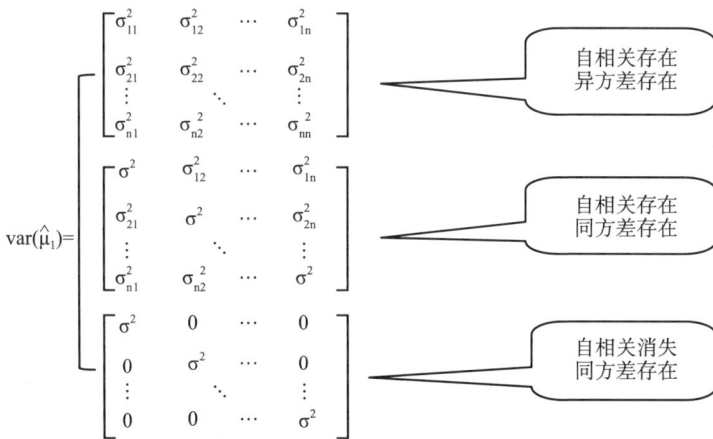

图 10.2　随机误差项估计量的方差矩阵及存在的问题

对于随机误差项估计量呈现出的时点同方差和时点异方差现象，在三维空间的图形中能有一个清晰地区分，见图 10.3 和图 10.4。

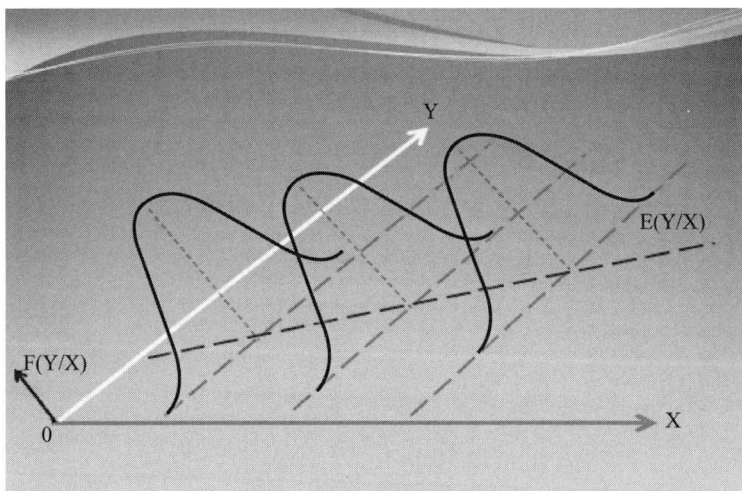

图 10.3　时点同方差存在

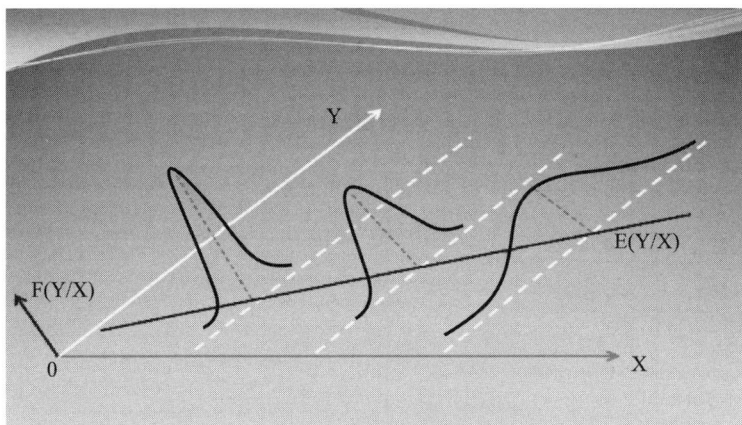

图 10.4　时点异方差存在

10.2　异方差的影响

　　概括来说，随机误差项估计量存在的异方差现象，对 OLS 估计量的无偏性和一致性不构成影响；但是，对 OLS 估计量有效性将产生影响。以下是具体证明过程。

10.2.1 异方差对 OLS 估计量的无偏性不构成影响

根据概率论与数理统计的相关知识，我们知道，证明 OLS 估计量的无偏性就是证明 $E(\hat{\beta_i})=\beta_i$。以下对 LROR 模型进行证明，本节同。

已知：①y_i，x_i，$i=1,2,\cdots,n$；②$E(\mu_i)=0$；③$cov(x_i,\mu_i)=0$。

证明：
$$E(\hat{\beta_i})=E\left[\frac{\sum_{i=1}^n(x_i-\bar{x})(y_i-\bar{y})}{\sum_{i=1}^n(x_i-\bar{x})^2}\right]$$
$$=E\left[\frac{\sum_{i=1}^n(x_i-\bar{x})(\beta_1(x_i-\bar{x})+(\mu_i-\bar{\mu}))}{\sum_{i=1}^n(x_i-\bar{x})^2}\right]$$
$$=E\left[\frac{\beta_1\sum_{i=1}^n(x_i-\bar{x})^2+\sum_{i=1}^n(x_i-\bar{x})(\mu_i-\bar{\mu})}{\sum_{i=1}^n(x_i-\bar{x})^2}\right]$$
$$=\beta_1+E\left[\frac{\sum_{i=1}^n(x_i-\bar{x})(\mu_i-\bar{\mu})}{\sum_{i=1}^n(x_i-\bar{x})^2}\right]=\beta_1$$

结论：$E(\hat{\beta_1})=\beta_1$ 成立。

10.2.2 异方差对 OLS 估计量的一致性不构成影响

对一致性的证明，就是对线性一致特征的证明。线性一致特征就是，当总体满足线性关系的时候，样本同样满足线性关系，样本线性和总体线性是重合的趋势。表现在系数的特征上，就是样本系数估计值和总体系数真值无限接近。下面，证明将在极限中展开。

命题：有一个任意小的正数 ε，如果下面的关系式 $\lim_{n\to\infty}P\{|\hat{\beta_1}-\beta|<\varepsilon\}=1$ 成立，那么，回归系数的估计值 $\hat{\beta_i}$ 在样本容量无限大的时候，是总体回归系数 β 的一致估计量。

已知：①y_i，x_i，$i=1,2,\cdots,n$；②$E(\mu_i)=0$；③$cov(x_i,\mu_i)=0$。

证明：$\because \hat{\beta_1}=\dfrac{\sum_{i=1}^n(x_i-\bar{x})(y_i-\bar{y})}{\sum_{i=1}^n(x_i-\bar{x})^2}$

令 $k_i=\dfrac{(x_i-\bar{x})}{\sum_{i=1}^n(x_i-\bar{x})^2}$

$\therefore \hat{\beta_1}=\sum_{i=1}^\infty k_i(y_i-\bar{y})=\left[(y_1+y_2+\cdots+y_i)-\left(\dfrac{y_1+y_2+\cdots+y_i}{i}\right)\right]\sum_{i=1}^\infty k_i$

$$=\left(1-\frac{1}{i}\right)\sum_{i=1}^\infty k_iy_i=\sum_{i=1}^\infty k_iy_i=\sum_{i=1}^\infty\frac{(x_i-\bar{x})y_i}{\sum_{i=1}^n(x_i-\bar{x})^2}=\sum_{i=1}^\infty\frac{y_i}{(x_i-\bar{x})}$$

$$= \sum_{i=1}^{\infty} \frac{y_i}{x_i} = \sum_{i=1}^{\infty} \frac{\beta_0 + \beta_1 x_i + \mu_i}{x_i} = \beta_1 + \sum_{i=1}^{\infty} \left(\frac{\beta_0 + \mu_i}{x_i} \right)$$

$\because \sum_{i=1}^{\infty} \left(\frac{\beta_0 + \mu_i}{x_i} \right) \to 0$，当且仅当 $i \to \infty$ 时，$E(u_i) \to 0$，β_0 为常数项，

$\therefore \lim_{n \to \infty} P\{|\widehat{\beta_1} - \beta| < \varepsilon\} = 1$ 成立。

10.2.3 异方差对 OLS 估计量的有效性构成影响

证明有效性，就是证明 OLS 估计量的方差是所有方差中最小的系数，用公式表达就是 $var(\widehat{\beta_1^1}) < var(\widehat{\beta_1^2})$，其中，$E(\widehat{\beta_1^1}) = \beta_1^1$，$E(\widehat{\beta_1^2}) = \beta_1^2$。如果 $var(\widehat{\beta_1^1}) < var(\widehat{\beta_1^2})$ 成立，相比 $\widehat{\beta_1^2}$，估计量 $\widehat{\beta_1^1}$ 就是一个相对更有效的估计量。

已知：①y_i，x_i，$i = 1, 2, \cdots, n$；②$E(u_i) = 0$；③$cov(x_i, \mu_i) = 0$。

证明：

$\because \widehat{\beta_1} = \dfrac{\sum_{i=1}^{n} (x_i - \bar{x})(y_i - \bar{y})}{\sum_{i=1}^{n} (x_i - \bar{x})^2}$

令 $k_i = \dfrac{(x_i - \bar{x})}{\sum_{i=1}^{n} (x_i - \bar{x})^2}$

$\therefore \widehat{\beta_1} = \sum_{i=1}^{\infty} k_i (y_i - \bar{y}) = \sum_{i=1}^{\infty} k_i [\beta_1 (x_i - \bar{x}) + (\mu_i - \bar{\mu})] = \sum_{i=1}^{\infty} k_i [\beta_1 (x_i - \bar{x}) + \mu_i] = \sum_{i=1}^{\infty} (\beta_1 + k_i \mu_i)$

计算回归系数的方差，得：

$$var(\widehat{\beta_1}) = var\left[\sum_{i=1}^{\infty} (\beta_1 + k_i \mu_i) \right] = var(i \times \beta_1) + var\left[\sum_{i=1}^{\infty} k_i \mu_i \right]$$
$$= i^2 \times var(\beta_1) + var\left[\sum_{i=1}^{\infty} k_i \mu_i \right]$$

$\because var\left[\sum_{i=1}^{\infty} k_i (\mu_i - \bar{\mu}) \right] = var\left(\sum_{i=1}^{\infty} k_i \mu_i \right) = var(k_1 \mu_1 + k_2 \mu_2 + \cdots + k_i \mu_i) = k_1^2 \sigma_1^2 + k_2^2 \sigma_2^2 + \cdots k_i^2 \sigma_i^2 > 0$

$\therefore var(\widehat{\beta_1}) = i^2 \times var(\beta_1) + k_1^2 \sigma_1^2 + k_2^2 \sigma_2^2 + \cdots + k_i^2 \sigma_i^2 = i^2 \times var(\beta_1) + $ 系列正数之和。

存在 $var(\widehat{\beta_1}) \neq var(\beta_1)$。

但是，$var(\widehat{\beta_1})$ 将伴随着解释变量的时点变动呈现出不同的值，其中，必有一个最小的回归系数方差值。假设这个最小的方差值是 $var(\widehat{\beta_1^1})$，加上 $\sum_{i=1}^{\infty} k_i^2 \sigma_i^2$ 中的任意项，得到的另一个新的方差值 $var(\widehat{\beta_1^2})$，必将大于 $var(\widehat{\beta_1^1})$。

$\because var(\widehat{\beta_1^1}) < var(\widehat{\beta_1^2})$ 成立，

$\therefore var(\widehat{\beta_1^1})$ 相比 $var(\widehat{\beta_1^2})$ 更具有效性，但是不存在最小方差。

10.3　异方差的检验方法

10.3.1　图示法

用图示法检验异方差，只能是个大致的概念。但是，一定要注意一点，就是看清楚图形的横坐标、纵坐标到底是什么。如果将随机误差项估计量的方差作为纵轴，那么，横轴就出现了两种可能：一种是解释变量；另一种是被解释变量的估计值。图示法显示出来的异方差包括递增型异方差，如图 10.4 所示；递减型异方差，如图 10.5 所示；没有变化的同方差，如图 10.3 所示。

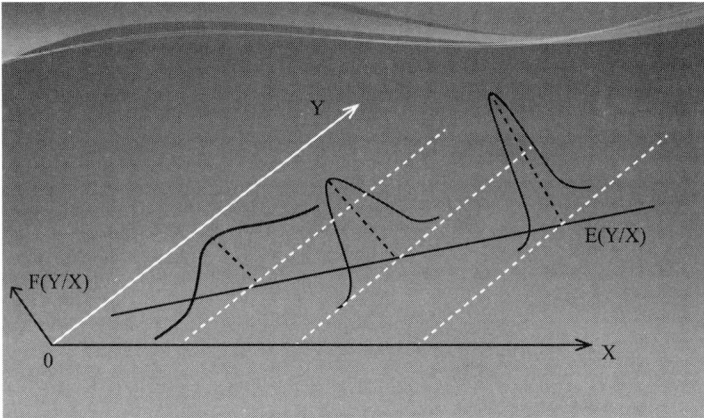

图 10.5　不同时点递减型异方差

10.3.2　G－Q 检验

G－Q 统计量是在 1965 年由美国的斯蒂芬·米歇尔·戈德菲尔德（Stephen Michael Goldfeld）和瑞查德·依麦瑞·匡特（Richard Emeric Quandt）共同提出的。因为这种方法是将数据分为两部分进行检验，所以，又被称为两组检验。

G－Q 统计量的原假设：随机误差项的估计量方差存在同方差；

G－Q 统计量的备择假设：随机误差项的估计量方差存在异方差。

G－Q 统计量的表达式：

$$F = \frac{RSS2/\left(\dfrac{n-m}{2} - k - 1\right)}{RSS1/\left(\dfrac{n-m}{2} - k - 1\right)} = \frac{RSS_2}{RSS_1} \qquad (10.4)$$

在式（10.4）中，n 是样本容量；m 是数据中间省略部分；(n−m)/2 是每组数据的数量；$\left(\dfrac{n-m}{2} - k - 1\right)$ 是分子和分母共同的自由度；RSS_i（i=1，2）是每组数据经过 OLS 方法估计后，输出的残差平方和。运用该统计量，需要注意以下几个方面：

第一，对原始数据进行升序排列，解释变量和被解释变量的关系不能改变。

第二，将中间位置的数据去掉数据总数的 1/4。

第三，G−Q 统计量仅用于检验有无异方差问题，对模型形式和重要变量遗漏造成的稳健性降低及模型结构误差，不在检验之列；杰瑞·瑟兹白（Jerry Thursby）于 1982 年 5 月在《计量及统计评论》期刊的《多重共线性、异方差、自相关和 G−Q 检验》一文中，对这一统计量进行了修正，提出了测量稳健性的方法。

第四，G−Q 统计量仅适用于递增型的异方差现象。

10.3.3 White 检验

White 检验是在 1980 年由海波特·林恩·怀特（Halbert Lynn White）提出来的。该检验的统计量是由一个辅助模型计算得到的。这个辅助模型的被解释变量是残差的平方，解释变量及其交叉项是回归元。

White 检验的统计量表达式是：

$$TR^2 \sim \chi_\alpha^2(n) \qquad (10.5)$$

在式（10.5）中，T 是样本容量；R^2 是辅助回归模型的判定系数；n 是自由度。

White 检验的原假设：辅助模型中回归系数同时为零；

White 检验的备择假设：辅助模型中回归系数不同时为零。

White 检验的具体应用步骤：

第一，样本容量尽量大，对原模型进行 OLS 估计，得到残差项；

第二，利用残差项构建辅助模型；

第三，计算 TR^2 时，注意 n 的取值，是解释变量和交叉项的个数；

第四，判断 TR^2 与 χ_α^2（n）临界值的关系，做出取舍决策。

$TR^2 > \chi_\alpha^2$（n），拒绝原假设，模型存在异方差；

$TR^2 < \chi_\alpha^2$（n），接受原假设，模型不存在异方差。

应用 White 检验需要注意的一点，就是交叉项的具体数值。这里只需提醒大家，交叉项包括解释变量自身的交叉和与其他项的交叉两个部分。

10.3.4　Glejser – Park 检验

Glejser – Park 检验是由 H. 格列瑟（H. Glejser）和帕克（Park）两位学者提出来的。该方法的原理是对原模型进行 OLS 方法估计，得到残差估计值；然后，利用残差的不同形式构建辅助模型。之后，对构建出的辅助模型进行显著性检验，选择显著性明显的辅助模型，就是存在异方差的模型。

利用此种方法需要注意的一点，就是对多元线性回归模型存在多个解释变量，需要先将多个解释变量进行拟合，再将拟合值作为解释变量纳入辅助模型中。这种方法的好处，就是既适合递增型异方差的检验，也适合递减型异方差的检验。

Glejser – Park 检验原假设：回归系数为零；

Glejser – Park 检验备择假设：回归系数不为零。

Glejser models（被解释变量：$|\hat{\mu}_i|$ 或 $\hat{\mu}_i^2$）

$$|\hat{\mu}_i| = \alpha_0 + \alpha_1 x_i + \varepsilon_i$$

$$|\hat{\mu}_i| = \alpha_0 + \alpha_1 x_i^2 + \varepsilon_i$$

$$|\hat{\mu}_i| = \alpha_0 + \alpha_1 \sqrt{x_i} + \varepsilon_i$$

$$|\hat{\mu}_i| = \alpha_0 + \alpha_1 \frac{1}{x_i} + \varepsilon_i$$

$$|\hat{\mu}_i| = \alpha_0 + \alpha_1 \frac{1}{\sqrt{x_i}} + \varepsilon_i$$

Park models

$$\hat{\mu}_i^2 = \alpha_0 x_i^{\alpha_1} \mu^{v_i}$$

$$\ln\hat{\mu}_i^2 = \ln \alpha_0 + \alpha_1 \ln x_i + v_i$$

$$\hat{\mu}_i^2 = \alpha_0 + \alpha_1 x_i + \varepsilon_i$$

10.3.5　ARCH 检验

ARCH 是自回归条件异方差的英文首字母缩写，该方法同样是构建辅助模型。被解释变量是残差的平方，解释变量是残差的各滞后期值的平方。

ARCH 检验的统计量：

$$(n-p)R^2 \sim \chi_\alpha^2(p) \tag{10.6}$$

在式（10.6）中，n 是样本容量；p 是滞后期数；R^2 是新建辅助模型的判定系数。

ARCH 检验统计量的原假设：辅助模型回归系数同时为零；

ARCH 检验统计量的备择假设：辅助模型回归系数不同时为零。

判定方法：

$(n-p)R^2 > \chi_\alpha^2(p)$，拒绝原假设，异方差存在；$(n-p)R^2 < \chi_\alpha^2(p)$，接受原假设，同方差存在。

10.4　针对异方差的修正方法

随机误差项的同方差假定，是建立线性回归模型的传统经典假定之一。在现实中，异方差现象普遍存在于线性回归模型中，传统经典假定的同方差现象是一种特例。

10.4.1　异方差修正中的加权概念

对模型随机误差项异方差问题的修正，我们采取的基本方法是加权法。英文表达是 weighting method，或者是 weighted method。对于加权法这个统计名词我们并不陌生。但是，在使用加权法之前，我们应该先明确以下三个问题，这三个问题将有助于大家理解加权法对异方差问题修正的关键所在。

第一个问题：加权法是对模型哪一部分的加权？

第二个问题：加权法应用于模型中的目的是什么？

第三个问题：如何在加权的过程中，始终保持随机误差项的同方差状态？

以上三个问题明确了，加权法的原理就被深入浅出地解析了。首先，加权法是对模型中随机误差项的加权，因为随机误差项中存在异方差现象。其次，加权法应用于模型中的目的是通过加权计算，平抑残差任意值的方差波动，使残差任意值的异方差转化为同方差。最后，残差任意值的方差是随着解释变量、被解释变量取值的不同相伴而生的，为了保持随机误差项的同方差状态，就需要对变化中的残差任意值方差实行随时的加权标准化处理。以下内容是对一元线性模型和多元线性模型加权过程的推理。

10.4.2　一元线性回归模型修正随机误差项异方差的加权过程

$$\sigma_i^2 = \frac{1}{n} \sum_{i=1}^{n} (\hat{\mu}_i - \overline{\mu})^2 \qquad (10.7)$$

式（10.7）是随机误差项残差任意值的方差计算公式。式（10.7）表明，这是一个异方差。根据传统经典假定，随机误差项残差任意值的均值假设为零。此处，可以直接使用这一假定。

$$\sigma_i^2 = \frac{1}{n} \sum_{i=1}^{n} (\hat{\mu}_i - \overline{\mu})^2 \overset{\overline{\mu}=0}{\Rightarrow} \frac{1}{n} \sum_{i=1}^{n} \hat{\mu}_i^2 \qquad (10.8)$$

将解释变量与被解释变量代入式（10.8）并化简，结果如下：

已知：$\hat{\mu}_i^2 = (y_i - \hat{\beta}_0 - \hat{\beta}_1 x_i)^2$，则有：

$$\sum_{i=1}^{n} \hat{\mu}_i^2 = \sum_{i=1}^{n} (y_i - \hat{\beta}_0 - \hat{\beta}_1 x_i)^2 = \hat{\mu}_1^2 + \hat{\mu}_2^2 + \cdots + \hat{\mu}_n^2 = \sum_{i=1}^{n} \sigma_i^2 \qquad (10.9)$$

式（10.9）表明，随着解释变量和被解释变量的时点变化，模型随机误差项的残差任意值呈现出的异方差现象非常明显。

在式 $\sum_{i=1}^{n} \hat{\mu}_i^2 = \sum_{i=1}^{n} \sigma_i^2$ 中，如果要保持等式的常数特征，就要对等式两边同时除以 σ_i^2，结果如下：

$$\frac{\sum_{i=1}^{n} \hat{\mu}_i^2}{\sigma_i^2} = \frac{\sum_{i=1}^{n} (y_i - \hat{\beta}_0 - \hat{\beta}_1 x_i)^2}{\sigma_i^2} = \frac{\sum_{i=1}^{n} \sigma_i^2}{\sigma_i^2} \Rightarrow \text{Trace} = n \qquad (10.10)$$

整理式（10.10）得到修正模型随机误差项异方差的加权关系式，该关系式将模型随机误差项异方差修正为同方差，采取的具体权数是 $\frac{1}{\sigma_i^2}$。经过加权法构造出的新模型形式，见式（10.11）：

$$y_i = \widehat{\beta_0^*} + \widehat{\beta_1^*} x_i + \widehat{\beta_2^*} x_i^2 + \widehat{\beta_3^*} y_i^2 + \widehat{\beta_4^*} x_i y_i + \widehat{\mu_i^*} \qquad (10.11)$$

经过加权法构造出的新模型——式（10.11），已经修正掉随机误差项中的异方差问题。需要注意的一点就是，经过修正后的新模型和原模型具有一样的线性关系形式。

对于矩阵型一元线性回归模型修正随机误差项异方差的加权过程，不再赘述，方法可以参见以下部分的矩阵型多元线性回归模型修正随机误差项异方差的加权过程。

10.5 矩阵型多元线性回归模型
修正异方差的加权过程

多元线性回归模型修正随机误差项异方差的方法和以上的一元线性回归模型修正随机误差项异方差的方法原理是一样的。以下内容，将为大家进行多元线性回归模型随机误差项异方差修正方法的推演。

多元线性回归模型的矩阵表达通式为：
$$Y = A + XB + U \tag{10.12}$$

多元线性回归模型的元素矩形表达式为：

$$\begin{bmatrix} Y_1 \\ Y_2 \\ \vdots \\ Y_n \end{bmatrix} = \begin{bmatrix} A_1 \\ A_2 \\ \vdots \\ A_n \end{bmatrix} + \begin{bmatrix} X_{11} & X_{12} & \cdots & X_{1k} \\ X_{21} & X_{22} & \cdots & X_{2k} \\ \vdots & \vdots & \vdots & \vdots \\ X_{n1} & X_{n2} & \cdots & X_{nk} \end{bmatrix} \begin{bmatrix} B_1 \\ B_2 \\ \vdots \\ B_k \end{bmatrix} + \begin{bmatrix} U_1 \\ U_2 \\ \vdots \\ U_n \end{bmatrix} \tag{10.13}$$

多元线性回归模型随机误差项的表达通式为：
$$U = Y - A - XB \tag{10.14}$$

根据 TCH 规定，E（U）= 0。

设随机误差项的方差 – 协方差矩阵为 P，运算结果如下：

$$P = UU' = \begin{bmatrix} \sigma_1 \\ \sigma_2 \\ \vdots \\ \sigma_n \end{bmatrix} \begin{bmatrix} \sigma_1 & \sigma_2 & \cdots & \sigma_n \end{bmatrix} = \begin{bmatrix} \sigma_1^2 & \sigma_1\sigma_2 & \cdots & \sigma_1\sigma_n \\ \sigma_2\sigma_1 & \sigma_2^2 & \cdots & \sigma_2\sigma_n \\ \vdots & \vdots & \vdots & \vdots \\ \sigma_n\sigma_1 & \sigma_n\sigma_2 & \cdots & \sigma_n^2 \end{bmatrix} \tag{10.15}$$

根据 TCH 规定，var（$u_i u_j$）= 0，$i \neq j$，i = 1，2···，n；j = 1，2，···，n。我们直接利用这个假设条件。因此，式（10.15）转变为：

$$P = UU' = \begin{bmatrix} \sigma_1 \\ \sigma_2 \\ \vdots \\ \sigma_n \end{bmatrix} \begin{bmatrix} \sigma_1 & \sigma_2 & \cdots & \sigma_n \end{bmatrix} = \begin{bmatrix} \sigma_1^2 & 0 & \cdots & 0 \\ 0 & \sigma_2^2 & \cdots & 0 \\ \vdots & \vdots & \vdots & \vdots \\ 0 & 0 & \cdots & \sigma_n^2 \end{bmatrix} \tag{10.16}$$

式（10.16）表明，多元线性回归模型随机误差项存在异方差现象。利用加权法对式（10.16）进行修正，设随机误差项的同方差矩阵为 Q，修正权数矩阵为 M。修正方法如下：

$$Q = MP = \left[\frac{1}{\sigma_1^2}\ \frac{1}{\sigma_2^2}\ \cdots\ \frac{1}{\sigma_n^2}\right]' P = \begin{bmatrix} \frac{1}{\sigma_1^2} \\ \frac{1}{\sigma_2^2} \\ \vdots \\ \frac{1}{\sigma_n^2} \end{bmatrix} \begin{bmatrix} \sigma_1^2 & 0 & \cdots & 0 \\ 0 & \sigma_2^2 & \cdots & 0 \\ \vdots & \vdots & \vdots & \vdots \\ 0 & 0 & \cdots & \sigma_n^2 \end{bmatrix} = \begin{bmatrix} 1 & 0 & \cdots & 0 \\ 0 & 1 & \cdots & 0 \\ \vdots & \vdots & \vdots & \vdots \\ 0 & 0 & \cdots & 1 \end{bmatrix}$$

$$(10.17)$$

在式（10.17）中，$M = \left[\frac{1}{\sigma_1^2}\ \frac{1}{\sigma_2^2}\ \cdots\ \frac{1}{\sigma_n^2}\right]'$ 是修正权数矩阵。

式（10.17）表明，经过加权法修正的多元线性回归模型具备了同方差特征，所用权数矩阵 M 为 $\left[\frac{1}{\sigma_1^2}\ \frac{1}{\sigma_2^2}\ \cdots\ \frac{1}{\sigma_n^2}\right]'$。接下来，我们利用推导出来的修正权数矩阵 M 对原模型进行修正。

已知，随机误差项的矩阵表达式为 $U = Y - A - XB$，对式（10.14）按照修正权数进行加权，结果如下：

$$MU = MY - MA - MXB \qquad (10.18)$$

随机误差项的矩阵表达通式：

$$\begin{bmatrix} U_1 \\ U_2 \\ \vdots \\ U_n \end{bmatrix} = \begin{bmatrix} Y_1 \\ Y_2 \\ \vdots \\ Y_n \end{bmatrix} - \begin{bmatrix} A_1 \\ A_2 \\ \vdots \\ A_n \end{bmatrix} - \begin{bmatrix} X_{11} & X_{12} & \cdots & X_{1k} \\ X_{21} & X_{22} & \cdots & X_{2k} \\ \vdots & \vdots & \vdots & \vdots \\ X_{n1} & X_{n2} & \cdots & X_{nk} \end{bmatrix} [B_1\ B_2\ \cdots\ B_k]' \quad (10.19)$$

左乘修正权数矩阵 M，得到的矩阵表达式为：

$$\begin{bmatrix} \frac{1}{\sigma_1^2} \\ \frac{1}{\sigma_2^2} \\ \vdots \\ \frac{1}{\sigma_n^2} \end{bmatrix} \begin{bmatrix} U_1 \\ U_2 \\ \vdots \\ U_n \end{bmatrix} = \begin{bmatrix} \frac{1}{\sigma_1^2} \\ \frac{1}{\sigma_2^2} \\ \vdots \\ \frac{1}{\sigma_n^2} \end{bmatrix} \begin{bmatrix} Y_1 \\ Y_2 \\ \vdots \\ Y_n \end{bmatrix} - \begin{bmatrix} \frac{1}{\sigma_1^2} \\ \frac{1}{\sigma_2^2} \\ \vdots \\ \frac{1}{\sigma_n^2} \end{bmatrix} \begin{bmatrix} A_1 \\ A_2 \\ \vdots \\ A_n \end{bmatrix} - \begin{bmatrix} \frac{1}{\sigma_1^2} \\ \frac{1}{\sigma_2^2} \\ \vdots \\ \frac{1}{\sigma_n^2} \end{bmatrix} \begin{bmatrix} X_{11} & X_{12} & \cdots & X_{1k} \\ X_{21} & X_{22} & \cdots & X_{2k} \\ \vdots & \vdots & \vdots & \vdots \\ X_{n1} & X_{n2} & \cdots & X_{nk} \end{bmatrix} [B_1\ B_2\ \cdots\ B_k]'$$

$$(10.20)$$

对式（10.20）整理如下：

$$
\begin{bmatrix} \dfrac{U_1}{\sigma_1^2} \\ \dfrac{U_2}{\sigma_2^2} \\ \vdots \\ \dfrac{U_n}{\sigma_n^2} \end{bmatrix} = \begin{bmatrix} \dfrac{Y_1}{\sigma_1^2} \\ \dfrac{Y_2}{\sigma_2^2} \\ \vdots \\ \dfrac{Y_n}{\sigma_n^2} \end{bmatrix} - \begin{bmatrix} \dfrac{A_1}{\sigma_1^2} \\ \dfrac{A_2}{\sigma_2^2} \\ \vdots \\ \dfrac{A_n}{\sigma_n^2} \end{bmatrix} - \begin{bmatrix} \dfrac{X_{11}B_1 + X_{12}B_2 + \cdots + X_{1k}B_n}{\sigma_1^2} \\ \dfrac{X_{21}B_1 + X_{22}B_2 + \cdots + X_{2k}B_n}{\sigma_2^2} \\ \vdots \\ \dfrac{X_{n1}B_1 + X_{n2}B_2 + \cdots + X_{nk}B_n}{\sigma_n^2} \end{bmatrix} \tag{10.21}
$$

令 $U_n^* = \dfrac{U_n}{\sigma_n^2}$，$Y_n^* = \dfrac{Y_n}{\sigma_n^2}$，$A_n^* = \dfrac{A_n}{\sigma_n^2}$，$X_n^* = \dfrac{X_{nk}B_n}{\sigma_n^2} = X_{nk}\dfrac{B_n}{\sigma_n^2} = X_{nk}B_n^*$。

整理式（10.21），得到：

$$
\begin{bmatrix} U_1^* \\ U_2^* \\ \vdots \\ U_n^* \end{bmatrix} = \begin{bmatrix} Y_1^* \\ Y_2^* \\ \vdots \\ Y_n^* \end{bmatrix} - \begin{bmatrix} A_1^* \\ A_2^* \\ \vdots \\ A_n^* \end{bmatrix} - \begin{bmatrix} X_{11}^* & X_{12}^* & \cdots & X_{1k}^* \\ X_{21}^* & X_{22}^* & \cdots & X_{2k}^* \\ \vdots & \vdots & \vdots & \vdots \\ X_{n1}^* & X_{n2}^* & \cdots & X_{nk}^* \end{bmatrix} \tag{10.22}
$$

将式（10.22）写成矩阵通式的形式，得到：

$$
U^* = Y^* - A^* - X^* \tag{10.23}
$$

归纳起来，我们将修正一元线性回归模型随机误差项异方差的方法，叫作加权最小二乘法（weighting least square method，WLS 法），将多元线性回归模型随机误差项异方差的修正方法，叫作广义最小二乘法（generalized least square method，GLS 法）。无论是加权最小二乘法还是广义最小二乘法使用的权数均与 σ_i 有关，是 σ_i 的变形形式。经过标准化处理后曾存在异方差的线性回归模型，现在已经转变为具备同方差特征的线性回归模型，接下来，可以利用 OLS 法进行回归分析了。

10.6 案例分析

本章将继续第 9 章的案例分析。通过第 9 章的自相关修正，模型已经不存在自相关问题了。接下来的内容，将对模型是否存在异方差问题进行检验。选取的检验统计量是 White 检验法。

10.6.1　White 检验法检验异方差

消除了自相关的模型数据，见表 10.1。

表 10.1　消除了自相关的模型数据

年份	y	Y1	Y2	x	X1	X2
1978	20	29.991	- 6.328	2344.538	7.500	2.046
1979	26	27.265	- 8.189	2387.166	7.639	2.084
1980	30	35.444	- 7.445	2429.794	7.778	2.123
1981	36	40.897	- 9.678	2515.050	7.916	2.162
1982	40	49.076	- 11.167	2600.306	8.194	2.200
1983	42	54.529	- 13.400	2642.934	8.472	2.278
1984	44	57.256	- 14.889	2728.189	8.611	2.355
1985	49	59.982	- 15.634	3069.213	8.889	2.393
1986	58	66.799	- 16.378	3239.725	10.000	2.471
1987	60	79.068	- 18.239	3495.493	10.555	2.779
1988	66	81.794	- 21.590	3410.237	11.389	2.934
1989	52	89.974	- 22.334	3197.097	11.111	3.165
1990	90	70.888	- 24.567	3623.377	10.416	3.088
1991	95	122.691	- 19.356	3921.772	11.805	2.895
1992	106	129.507	- 33.501	4134.912	12.777	3.281
1993	150	144.503	- 35.362	3836.516	13.472	3.551
1994	180	204.485	- 39.457	4049.656	12.500	3.744
1995	240	245.382	- 55.835	4177.540	13.194	3.474
1996	336	327.177	- 67.002	4220.168	13.611	3.667
1997	400	458.047	- 89.336	4305.424	13.750	3.783
1998	480	545.294	- 125.071	4348.052	14.027	3.822
1999	600	654.353	- 148.894	4348.052	14.166	3.899
2000	710	817.942	- 178.672	4390.680	14.166	3.937
2001	800	967.898	- 223.340	4561.192	14.305	3.937
2002	880	1090.589	- 264.286	4603.820	14.861	3.976
2003	909	1199.648	- 297.787	4689.076	15.000	4.130
2004	1200	1239.182	- 327.566	4774.332	15.277	4.169
2005	1300	1635.883	- 338.361	4816.959	15.555	4.246
2006	1500	1772.207	- 446.681	4902.215	15.694	4.323
2007	1900	2044.854	- 483.904	4987.471	15.972	4.362
2008	2100	2590.148	- 558.351	5072.727	16.250	4.439
2009	2300	2862.796	- 707.245	5072.727	16.527	4.516
2010	2500	3135.443	- 781.691	5157.983	16.527	4.594
2011	2600	3408.090	- 856.138	5243.239	16.805	4.594
2012	2700	3544.414	- 930.585	5328.495	17.083	4.671
2013	2900	3680.737	- 967.808	5371.123	17.361	4.748
2014	3003	3953.384	- 1005.032	5456.379	17.500	4.825

年份	y	Y1	Y2	x	X1	X2
2015	3100	4093.798	-1079.479	5413.751	17.777	4.864
2016	3500	4226.032	-1117.819	5499.007	17.638	4.941
2017	4100	4771.326	-1153.925	5712.147	17.916	4.902

利用 White 检验法，检验结果如下；

观察表 10.2，White 检验统计量的值为 28.88763，在显著性水平为 0.05 的条件下，Chi – Square（20）= 31.41。既然存在 White 检验统计量 < Chi – Square（20）的关系，因此，该模型不存在异方差问题。既然模型不存在异方差问题，所以，也无须再对其进行修正。但是，基于加权法对修正异方差问题的重要性，所以，以下内容将针对这一问题重新建立模型，予以展示。

表 10.2　　　　　　　　　　**White 检验法检验结果**

Heteroskedasticity Test：White

F – statistic	2.469612	Prob. F（20, 19）	0.0270
Obs × R – squared	28.88763	Prob. Chi – Square（20）	0.0900
Scaled explained SS	37.53205	Prob. Chi – Square（20）	0.0101

10.6.2　加权法消除异方差的应用

模型选取家庭收入作为被解释变量，家庭子女平均受教育年限作为解释变量进行 OLS 方法回归，回归结果如表 10.3 所示，接下来，再利用 G – Q 检验法、White 检验法对模型存在的异方差问题进行检验。

表 10.3　　　　　　　　　　**原始模型回归结果**

Variable	Coefficient	Std. Error	t – Statistic	Prob.
C	-3121.914	438.2127	-7.124197	0.0000
X	426.2796	43.73117	9.747730	0.0000
R – squared	0.714325	Mean dependent var		1030.050
Adjusted R – squared	0.706807	S. D. dependent var		1202.794
S. E. of regression	651.2803	Akaike info criterion		15.84446
Sum squared resid	16118311	Schwarz criterion		15.92891
Log likelihood	-314.8893	Hannan – Quinn criter.		15.87500
F – statistic	95.01823	Durbin – Watson stat		0.078257
Prob（F – statistic）	0.000000			

表 10.3 中原始模型的回归结果表明，模型存在严重的自相关现象。

10.6.2.1　利用 G－Q 检验模型是否存在异方差

第一，将数据从中间位置取走 10 个，剩下 30 个，均分为 1978～1992 年共 15 个数据，见表 10.4；2003～2017 年共 15 个数据。

第二，两组数据均按解释变量升序排列，对应排列被解释变量数据。

第三，对两组数据进行 OLS 方法回归，得到 RSS1 和 RSS2。

第四，比较 F＝RSS2/RSS1 与临界值的关系，做出判断。

表 10.4　　　　　　　　　　　　1978～1992 年模型所需数据

年份	家庭收入（元/月）	日均劳动工时（小时/天）	子女平均教育（年/人）
1978	20	12.8	5.5
1979	26	12.7	5.6
1980	30	12.6	5.7
1981	36	11.5	5.9
1982	40	10.9	6.1
1983	42	10.8	6.2
1984	44	10.6	6.4
1985	49	10.4	7.2
1986	58	10.5	7.6
1987	60	10.6	8.2
1988	66	11.2	8
1989	52	10.6	7.5
1990	90	9.8	8.5
1991	95	9.8	9.2
1992	106	9.4	9.7

资料来源：3.5 节案例数据资料节选。

2003～2017 年模型所需数据，见表 10.5。

表 10.5　　　　　　　　　　　　2003～2017 年模型所需数据

年份	家庭收入（元/月）	日均劳动工时（小时/天）	子女平均教育（年/人）
2003	909	8.5	11
2004	1200	8.6	11.2
2005	1300	8.7	11.3
2006	1500	8.6	11.5
2007	1900	8.7	11.7
2008	2100	8.5	11.9
2009	2300	8.2	11.9
2010	2500	8.3	12.1
2011	2600	8.4	12.3
2012	2700	8.2	12.5
2013	2900	8.1	12.6
2014	3003	7.9	12.8

年份	家庭收入（元/月）	日均劳动工时（小时/天）	子女平均教育（年/人）
2015	3100	7.6	12.7
2016	3500	7.5	12.9
2017	4100	6.9	13.4

资料来源：3.5 节案例数据资料节选。

根据回归结果得到，F = RSS2/RSS1 = 194050.8/592.7943 = 327.3493，远远大于临界值，模型存在递增型的异方差现象。

10.6.2.2 利用 White 检验模型是否存在异方差

对原数据进行 White 检验结果表明，模型存在明显的异方差现象。检验结果见表10.6。

表 10.6   White 检验计算结果

F - statistic	4.783699	Prob. F（2，37）	0.0142
Obs × R - squared	8.218109	Prob. Chi - Square（2）	0.0164
Scaled explained SS	3.606603	Prob. Chi - Square（2）	0.1648

表 10.6 White 检验的结果显示：

$Obs × R - squared = 8.218109 > Chi - Square(2) = 5.99147(\alpha = 0.05)$

原模型存在异方差现象。下面，利用加权法对原模型进行修正，已达到剔除随机误差项中存在异方差现象的目的。根据一元线性回归模型剔除异方差的步骤，对原模型变形后的新模型进行回归，得到的回归结果如表10.7所示。

表 10.7   加权最小二乘法回归结果

Variable	Coefficient	Std. Error	t - Statistic	Prob.
C	-2.38E-16	7.08E-17	-3.359583	0.0024
X^2 × WGT^2	6.14E-16	1.51E-16	4.059840	0.0004
X × M × WGT^2	-2.49E-21	1.59E-21	-1.567480	0.1291
X × X1 × WGT^2	-4.13E-17	1.02E-17	-4.059093	0.0004
X × Y1 × WGT^2	-5.26E-22	1.33E-22	-3.964734	0.0005
X × W × WGT^2	2.19E-19	6.46E-20	3.394042	0.0022
X × WGT^2	-2.29E-15	5.63E-16	-4.060363	0.0004
M^2 × WGT^2	1.25E-22	3.10E-23	4.027660	0.0004
M × Y1 × WGT^2	-5.15E-25	1.28E-25	-4.014808	0.0004
M × W × WGT^2	3.42E-23	9.20E-24	3.715903	0.0010
X1 × W × WGT^2	-1.44E-20	4.28E-21	-3.363999	0.0024
Y1^2 × WGT^2	8.64E-28	2.18E-28	3.962188	0.0005
Y1 × W × WGT^2	-1.03E-25	2.74E-26	-3.760999	0.0009

续表

Variable	Coefficient	Std. Error	t – Statistic	Prob.
W^2 × WGT^2	3. 24E – 24	9. 73E – 25	3. 333781	0. 0026
R – squared	0. 686380	Mean dependent var		5. 44E – 19
Adjusted R – squared	0. 529571	S. D. dependent var		1. 07E – 18
S. E. of regression	7. 32E – 19	Sum squared resid		1. 39E – 35
F – statistic	4. 377152	Durbin – Watson stat		1. 820954
Prob （F – statistic）	0. 000669			

　　观察表 10.7，加权后的新模型中各项解释变量全部通过单一系数显著性检验，模型拟合状态良好，模型整体显著性检验 F 统计量通过检验，关于一阶自相关检验的 DW 统计量也通过检验。接下来，对模型是否剔除了异方差问题进行检验，选择的统计量是 White 检验。

　　观察表 10.8 我们不难发现，异方差怀特检验值为 27.45522，在 1% 的显著性水平下通过检验。在 5% 的显著性水平下，基本上通过检验，原因在于原模型中存在明显的自相关现象。自相关问题的存在，使残差方差值被低估，进入模型的权数被放大，组成新模型中的各个部分数值也被放大，最终，R – squared略有虚高。

表 10.8　　　　　　　　　**异方差检验结果**

Heteroskedasticity Test：White

F – statistic	4. 377152	Prob. F （13，26）	0. 0007
Obs × R – squared	27. 45522	Prob. Chi – Square （13）	0. 0108
Scaled explained SS	37. 19773	Prob. Chi – Square （13）	0. 0004

本章总结

　　本章对经典计量中另一个误差——异方差进行了研究。首先，介绍了异方差的概念及异方差产生的原因；其次，介绍了异方差现象对 OLS 估计量产生的影响，从优良估计量三个标准的角度进行了推理；再次，对进行异方差检验的几种方法做了使用原理上的说明；最后，重点研究了消除异方差问题所使用的加权法的基本原理和数学逻辑。同时，为了消除大家学习异方差经常出现的混沌状态，本书先对一元线性回归模型修正异方差的加权过程进行了数学推导；接下来，又对矩阵型多元线性回归模型修正异方差的加权过程进行了推导。本章对加权法的推导过程，对一元线性回归模型、多元线性回归模型利用加权法修正异方差的数学推导过程等，均是确定性数学知识对未知的、不确定

性的计量研究领域的重要支撑体现；同时，也展示出带有随机误差项异方差的
计量经济学模型才反映了我们生活世界的真实面貌。

英语词汇

homoskedasticity

homoscedasticity

heteroskedasticity

heteroscedasticity

independent identical distribution

the best linear unbiased estimator

Goldfeld Quandt test

White test

Glejser test

Park test

autoregressive conditional heteroskedasticity（ARCH）

weighting method

weighted method

weighting least square method

generalized least square method

拓展阅读

①阅读高等数学中的《概率论与数理统计》中的权数知识。

②阅读高等数学中的《线性代数》中的矩阵计算与形式变换知识。

③阅读英文关于 G - Q 检验、White 检验、Glejser 检验、Park 检验等资料。

④阅读稳健性异方差环境下的回归问题等课外相关资料。

本章思考

①理解随机误差项异方差存在的普遍性。

②理解随机误差项异方差普遍存在环境下的 OLS 方法面临的挑战。

③理解检验随机误差项异方差的几种方法的共同点。

④理解加权法对消除随机误差项异方差的作用、逻辑与机理。

第四部分　拓展线性回归模型

　　从第四部分开始，本书将三种特殊变量作为解释变量纳入线性回归模型。从此，一座桥梁架起了定性变量进入模型的路径；一个工具连接了随机变量作为解释变量的通途；一种不忘过往的态度使模型变得更加客观与系统。

第11章 带虚拟变量的线性回归模型

以前，对于变量，无论是解释变量还是被解释变量，我们都在介绍定量变量。定量变量，无论是从公开的数据库中，还是通过专业机构的抽样调查，最终都可以用数量的形式表达出来。但是，在现实建模过程中，我们也经常会遇到这样的变量，就是那些不可以用数字表达的定性变量，如性别、民族、国家、政策、品质、等级、所有制和季节等。如何将这些定性变量以数量的形式纳入模型，是一套全新的方法。这套方法的核心就是引入虚拟变量的概念，即用虚拟变量代表这些定性变量进入模型。以下，我们将对虚拟变量的概念、赋值方法、进入模型以及回归分析等内容进行逐一介绍。

11.1 虚拟变量

虚拟变量，英文单词是 dummy variable，简称为大写字母 DV，在模型中，一般用 D 来表示，它是媒介变量，是将定性变量转化为定量变量的媒介。虚拟变量通常用二元变量来表示，具体赋值是 0 和 1 等。赋值后的虚拟变量等同于定量变量，可以直接进入模型，本章介绍虚拟变量进入模型作为解释变量的理论。关于虚拟变量进入模型作为被解释变量的理论，将在以后章节做专门介绍。

11.2 虚拟变量的赋值方法

对于虚拟变量的赋值，一般采取"是与非"的原理，即非此即彼，非彼即此。也就是说，如果选定定性变量一种标志赋值为 0，该定性变量对立标志就赋值为 1。赋值为 0 的数列，与赋值为 1 的数列区分开，被叫作基础数列。

基础数列与非基础数列构成了一个定性指标的全部标志值。

对于任何一个定性变量，如果其属性被分成了 m 类，那么，可以进入模型的虚拟变量数量是 m − 1 个，或者，依据研究目的需要，可以是小于 m − 1 个。

例如，如果研究性别中女性对社会的贡献，可以将性别中的女性，赋值为 1；把性别中的男性，赋值为 0。如果研究国有及国有控股所有制企业对国家经济的贡献，可以将国有企业、国有控股企业赋值为 1；将其他企业赋值为 0。如果研究某商品销售的季节波动规律，可以将销售旺季——冬、春两季赋值为 1；将销售淡季——夏、秋两季赋值为 0。

总体来说，在虚拟变量的赋值过程中，大家一定要注意以下几个问题：

第一，虚拟变量进入模型，要注意避免全部属性均为 1 的"模型完全多重共线性"问题。第二，一个虚拟变量进入模型的数量，依据研究目的而定，属性分类减掉 1 即可，也可以小于这个数值；如果是 M 个虚拟变量同时进入模型，D 的数量即为 M 个。第三，虚拟变量进入模型，要注意回归后的拟合值和显著性，如果对被解释变量影响不大，慎用。第四，虚拟变量进入模型，要注意比较各项检验统计量，关注 D 进入模型与否，回归结果根本不同。

11.3 带虚拟变量的线性回归模型

在实际应用中，带虚拟变量的线性回归模型，一般包括三种形式：以加法形式进入模型；以乘法形式进入模型；以混合形式进入模型。

我们知道，以加法形式进入模型，体现出虚拟变量对被解释变量的独立影响；以乘法形式进入模型，体现出虚拟变量与相乘变量对被解释变量的交互影响；以混合形式进入模型，体现出虚拟变量本身以及虚拟变量与相乘变量整体对被解释变量的独立影响以及交互影响。如果是两个定性变量同时进入模型，一个采取加法形式，一个采取乘法形式，这种混合形式的进入表明一个研究定性变量的独立影响，一个研究定性变量的交互影响。因此，我们在运用虚拟变量时，一定要注意是研究定性变量的独立影响，还是研究定性变量的交互影响。

以下是带虚拟变量的线性回归模型的三种形式，原线性回归模型以一元为例。

带虚拟变量的线性回归模型，如图 11.1 所示。

$$带虚拟变量的线性回归模型\begin{cases}加法形式: y_i = \alpha_0 + \alpha_1 x_i + \beta_1 D + \mu_i \begin{cases} y_i = \alpha_0 + \alpha_1 x_i + \mu_i \,(D=0) \\ y_i = (\alpha_0 + \beta_1) + \alpha_1 x_i + \mu_i \,(D=1) \end{cases} \\[2em] 乘法形式: y_i = \alpha_0 + \alpha_1 x_i + \beta_1 x_i D + \mu_i \begin{cases} y_i = \alpha_0 + \alpha_1 x_i + \mu_i \,(D=0) \\ y_i = \alpha_0 + (\alpha_1 + \beta_1) x_i + \mu_i \,(D=1) \end{cases} \\[2em] 混合形式: \begin{cases} y_i = \alpha_0 + \alpha_1 x_i + \beta_1 D + \beta_2 x_i D + \mu_i \begin{cases} y_i = \alpha_0 + \alpha_1 x_i + \mu_i \,(D=0) \\ y_i = (\alpha_0 + \beta_1) + (\alpha_1 + \beta_2) x_i + \mu_i \,(D=1) \end{cases} \\[2em] y_i = \alpha_0 + \alpha_1 x_i + \beta_1 D_1 + \beta_2 x_i D_2 + \mu_i \begin{cases} y_i = \alpha_0 + \alpha_1 x_i + \mu_i \,(D_1=0 \quad D_2=0) \\ y_i = \alpha_0 + (\alpha_1 + \beta_2) x_i + \mu_i \,(D_1=0 \quad D_2=1) \\ y_i = (\alpha_0 + \beta_1) + \alpha_1 x_i + \mu_i \,(D_1=1 \quad D_2=0) \\ y_i = (\alpha_0 + \beta_1) + (\alpha_1 + \beta_2) x_i + \mu_i \,(D_1=1 \quad D_2=1) \end{cases} \end{cases} \end{cases}$$

......

图 11.1　带虚拟变量的线性回归模型体系

11.4　案例分析

受教育水平作为虚拟变量的数值，见表 11.1。

表 11.1　　　　　　　　　　受教育水平作为虚拟变量的数值

年份	INCOME	EDU	D1	D2	D3	D1 × EDU	D2 × EDU	D3 × EDU
1978	20	5.5	1	0	0	5.5	0	0
1979	26	5.6	1	0	0	5.6	0	0
1980	30	5.7	1	0	0	5.7	0	0
1981	36	5.9	1	0	0	5.9	0	0
1982	40	6.1	1	0	0	6.1	0	0
1983	42	6.2	1	0	0	6.2	0	0
1984	44	6.4	1	0	0	6.4	0	0
1985	49	7.2	1	0	0	7.2	0	0
1986	58	7.6	1	0	0	7.6	0	0
1987	60	8.2	0	2	0	0	16.4	0
1988	66	8	0	2	0	0	16	0
1989	52	7.5	1	0	0	7.5	0	0
1990	90	8.5	0	2	0	0	17	0
1991	95	9.2	0	2	0	0	18.4	0
1992	106	9.7	0	2	0	0	19.4	0
1993	150	9	0	2	0	0	18	0

年份	INCOME	EDU	D1	D2	D3	D1 × EDU	D2 × EDU	D3 × EDU
1994	180	9.5	0	2	0	0	19	0
1995	240	9.8	0	2	0	0	19.6	0
1996	336	9.9	0	2	0	0	19.8	0
1997	400	10.1	0	2	0	0	20.2	0
1998	480	10.2	0	2	0	0	20.4	0
1999	600	10.2	0	2	0	0	20.4	0
2000	710	10.3	0	2	0	0	20.6	0
2001	800	10.7	0	2	0	0	21.4	0
2002	880	10.8	0	2	0	0	21.6	0
2003	909	11	0	2	0	0	22	0
2004	1200	11.2	0	2	0	0	22.4	0
2005	1300	11.3	0	2	0	0	22.6	0
2006	1500	11.5	0	2	0	0	23	0
2007	1900	11.7	0	2	0	0	23.4	0
2008	2100	11.9	0	2	0	0	23.8	0
2009	2300	11.9	0	2	0	0	23.8	0
2010	2500	12.1	0	0	3	0	0	36.3
2011	2600	12.3	0	0	3	0	0	36.9
2012	2700	12.5	0	0	3	0	0	37.5
2013	2900	12.6	0	0	3	0	0	37.8
2014	3003	12.8	0	0	3	0	0	38.4
2015	3100	12.7	0	0	3	0	0	38.1
2016	3500	12.9	0	0	3	0	0	38.7
2017	4100	13.4	0	0	3	0	0	40.2

本章继续利用3.5节案例的原始数据资料，将此地区农村家庭子女平均受教育水平作为虚拟变量。该虚拟变量分为三个类别，内容如下。

家庭子女平均受教育水平（D）
$\begin{cases} 5 \sim 8\text{ 年义务教育阶段水平} \quad D = 1 \\ 9 \sim 11\text{ 年高中教育阶段水平} \quad D = 2 \\ 12\text{ 年至高中以上阶段水平} \quad D = 3 \end{cases}$

接下来，对完成义务教育水平子女的家庭，采用混合模型形式进行估计，估计结果见表11.2。

$$y_i = \alpha_0 + \alpha_1 x_i + \beta_1 D + \beta_2 D x_i + \mu_i$$

表 11.2　　　　　　　拥有义务教育水平子女的家庭估计

Dependent Variable：INCOME

Variable	Coefficient	Std. Error	t – Statistic	Prob.
C	– 502. 9766	254. 9133	– 1. 973128	0. 0567
INCOMELAG1	0. 984000	0. 036705	26. 80807	0. 0000
EDUY	59. 14150	27. 20333	2. 174054	0. 0368
D1	524. 2022	337. 2358	1. 554409	0. 1293
EDUD1	– 61. 91439	43. 44198	– 1. 425220	0. 1632
R – squared	0. 995871	Mean dependent var		963. 1282
Adjusted R – squared	0. 995385	S. D. dependent var		1101. 493
S. E. of regression	74. 82561	Akaike info criterion		11. 58741
Sum squared resid	190361. 6	Schwarz criterion		11. 80068
Log likelihood	– 220. 9544	Hannan – Quinn criter.		11. 66393
F – statistic	2050. 170	Durbin – Watson stat		1. 856238
Prob （F – statistic）	0. 000000			

利用表 11.2 的数据，计算 Durbin – h ≈ 0.48，说明模型不存在自相关问题。

观察表 11.3，White 检验结果，Obs × R – squared = 15.35，Chi – Square（10）=18.3，模型不存在异方差问题。

表 11.3　　　　　　　**White 检验回归结果**

Heteroskedasticity Test：White

F – statistic	1. 818026	Prob. F （10, 28）	0. 1036
Obs × R – squared	15. 35353	Prob. Chi – Square （10）	0. 1197
Scaled explained SS	28. 01660	Prob. Chi – Square （10）	0. 0018

本章总结

本章介绍了虚拟变量（DV）的定义、赋值方法，以及使用虚拟变量过程中的注意事项。最后，以一元线性回归模型加入虚拟变量为例，总结出代表性模型的体系框图。总而言之，虚拟变量是将不可能纳入模型的定性变量通过赋值转变为数量变量再纳入模型进行分析的桥梁。赋值后的定性变量就是虚拟变量，不要小看这个新变量的桥梁作用，因为是它使所有不可能转变为可能。

英语词汇
quantitative variable
qualitative variable
dummy variable

addition pattern

multiplication pattern

mixed pattern

binary variable

拓展阅读

①阅读虚拟变量作为解释变量进入模型的相关文献。

②阅读多个虚拟变量与带多种虚拟变量模型的相关文献。

③阅读带虚拟变量的模型与分段模型相结合的文献。

④阅读带政策、改革、管理和评价等虚拟变量模型的相关文献。

⑤阅读中英文关于《概率论与数理统计》的二元概率的知识点。

本章思考

①多个虚拟变量进入模型的赋值技巧。

②一个虚拟变量的多种类别进入模型的赋值技巧。

③如何将分段模型与带虚拟变量的模型有机结合。

④掌握带虚拟变量模型回归结果的经济含义说明。

第12章　利用工具变量的线性回归模型

线性回归模型包括两部分：一部分是确定部分；另一部分是不确定部分，即随机部分。确定部分包括解释变量和被解释变量；随机部分是随机误差项包含的诸因子。TCH 要求，解释变量与随机误差项诸因子相互独立。如果随机误差项中某因子对被解释变量有解释力，那么，将其从随机误差项中剥离出来，与原解释变量一起对被解释变量进行解释。如果表示拟合优度的决定系数是增加的趋势，那么，这个随机误差项的因子就要保留在模型中作为解释变量。

在线性回归模型中，TCH 要求解释变量是确定性变量。如果随机变量进入模型，就违背了传统的经典假定。因此，为了保证传统经典假定的完整性，我们需要将作为解释变量的随机变量进行改变，使之满足确定性解释变量的要求，于是，利用工具变量代替随机解释变量进入模型，是解决这类问题的有效方法。

12.1　随机解释变量

随机解释变量是指，解释变量是随机变量。随机变量是定义在基本空间 Ω 上的取值为实数的变量，基本空间 Ω 是随机变量进行试验的所有可能结果组成的基本事件空间。按照数值生成的特征，随机变量包括离散型随机变量和连续型随机变量两种。无论是离散型随机变量还是连续型随机变量，都可以用概率密度分布函数来表示其分布特征。

对于被解释变量居民收入来说，工作时间和受教育年限是影响它的解释变量。另外，个人的健康状况以及自然灾害等不可抗力的因素，从实际来看，也是影响其收入的重要变量，被放置于随机误差项之中。如果将这两项变量作为解释变量，那么，其随机性是非常明显的。

从随机误差项到模型的解释变量，从与随机误差项密切相关到与随机误差项相互独立，这些随机解释变量的变化是角色本身的转变。

为了满足随机解释变量向确定性解释变量的转变，模型需要设置一种工具变量，来完成随机解释变量向确定性解释变量的转化。

12. 2　随机解释变量对 OLS 估计量的影响

随机解释变量是随机的，与随机误差项有一定的相关性。随机解释变量进入模型后，普通最小二乘估计量会出现怎样的变化呢？

首先，普通最小二乘估计量的无偏性受到影响。下面，我们将以一元线性回归模型为例，对包含随机解释变量的模型与不包含随机解释变量的模型的普通最小二乘估计量偏倚性的变化情况进行证明。

已知存在一元线性回归模型：$y_i = \alpha_0 + \alpha_1 x_i + \mu_i$，$i = 1$，$2$，$\cdots$，$n$。其中，$x_i$是随机解释变量，与随机误差项存在一定的相关性。于是，存在以下关系式：

$$\mathrm{cov}(x_i, \mu_i) = \mathrm{E}(x_i - \bar{x})(\mu_i - \bar{\mu}) = \mathrm{E}(x_i - \bar{x})\mu_i \neq 0 \tag{12.1}$$

根据异方差部分的相关推理，我们可以得到以下关系式：

$$\begin{aligned}
\mathrm{E}(\widehat{\alpha_1}) &= \mathrm{E}\left[\frac{\sum_{i=1}^{n}(x_i - \bar{x})(y_i - \bar{y})}{\sum_{i=1}^{n}(x_i - \bar{x})^2}\right] \\
&= \mathrm{E}\left[\frac{\sum_{i=1}^{n}(x_i - \bar{x})(\alpha_1(x_i - \bar{x}) + (\mu_i - \bar{\mu}))}{\sum_{i=1}^{n}(x_i - \bar{x})^2}\right] \\
&= \mathrm{E}\left[\frac{\alpha_1 \sum_{i=1}^{n}(x_i - \bar{x})^2 + \sum_{i=1}^{n}(x_i - \bar{x})(\mu_i - \bar{\mu})}{\sum_{i=1}^{n}(x_i - \bar{x})^2}\right] \\
&= \alpha_1 + \mathrm{E}\left[\frac{\sum_{i=1}^{n}(x_i - \bar{x})(\mu_i - \bar{\mu})}{\sum_{i=1}^{n}(x_i - \bar{x})^2}\right] \\
&= \alpha_1 + \mathrm{E}\left[\frac{\sum_{i=1}^{n}(x_i - \bar{x})\mu_i}{\sum_{i=1}^{n}(x_i - \bar{x})^2}\right]
\end{aligned}$$

将式（12.1）代入上式，可知：

$$\mathrm{E}(\widehat{\alpha_1}) = \alpha_1 + \mathrm{E}\left[\frac{\sum_{i=1}^{n}(x_i - \bar{x})\mu_i}{\sum_{i=1}^{n}(x_i - \bar{x})^2}\right] = \alpha_1 + \Delta(\Delta \neq 0) \rightarrow \mathrm{E}(\widehat{\alpha_1}) \neq \alpha_1 \tag{12.2}$$

式（12.2）表明，随机解释变量使线性回归模型 OLS 估计量不再具有无偏性。

其次，普通最小二乘估计量的一致性受到影响。下面，我们仍然以一元线性回归模型为例，对包含随机解释变量的线性回归模型的普通最小二乘估计量的一致性进行证明。

根据 OLS 估计量定义，我们得到如下计算公式：

$$\hat{\alpha_1} = \frac{\sum_{i=1}^{n}(x_i - \bar{x})(y_i - \bar{y})}{\sum_{i=1}^{n}(x_i - \bar{x})^2} = \frac{\sum_{i=1}^{n}(x_i - \bar{x})(\alpha_1(x_i - \bar{x}) + (\mu_i - \bar{\mu}))}{\sum_{i=1}^{n}(x_i - \bar{x})^2}$$

$$= \frac{\alpha_1 \sum_{i=1}^{n}(x_i - \bar{x})^2 + \sum_{i=1}^{n}(x_i - \bar{x})(\mu_i - \bar{\mu})}{\sum_{i=1}^{n}(x_i - \bar{x})^2} = \alpha_1 + \frac{\sum_{i=1}^{n}(x_i - \bar{x})\mu_i}{\sum_{i=1}^{n}(x_i - \bar{x})^2}$$

将式（12.1）代入上式，得出结论：

$$\hat{\alpha}_1 = \alpha_1 + \Delta(\Delta \neq 0)$$

根据 OLS 估计量一致性定义：

$$\lim_{n \to \infty} P||\hat{\alpha}_1 - \alpha_1| = \Delta < \varepsilon| \neq 1 \tag{12.3}$$

式（12.3）表明，随机解释变量回归系数估计量与回归系数实际值之间的差值绝对值，小于一个足够小的正数的概率，成为一个不确定事件。因此，OLS 估计量不再具有一致性特征。

最后，普通最小二乘估计量的有效性不受影响。下面，我们结合 OLS 估计量一致性的证明，仍然以一元线性回归模型为例，对包含随机解释变量的线性回归模型的普通最小二乘估计量的有效性进行证明。

根据 OLS 估计量定义，我们得到如下计算公式：

$$\hat{\alpha_1} = \frac{\sum_{i=1}^{n}(x_i - \bar{x})(y_i - \bar{y})}{\sum_{i=1}^{n}(x_i - \bar{x})^2} = \frac{\sum_{i=1}^{n}(x_i - \bar{x})(\alpha_1(x_i - \bar{x}) + (\mu_i - \bar{\mu}))}{\sum_{i=1}^{n}(x_i - \bar{x})^2}$$

$$= \frac{\alpha_1 \sum_{i=1}^{n}(x_i - \bar{x})^2 + \sum_{i=1}^{n}(x_i - \bar{x})(\mu_i - \bar{\mu})}{\sum_{i=1}^{n}(x_i - \bar{x})^2} = \alpha_1 + \frac{\sum_{i=1}^{n}(x_i - \bar{x})\mu_i}{\sum_{i=1}^{n}(x_i - \bar{x})^2}$$

$$\text{var}(\hat{\alpha_1}) = \text{var}\left(\alpha_1 + \frac{\sum_{i=1}^{n}(x_i - \bar{x})\mu_i}{\sum_{i=1}^{n}(x_i - \bar{x})^2}\right) = \text{var}(\alpha_1) + \text{var}\left(\frac{\sum_{i=1}^{n}(x_i - \bar{x})\mu_i}{\sum_{i=1}^{n}(x_i - \bar{x})^2}\right)$$

$$\tag{12.4}$$

在式（12.4）中，等号的右边包含两部分。第一部分是总体回归系数的实际值的方差，第二部分是随机解释变量和随机误差项联合构成的函数式，该函数式伴随着随机解释变量和随机误差项的变化而变化。因此可以说，等号右边是一个在总体回归系数方差固定值基础上，伴随着第二部分的增加而日益增加的值。其中，必然存在一个 var（$\hat{\alpha_1}$）的最小值，满足 var（$\hat{\alpha_1^1}$）< var（$\hat{\alpha_1^2}$）永远成立。因此，通过以上分析我们不难发现，线性回归模型中，即使包含随机解释变量，但是，对 OLS 估计量的有效性最终不会产生影响。

12.3 工具变量

通过以上分析我们知道，工具变量是随机解释变量向确定性解释变量转化的工具，也可以说，是确定性解释变量代替随机性解释变量的工具。作为工具变量要具备以下几个特征：

第一，工具变量必须是确定性的变量，或者必须是可测量的变量；

第二，工具变量必须和模型中原有解释变量保持相互独立的关系，即不相关；

第三，工具变量必须和被替代的随机解释变量高度相关，保证替代的高度性；

第四，工具变量必须与新的随机误差项中的诸因子保持相互独立，即不相关；

第五，工具变量在大样本的条件下，概率分布函数基本满足正态性分布特征；

第六，在模型中，如果存在多个工具变量，这些变量之间要保持相互独立性。

12.4 利用工具变量的线性回归模型的估计量

对于利用工具变量的线性回归模型，其估计方法是两阶段最小二乘法，简称为 TSLS。两阶段最小二乘法的基本原理，以一元线性回归模型为例，推演如下：

已知一元线性回归模型为：

$$y_i = \alpha_0 + \alpha_1 x_i + \mu_i \quad i = 1, 2, \cdots, n$$

其中，解释变量 x_i 和以往研究的确定性解释变量不同，在这里是随机解释变量。线性回归模型的传统经典假定要求，解释变量与随机误差项诸因子相互独立，两两不相关。随机解释变量颠覆了这一传统经典假定，保持了与随机误差项之间的相关性。因此，出现以下关系式：

传统经典假定要求：$\text{cov}(x_i, \mu_i) = 0$；

随机解释变量介入：$\text{cov}(x_i, \mu_i) \neq 0$。

根据协方差的计算公式（12.1），我们可以得到如下结果：

$$\mathrm{cov}(x_i,\mu_i) = \frac{1}{n}\sum_{i=1}^{\infty}(x_i-\bar{x})(\mu_i-\bar{\mu}) = \frac{1}{n}\sum_{i=1}^{\infty}(x_i-\bar{x})\mu_i \neq 0$$

即：

$$\sum_{i=1}^{\infty}(x_i-\bar{x})\mu_i \neq 0 \tag{12.5}$$

现在，我们用确定性的工具变量T_i代替随机解释变量x_i，进入模型。

$$y_i = \alpha_0 + \alpha_1 T_i + \mu_i^{*}, i=1,2,\cdots,n \tag{12.6}$$

原 OLS 估计量的计算公式为：

$$\widehat{\alpha_1} = \frac{\sum_{i=1}^{n}(x_i-\bar{x})(y_i-\bar{y})}{\sum_{i=1}^{n}(x_i-\bar{x})^2}$$

$$\widehat{\alpha_0} = \bar{y} - \widehat{\alpha_1}\bar{x}$$

其中，利用工具变量以后，变化为：

$$\begin{aligned}
\widehat{\alpha_1} &= \frac{\sum_{i=1}^{n}(x_i-\bar{x})(y_i-\bar{y})}{\sum_{i=1}^{n}(x_i-\bar{x})^2} \\
&= \frac{\sum_{i=1}^{n}(x_i-\bar{x})[(\alpha_0+\alpha_1 T_i+\mu_i^{*})-(\alpha_0+\alpha_1\bar{T}+\bar{\mu})]}{\sum_{i=1}^{n}(x_i-\bar{x})^2} \\
&= \frac{\sum_{i=1}^{n}(x_i-\bar{x})[\alpha_1(T_i-\bar{T})+(\mu_i^{*}-\bar{\mu})]}{\sum_{i=1}^{n}(x_i-\bar{x})^2} \\
&= \frac{\alpha_1\sum_{i=1}^{n}[(x_i-\bar{x})(T_i-\bar{T})]+\sum_{i=1}^{n}(x_i-\bar{x})\mu_i^{*}}{\sum_{i=1}^{n}(x_i-\bar{x})^2}
\end{aligned} \tag{12.7}$$

对式（12.7）做进一步整理，用确定性的工具变量T_i继续代替随机解释变量x_i，重新计算式（12.7），得到的结果是：

$$\begin{aligned}
\widehat{\alpha_1} &= \frac{\alpha_1\sum_{i=1}^{n}[(x_i-\bar{x})(T_i-\bar{T})]+\sum_{i=1}^{n}(x_i-\bar{x})\mu_i^{*}}{\sum_{i=1}^{n}(x_i-\bar{x})^2} \\
&= \frac{\alpha_1\sum_{i=1}^{n}[(T_i-\bar{T})(T_i-\bar{T})]+\sum_{i=1}^{\infty}(T_i-\bar{T})\mu_i^{*}}{\sum_{i=1}^{n}(T_i-\bar{T})^2} \\
&= \alpha_1 + \frac{\sum_{i=1}^{\infty}(T_i-\bar{T})\mu_i^{*}}{\sum_{i=1}^{n}(T_i-\bar{T})^2}
\end{aligned} \tag{12.8}$$

已知工具变量T_i和模型中的随机误差项μ_i^{*}相互独立，因此，式（12.5）变化为：

$$\sum_{i=1}^{\infty}(T_i-\bar{T})\mu_i^{*} = 0 \tag{12.9}$$

将式（12.9）代入式（12.8），可以得到：

$$\widehat{\alpha_1} = \alpha_1 \tag{12.10}$$

同理可得，$\widehat{\alpha_0} = \alpha_0$。

推演结论表明，利用工具变量的一元线性回归模型的 OLS 估计量和不利用工具变量的原一元线性回归模型一样，均保持了无偏性的特征。同理，我们也可以证明一致性和有效性的特征。在此，不再一一赘述。

以上结论表明，利用工具变量的一元线性回归模型，其 OLS 估计量具备了一致性、无偏性和有效性的优良估计量标准。两阶段最小二乘法，最终保证了利用工具变量的线性回归模型的科学性和实用性。

12.5　案例分析

在 3.5 节的案例数据中，日均劳动时间是随机变量，因为劳动与否、劳动多长时间，都带有个人偏好性。选择家庭储蓄存款这一确定性变量作为工具变量，部分代替日均劳动时间，具体数据见表 12.1。

表 12.1　　　　　　　　使用工具变量的模型所需数据

年份	家庭收入（元/月）	子女受教育年限（年/人）	日均劳动时间（小时）	家庭储蓄存款（万元）
1978	20	5.5	12.8	0.1
1979	26	5.6	12.7	0.12
1980	30	5.7	12.6	0.13
1981	36	5.9	11.5	0.15
1982	40	6.1	10.9	0.23
1983	42	6.2	10.8	0.3
1984	44	6.4	10.6	0.35
1985	49	7.2	10.4	0.45
1986	58	7.6	10.5	0.56
1987	60	8.2	10.6	0.78
1988	66	8	11.2	1.2
1989	52	7.5	10.6	1.5
1990	90	8.5	9.8	1.8
1991	95	9.2	9.8	2
1992	106	9.7	9.4	2.4
1993	150	9	9.5	2.9
1994	180	9.5	9.6	3.6
1995	240	9.8	9.7	3.7
1996	336	9.9	9.9	3.9
1997	400	10.1	10.1	4.6
1998	480	10.2	9.2	4.7
1999	600	10.2	8.8	4.9
2000	710	10.3	8.7	5.6

续表

年份	家庭收入 （元/月）	子女受教育年限 （年/人）	日均劳动时间 （小时）	家庭储蓄存款 （万元）
2001	800	10.7	8.6	6.8
2002	880	10.8	8.6	7.1
2003	909	11	8.5	7.6
2004	1200	11.2	8.6	8.6
2005	1300	11.3	8.7	9.6
2006	1500	11.5	8.6	10.5
2007	1900	11.7	8.7	11.2
2008	2100	11.9	8.5	12.7
2009	2300	11.9	8.2	13.5
2010	2500	12.1	8.3	13.6
2011	2600	12.3	8.4	13.8
2012	2700	12.5	8.2	14.1
2013	2900	12.6	8.1	15.6
2014	3003	12.8	7.9	15.9
2015	3100	12.7	7.6	16.8
2016	3500	12.9	7.5	18.6
2017	4100	13.4	6.9	19.8

资料来源：根据作者的调研数据计算整理而得。

根据表 12.1 加入工具变量，对模型进行回归，回归结果见表 12.2。

表 12.2　　　　　　　　　　　模型回归结果

Variable	Coefficient	Std. Error	t – Statistic	Prob.
C	10093.13	1040.224	9.702847	0.0000
WORKHOURS	−955.0138	108.7118	−8.784823	0.0000
R – squared	0.522830	Mean dependent var		1030.050
Adjusted R – squared	0.510273	S. D. dependent var		1202.794
S. E. of regression	841.7214	Sum squared resid		26922808
F – statistic	77.17312	Durbin – Watson stat		0.167250
Prob（F – statistic）	0.000000	Second – Stage SSR		1745059
J – statistic	4.91E – 42	Instrument rank		2

将表 12.2 的回归结果与不带工具变量的原模型回归结果进行比较，作用不太明显，而且，模型存在着严重的自相关问题。于是，利用原变量和工具变量的相关性，见表 12.3，重新设计模型，回归结果见表 12.4。

表 12.3　　　　　　　原变量与工具变量的相关系数矩阵

	日均劳动时间	家庭储蓄存款
日均劳动时间	1	−0.86492
家庭储蓄存款	−0.864923989	1

结果如下:

表 12.4 带工具变量的新模型回归结果

Variable	Coefficient	Std. Error	t – Statistic	Prob.
C	347. 4685	149. 6875	2. 321292	0. 0266
INCOME（–1）	0. 924039	0. 220848	4. 184056	0. 0002
INCOME（–2）	– 0. 193022	0. 187517	– 1. 029361	0. 3108
EDUY	– 56. 03063	21. 60885	– 2. 592948	0. 0141
CAPITAL	81. 74541	22. 37921	3. 652739	0. 0009
R – squared	0. 996379	Mean dependent var		1083. 053
Adjusted R – squared	0. 995940	S. D. dependent var		1211. 284
S. E. of regression	77. 17848	Akaike info criterion		11. 65220
Sum squared resid	196565. 1	Schwarz criterion		11. 86767
Log likelihood	– 216. 3918	Hannan – Quinn criter.		11. 72886
F – statistic	2270. 210	Durbin – Watson stat		1. 674882
Prob（F – statistic）	0. 000000			

观察表 12.4，模型结果优于表 12.3 的回归结果。

本章总结

本章介绍了工具变量（IV）的定义及其出现的根源。然后，对使用工具变量的线性回归模型的 OLS 估计量的优良标准进行了推理，结果表明，使用工具变量的线性回归模型仍然能保持 OLS 估计量的优良标准。既然工具变量是随机解释变量向确定性解释变量转化的工具，或者说，是确定性解释变量在最大程度上代替随机性解释变量的工具，那么，在众多的待选变量中如何选择最合适的工具变量是使用工具变量最重要的一环。

英语词汇

certainty variable

random explanatory variable

instrument variable

high relationship

substitute partly

explicit economic meaning

two – stage least square method

拓展阅读

①阅读使用工具变量模型的相关文献。

②阅读工具变量科学选择的相关文献。

本章思考

①工具变量替代随机解释变量的条件。

②如何在工具变量选择中获得最佳工具变量。

③带工具变量的线性回归模型 OLS 估计量的优良标准评价。

④两阶段最小二乘法在带工具变量的线性回归模型中的运用。

第13章 带滞后变量的线性回归模型

在现实经济社会中，往往不仅是现在的因素影响一些事件的发生，有时，因素的过去时期值也在影响事件的变化。比如，某项新政策从落地实施到真正发挥作用；某项资本运作从前期投入到后期的利益分摊；某项工程从最初的使用到完全的投资回报等都需要一个较长时间来实现。因此，投资的分期、利益的回报分期、折旧的分摊等因素，作为影响因素进入模型时，需要用到以前各期的解释变量值甚至被解释变量值，于是，滞后变量的概念就出现在线性回归模型中了。

13.1 滞后变量

滞后变量是指，相对于变量的现期，所有以前时期对应的变量，均被称为滞后变量，对应的变量值被称为滞后变量值。比如，一期滞后是 t − 1 期；两期滞后是 t − 2 期；p 期滞后是 t − p 期。

在线性回归模型中，解释变量有其滞后项，被解释变量也有其滞后项，因此，带滞后变量的线性回归模型，依具体情况，可以是带解释变量的滞后项，也可以是带被解释变量的滞后项，甚至还可以是既带解释变量滞后项又带被解释变量滞后项的混合形式的模型。

根据滞后期是否有限，带滞后变量的线性回归模型还可以分为带有限滞后变量的线性回归模型和带无限滞后变量的线性回归模型。

根据进入模型的变量是解释变量滞后项还是被解释变量滞后项，带滞后变量的线性回归模型又分为带解释变量滞后项的静态线性回归模型和带被解释变量滞后项的动态线性回归模型。

13.2　带滞后变量的线性回归模型

13.2.1　带解释变量滞后项的线性回归模型

已知解释变量为 x，被解释变量为 y，时间 $t = 1，2，\cdots，i$，滞后期数为 p，滞后期可以被写为 $i-1，i-2，\cdots，i-p$。

$$y_i = \alpha_0 + \alpha_1 x_i + \beta_1 x_{i-1} + \beta_2 x_{i-2} + \cdots + \beta_p x_{i-p} + \mu_i \tag{13.1}$$

$$y_i = \alpha_0 + \alpha_1 x_{1i} + \alpha_2 x_{2i} + \cdots + \alpha_k x_{ki} + \beta_1^1 x_{i-1}^1 + \beta_1^2 x_{i-2}^1 + \cdots + \beta_1^p x_{i-p}^1 + \beta_2^1 x_{i-1}^2$$
$$+ \beta_2^2 x_{i-2}^2 + \cdots + \beta_2^p x_{i-p}^2 + \cdots + \beta_k^1 x_{i-1}^k + \beta_k^2 x_{i-2}^k + \cdots + \beta_k^p x_{i-p}^k + \mu_i \tag{13.2}$$

式（13.1）是一元带 p 期滞后解释变量的线性回归模型；式（13.2）是 k 元带 p 期滞后解释变量的线性回归模型。

$$y_i = \alpha_0 + \alpha_1 x_i + \beta_1 x_{i-1} + \beta_2 x_{i-2} + \cdots + \mu_i \tag{13.3}$$

$$y_i = \alpha_0 + \alpha_1 x_{1i} + \alpha_2 x_{2i} + \cdots + \alpha_k x_{ki} + \beta_1^1 x_{i-1}^1 + \beta_1^2 x_{i-2}^1 + \cdots + \beta_2^1 x_{i-1}^2$$
$$+ \beta_2^2 x_{i-2}^2 + \cdots + \beta_k^1 x_{i-1}^k + \beta_k^2 x_{i-2}^k + \cdots + \mu_i \tag{13.4}$$

式（13.3）是一元带无限期滞后解释变量的线性回归模型；式（13.4）是 k 元带无限期滞后解释变量的线性回归模型。

13.2.2　带被解释变量滞后项的线性回归模型

已知解释变量为 x，被解释变量为 y，时间 $t = 1，2，\cdots，i$，滞后期数为 p，滞后期可以被写成 $i-1，i-2，\cdots，i-p$。

$$y_i = \alpha_0 + \alpha_1 x_i + \beta_1 y_{i-1} + \beta_2 y_{i-2} + \cdots + \beta_p y_{i-p} + \mu_i \tag{13.5}$$

$$y_i = \alpha_0 + \alpha_1 x_{1i} + \alpha_2 x_{2i} + \cdots + \alpha_k x_{ki} + \beta_1 y_{i-1} + \beta_2 y_{i-2} + \cdots + \beta_p y_{i-p} + \mu_i$$
$$\tag{13.6}$$

式（13.5）是一元带 p 期滞后被解释变量的线性回归模型；式（13.6）是 k 元带 p 期滞后被解释变量的线性回归模型。

$$y_i = \alpha_0 + \alpha_1 x_i + \beta_1 y_{i-1} + \beta_2 y_{i-2} + \cdots + \mu_i \tag{13.7}$$

$$y_i = \alpha_0 + \alpha_1 x_{1i} + \alpha_2 x_{2i} + \cdots + \alpha_k x_{ki} + \beta_1 y_{i-1} + \beta_2 y_{i-2} + \cdots + \mu_i \tag{13.8}$$

式（13.7）是一元无限期滞后被解释变量的线性回归模型；式（13.8）

是 k 元带无限期滞后被解释变量的线性回归模型。

13.2.3　带解释变量滞后项和带被解释变量滞后项的线性回归模型

已知解释变量为 x，被解释变量为 y，时间 t = 1，2，…，i，滞后期数为 p，滞后期可以被写为 i - 1，i - 2，…，i - p（q）。

$$y_i = \alpha_0 + \alpha_1 x_i + \beta_1 x_{i-1} + \beta_2 x_{i-2} + \cdots + \beta_p x_{i-p} + \gamma_1 y_{i-1}$$
$$+ \gamma_2 y_{i-2} + \cdots + r_q y_{i-q} + \mu_i \tag{13.9}$$

$$y_i = \alpha_0 + \alpha_1 x_{1i} + \alpha_2 x_{2i} + \cdots + \alpha_k x_{ki} + \beta_1^1 x_{i-1}^1 + \beta_1^2 x_{i-2}^1 + \cdots + \beta_1^p x_{i-p}^1$$
$$+ \beta_2^1 x_{i-1}^2 + \beta_2^2 x_{i-2}^2 + \cdots + \beta_2^p x_{i-p}^2 + \cdots + \beta_k^1 x_{i-1}^k + \beta_k^2 x_{i-2}^k + \cdots + \beta_k^p x_{i-p}^k$$
$$+ \gamma_1 y_{i-1} + \gamma_2 y_{i-2} + \cdots + \gamma_q y_{i-q} + \mu_i \tag{13.10}$$

式（13.9）是一元带 p 期滞后解释变量和带 q 期被解释变量的线性回归模型；式（13.10）是 k 元带 p 期滞后解释变量和带 q 期被解释变量的线性回归模型。

$$y_i = \alpha_0 + \alpha_1 x_i + \beta_1 x_{i-1} + \beta_2 x_{i-2} + \cdots + \gamma_1 y_{i-1} + \gamma_2 y_{i-2} + \cdots + \mu_i \tag{13.11}$$

$$y_i = \alpha_0 + \alpha_1 x_{1i} + \alpha_2 x_{2i} + \cdots + \alpha_k x_{ki} + \beta_1^1 x_{i-1}^1 + \beta_1^2 x_{i-2}^1 + \cdots + \beta_2^1 x_{i-1}^2 + \beta_2^2 x_{i-2}^2$$
$$+ \cdots + \beta_k^1 x_{i-1}^k + \beta_k^2 x_{i-2}^k + \cdots + \gamma_1 y_{i-1} + \gamma_2 y_{i-2} + \cdots + \mu_i \tag{13.12}$$

式（13.11）是一元带无限期滞后解释变量和带无限期被解释变量的线性回归模型；式（13.12）是 k 元带无限期滞后解释变量和带无限期被解释变量的线性回归模型。

13.3　带滞后变量的线性回归模型的估计

对于带滞后变量的线性回归模型，其估计方法可以从带无限滞后变量的线性回归模型和带有限滞后变量的线性回归模型两个方面来考虑。

13.3.1　带无限滞后变量的线性回归模型的估计

对于带无限滞后变量的线性回归模型进行估计时，先要将带无限滞后变量的线性回归模型转化为带有限滞后变量的线性回归模型，依据的原理是 Koyck 转换法。该法使用的必然条件是：伴随着模型中作为解释变量的滞后变量的无限延伸，对被解释变量的影响程度却在逐渐衰减。然而，对于带无限滞后变量的线性回归模型来说，是无法利用最小二乘法进行估计的。因此，我们将通过引入一个"滞后期影响衰减率"的概念，对模型中相邻两个时期同期滞后影响进行消减，最终达到将无限滞后变量项转化为有限滞后变量项的目的。转化后的有限模型，具备了进行最小二乘估计的形式前提。以上原理，我们称之为"衰减率消减法"。本书将整个原理的逻辑推演整理如下。

第一，利用基期影响 β_0 和报告期影响 β_j，定义滞后变量逐渐衰减比率 λ，$0 < \lambda < 1$。

$$\beta_j = \beta_0 \lambda^j \quad j = 0, 1, 2, \cdots, n(n \to \infty) \tag{13.13}$$

第二，构建带无限滞后变量的线性回归模型如下：

$$y_i = \alpha_0 + \beta_0 x_i + \beta_1 x_{i-1} + \beta_2 x_{i-2} + \cdots + \mu_i \tag{13.14}$$

第三，构建式（13.14）中被解释变量滞后一期的线性回归模型如下：

$$y_{i-1} = \alpha_0^* + \beta_0^* x_{i-1} + \beta_1^* x_{i-2} + \beta_2^* x_{i-3} + \cdots + \mu_{i-1} \tag{13.15}$$

第四，用 λ 乘以式（13.15），计算结果如下：

$$\lambda y_{i-1} = \lambda \alpha_0^* + \lambda \beta_0^* x_{i-1} + \lambda \beta_1^* x_{i-2} + \lambda \beta_2^* x_{i-3} + \cdots + \lambda \mu_{i-1} \tag{13.16}$$

第五，将式（13.13）的原理应用到式（13.14）和式（13.16）中，结果为：

$$y_i = \alpha_0 + \beta_0 x_i + \lambda \beta_0 x_{i-1} + \lambda^2 \beta_0 x_{i-2} + \lambda^3 \beta_0 x_{i-3} \cdots + \mu_i \tag{13.17}$$

$$\lambda y_{i-1} = \lambda \alpha_0^* + \lambda \beta_0^* x_{i-1} + \lambda^2 \beta_0^* x_{i-2} + \lambda^3 \beta_0^* x_{i-3} + \cdots + \lambda \mu_{i-1} \tag{13.18}$$

鉴于变量的现值和滞后一期值相差仅仅一个时点，因此，在回归系数估计值上的微妙误差，本书忽略不计。即带星号的回归系数值和不带星号的回归系数值被视为相等，以下相同情况做相同处理。

第六，用式（13.17）减去式（13.18），等号两边分别相减。结果如下：

$$y_i - \lambda y_{i-1} = (\alpha_0 - \lambda \alpha_0^*) + \beta_0 x_i + (\mu_i - \lambda \mu_{i-1}) \tag{13.19}$$

第七，进一步整理，将式（13.19）写成线性回归模型的一般形式。

$$y_i = (\alpha_0 - \lambda \alpha_0^*) + \beta_0 x_i + \lambda y_{i-1} + (\mu_i - \lambda \mu_{i-1}) \tag{13.20}$$

令 $\theta_0 = \alpha_0 - \lambda \alpha_0^*$，$\theta_1 = \beta_0$，$\theta_2 = \lambda$，$\varepsilon_i = \mu_i - \lambda \mu_{i-1}$

将式（13.20）转化为：

$$y_i = \theta_0 + \theta_1 x_i + \theta_2 y_{i-1} + \varepsilon_i \tag{13.21}$$

利用解释变量中的滞后变量对被解释变量的影响逐步衰减原理，通过引入滞后期衰减率 λ，带无限解释变量滞后项的线性回归模型转变为带有限解释变量滞后项的线性回归模型，式（13.21）是最终的转化结果。式（13.21）描述的是，包含解释变量和被解释变量滞后一期作为解释变量的线性回归模型。该模型是一阶自回归模型，也是动态模型。接下来，就可以利用线性回归模型的估计方法进行回归分析了。这里需要提醒大家的一点就是，对于一阶自回归模型，要先修正自相关现象，再继续回归估计方法的运用。请大家注意衔接有关章节，在此，不再赘述。

带无限解释变量滞后项的线性回归模型进行这样的转化，对具有类似模型形式的带无限被解释变量的滞后项的线性回归模型以及带无限解释变量和无限被解释变量滞后项的混合形式的线性回归模型，同样可以利用这种从无限形式到有限形式的 Koyck 转化方法。只不过，混合形式的模型转化起来可能更复杂一点。

13.3.2　带有限滞后变量的线性回归模型的估计

经验加权法（Almon 法）。

对于带有限滞后变量的线性回归模型，常用的方法是经验加权法，也称 Almon 法。经验加权法就是，依照经验对各个时期滞后变量赋予一定的权重，使之对被解释变量产生的影响一目了然。至于经验，一方面，来源于相关研究；另一方面，来源于对变量数据的分析。

无论滞后变量的权重是递减的趋势，还是不变的趋势，甚至波动的趋势，都不能随便进行赋值，而是采取科学的方法进行测定。这个科学的方法，一般采用的是泰勒级数的逼近原理。泰勒级数的逼近原理就是，在允许的取值范围内，在某一定点周围，以构造多项式函数的形式向该值做逼近，以达到能代表该值的目的。至于如何构造尽量适合的多项式，其形式的选择非常重要。以下，作者将泰勒级数是如何利用逼近原理解决滞后变量问题的，进行逻辑推演。

已知，带有限滞后变量的线性回归模型式（13.1），即，

$$y_i = \alpha_0 + \beta_0 x_i + \beta_1 x_{i-1} + \beta_2 x_{i-2} + \cdots + \beta_p x_{i-p} + \mu_i \qquad (13.1)'$$

该模型是包含 p 期滞后解释变量的线性回归模型。作者将用一个表格，演示滞后解释变量对被解释变量的影响情况，见表 13.1；向前滞后情况，见表 13.2。

表 13.1　　　　滞后解释变量对被解释变量的取值情况（向后滞后）

y_i	x_i	x_{i-1}	x_{i-2}	x_{i-3}	...	x_{i-p}
第 1 年						
第 2 年						
第 3 年						
第 4 年						
第 5 年						
⋮						
第 i 年						

表 13.2　　　　　滞后解释变量对被解释变量的用值情况（向前滞后）

y_i	x_i	x_{i-1}	x_{i-2}	x_{i-3}	…	x_{i-p}
第 1 年						
第 2 年						
第 3 年						
第 4 年						
第 5 年						
⋮						
第 i 年						

通过表 13.1 和表 13.2 我们能够清晰地看到，进入模型的滞后解释变量值数量，分为向后滞后和向前滞后两种形式。从横截面的角度分析，依次是第一个时期的现期值到逐期滞后值，第二个时期的滞后一期值到逐期滞后值，第三个时期的滞后两期值到逐期滞后值等，直到最后一个时期的变量值。总之，从最后一期变量值被用了 1 次，倒数第二期变量值被用了 2 次，……，到当前时期值被用了 i 次，可以说，距离当前时期值越远的解释变量值被利用的次数越少。在带有限滞后变量的线性回归模型中，这些重复体现的滞后变量的叠加影响，充分体现了滞后影响的时间性和总体性。如果逐期滞后变量的影响系数形成的是一条光滑曲线，那么，利用泰勒级数的过点切线代替曲线弧，是估计滞后变量对被解释变量各期影响的比较科学和切实可行的方法。依据泰勒公式的原理，为了达到代替的更高精度，一般采用多项式的方法表示逐期滞后变量影响所对应的函数。例如，比较常用的 Almon 方法，就是依据这种逼近的替代原理系数形成的曲线，现介绍如下：

$$\beta_w = \beta_0 + \beta_1 w + \beta_2 w^2 + \beta_3 w^3 + \cdots + \beta_p w^p \tag{13.22}$$

式（13.22）是滞后变量影响系数的多项式函数表达式。其中，$w = 0, 1, 2, \cdots, p$。

将式（13.22）分别展开得到：

$$\beta_0 = \beta_0 + \beta_1 \times 0 + \beta_2 \times 0^2 + \beta_3 \times 0^3 + \cdots + \beta_p \times 0^p$$
$$\beta_1 = \beta_0 + \beta_1 \times 1 + \beta_2 \times 1^2 + \beta_3 \times 1^3 + \cdots + \beta_p \times 1^p$$
$$\beta_2 = \beta_0 + \beta_1 \times 2 + \beta_2 \times 2^2 + \beta_3 \times 2^3 + \cdots + \beta_p \times 2^p$$
$$\beta_3 = \beta_0 + \beta_1 \times 3 + \beta_2 \times 3^2 + \beta_3 \times 3^3 + \cdots + \beta_p \times 3^p$$
$$\vdots$$
$$\beta_p = \beta_0 + \beta_1 \times p + \beta_2 \times p^2 + \beta_3 \times p^3 + \cdots + \beta_p \times p^p \tag{13.23}$$

将系列方程式（13.23）代入式（13.1）′，得到：

$$y_i = \alpha_0 + \beta_0 x_i + \beta_1 x_{i-1} + \beta_2 x_{i-2} + \cdots + \beta_p x_{i-p} + \mu_i$$

$$= \alpha_0 + \beta_0 x_i + (\beta_0 + \beta_1 \times 1 + \beta_2 \times 1^2 + \beta_3 \times 1^3 + \cdots + \beta_p \times 1^p) x_{i-1}$$

$$+ (\beta_0 + \beta_1 \times 2 + \beta_2 \times 2^2 + \beta_3 \times 2^3 + \cdots + \beta_p \times 2^p) x_{i-2}$$

$$+ (\beta_0 + \beta_1 \times 3 + \beta_2 \times 3^2 + \beta_3 \times 3^3 + \cdots + \beta_p \times 3^p) x_{i-3} + \cdots$$

$$+ (\beta_0 + \beta_1 \times p + \beta_2 \times p^2 + \beta_3 \times p^3 + \cdots + \beta_p \times p^p) x_{i-p} + \mu_i$$

$$= \alpha_0 + \beta_0 (x_i + x_{i-1} + x_{i-2} + x_{i-3} + \cdots + x_{i-p})$$

$$+ \beta_1 (x_{i-1} + 2x_{i-2} + 3x_{i-3} + \cdots + px_{i-p})$$

$$+ \beta_2 (x_{i-1} + 4x_{i-2} + 9x_{i-3} + \cdots + p^2 x_{i-p})$$

$$+ \beta_3 (x_{i-1} + 8x_{i-2} + 27x_{i-3} + \cdots + p^3 x_{i-p}) + \cdots$$

$$+ \beta_p (x_{i-1} + 2^p x_{i-2} + 3^p x_{i-3} + \cdots + p^p x_{i-p}) + \mu_i \qquad (13.24)$$

令：

$$T_0 = x_i + x_{i-1} + x_{i-2} + x_{i-3} + \cdots + x_{i-p}$$

$$T_1 = x_{i-1} + 2x_{i-2} + 3x_{i-3} + \cdots + px_{i-p}$$

$$T_2 = x_{i-1} + 4x_{i-2} + 9x_{i-3} + \cdots + p^2 x_{i-p}$$

$$T_3 = x_{i-1} + 8x_{i-2} + 27x_{i-3} + \cdots + p^3 x_{i-p}$$

$$\vdots$$

$$T_p = x_{i-1} + 2^p x_{i-2} + 3^p x_{i-3} + \cdots + p^p x_{i-p} \qquad (13.25)$$

将式（13.25）代入式（13.24），得到：

$$y_i = \alpha_0 + \beta_0 T_0 + \beta_1 T_1 + \beta_2 T_2 + \beta_3 T_3 + \cdots + \beta_p T_p + \mu_i \qquad (13.26)$$

式（13.26）具备了利用最小二乘法进行估计的模型形式，估计得到回归系数代入式（13.22）中，就可以得到逐期滞后变量的回归系数估计值了。

13.4 滞后期选择

滞后变量在线性回归模型中经常被使用，一个模型选择多长的滞后期才是科学的？这是经常令人困惑的问题。这里有两种方法可供大家选择。第一种方法是，依据 SC（AIC）、BIC、HQ 等统计量，在逐步回归中依据这些统计量数值最小的模型所选择的滞后期作为最佳滞后期；第二种方法是，采用交叉相关系数法直接进行选择。交叉相关系数就是一个变量与另一个变量的滞后期之间的连续相关性展示。以 3.5 节案例中的农村家庭子女受教育年限与其家庭收入两个变量为例，做交叉相关分析，见表 13.3。

表 13.3 交叉相关系数

EDUY, INCOME （−i）	EDUY, INCOME （+i）	i	lag	lead
* * * * * * * *	* * * * * * * *	0	0.8452	0.8452
* * * * * * *	* * * * * * * *	1	0.7316	0.8122
* * * * * *	* * * * * * * *	2	0.6323	0.7879
* * * * *	* * * * * * * *	3	0.5427	0.7647
* * * * *	* * * * * * *	4	0.4540	0.7323
* * * *	* * * * * * *	5	0.3653	0.6996
* * *	* * * * * * *	6	0.2803	0.6629
* *	* * * * * *	7	0.1967	0.6245
*	* * * * * *	8	0.1195	0.5861
*	* * * * *	9	0.0494	0.5481
	* * * * *	10	−0.0120	0.5025
*	* * * * *	11	−0.0725	0.4547
*	* * * *	12	−0.1267	0.4070
* *	* * * *	13	−0.1674	0.3585
* *	* * *	14	−0.2010	0.3048
* *	* *	15	−0.2217	0.2496

表 13.3 非常清楚地展示出平均受教育年限与收入滞后期之间的相关系数值。向后滞后收敛于第十期，阴影显示，关系明显集中于滞后三期。

13.5　案例分析

根据表 13.3，选择家庭收入的两期滞后进入模型，观察回归结果见表 13.4。

表 13.4 回归结果

Dependent Variable：INCOME

Included observations：38 after adjustments

Variable	Coefficient	Std. Error	t − Statistic	Prob.
C	−81.00103	108.5624	−0.746124	0.4607
EDUY	11.54728	13.03560	0.885827	0.3819
INCOME （−1）	1.415224	0.204531	6.919367	0.0000
INCOME （−2）	−0.375452	0.211015	−1.779269	0.0841
R − squared	0.994915	Mean dependent var		1083.053
Adjusted R − squared	0.994466	S. D. dependent var		1211.284
S. E. of regression	90.10450	Akaike info criterion		11.93912
Sum squared resid	276039.9	Schwarz criterion		12.11150
Log likelihood	−222.8432	Hannan − Quinn criter.		12.00045
F − statistic	2217.510	Durbin − Watson stat		1.690686
Prob （F − statistic）	0.000000			

检验模型的高阶自相关问题，选择 LM 统计量，计算结果见表 13.5。

表 13.5　　　　　　　　　　　LM 统计量检验结果

Breusch – Godfrey Serial Correlation LM Test：

F – statistic	0. 851711	Prob. F (2, 32)	0. 4361
Obs×R – squared	1. 920577	Prob. Chi – Square (2)	0. 3828

表 13.5 显示，模型不存在高阶自相关问题。

如果仅选择用残差的滞后变量作为解释变量而不加入原解释变量构建辅助模型，回归结果往往大同小异。不过，模型所需数据需要重新计算残差的各个滞后期值。

本章总结

本章先介绍滞后变量（LV）的定义。接下来，分别介绍了带解释变量滞后项共同项的模型；带被解释变量滞后项的模型；带解释变量滞后项和带被解释变量滞后项共同项的模型。所有的带滞后变量的线性回归模型又被分为有限滞后项分布模型和无限滞后项分布模型。对于带滞后变量的线性回归模型进行估计时，也一定要区分有限分布还是无限分布来选择不同的估计方法。对于带滞后变量的无限分布模型，本章重点介绍了 Koyck 转换的"衰减率消减法"，通过消减滞后变量项数，达到降维的目的，将无限分布转化为有限分布，再进行 OLS 方法的运用。对于带滞后变量的有限分布模型，本章重点介绍了基于泰勒级数原理的"多项式逼近法"，通过多项式逼近达到接近有限滞后变量的目的，然后，再利用 OLS 方法进行回归分析。对于处理有限滞后变量模型的经验赋权法，作者认为，对于准备赋权的经验值的选择，一定要兼顾科学性和权威性并重的原则。

英语词汇

lagged variable

lagged explanatory variable

lagged explained variable

limit lagged distribution model

unlimit lagged distribution model

dynamic model

reduction rate

Koyck transformation model

experience value

Almon method

polynomial approximating

lag period

lag period numbers

拓展阅读

①阅读带滞后变量的线性回归模型文献。

②阅读动态滞后变量分布模型特征的相关文献。

③阅读无限滞后变量分布模型转化为有限滞后变量分布模型的方法文献。

④阅读有限滞后变量分布模型泰勒级数逼近方法的相关文献。

⑤阅读经验值赋权的带滞后变量的有限分布模型的相关文献。

本章思考

①无限滞后变量分布模型的估计方法。

②有限滞后变量分布模型的估计方法。

③经验值赋权法在有限滞后变量分布模型中的局限性。

④自己动手设计一个动态有限滞后变量分布模型。

第 14 章 随机被解释变量

在传统经典假定中，对于线性回归模型的被解释变量，一般要求其具备确定性变量的特征。但是，如果违背了这一假定，随机被解释变量纳入模型中，代替了传统的确定性被解释变量，那么，模型是否成立？模型用什么方法估计系数？本章将就这一问题展开分析。

14.1 随机被解释变量的概念

随机被解释变量的英文表达是 random explained variable，简写为 REDV。随机变量包括离散型随机变量和连续型随机变量，与之相对应，概率值分别是有限个点和无限个点的组合；形成的分布图形分别是有限个离散点形成的概率分布图和无限点形成的连续概率密度分布图。具体到随机被解释变量，由离散型变量作为被解释变量的模型，为大家介绍线性概率模型；由连续性变量作为被解释变量的模型，为大家介绍非线性的 Probit 模型和非线性的 Logit 模型。

14.2 线性概率模型

线性概率模型是指，由解释变量构成的线性部分和由概率表示的被解释变量部分组成的一个包括一个解释变量或多个解释变量的线性模型，简称 LP 模型。模型中的被解释变量通常具备随机变量属性，一般用虚拟变量或双值变量表示。

$$\text{Prob}(Y = 1 \mid X) = F(X, \beta) \qquad (14.1)$$
$$\text{Prob}(Y = 0 \mid X) = 1 - F(X, \beta) \qquad (14.2)$$

式（14.1）和式（14.2）是线性概率函数，加上随机误差项后，线性概率函数转化为线性概率模型，见式（14.3）和式（14.4）。

$$\text{Prob}(\,Y = 1 \mid X) = F(\,X,\ \beta) + \mu_i \qquad (14.3)$$

$$\text{Prob}(\,Y = 0 \mid X) = 1 - F(\,X,\ \beta) + \mu_i \qquad (14.4)$$

由于被解释变量取值是 1 和 0，所以，随机误差项的取值将随着 F（X，β）的变化而变化。实际上表明，随机误差项与解释变量之间存在某种程度的相关性。于是，随机误差项的方差将随着 F（X，β）的变化呈现出异方差的特征。因为线性概率模型过多地违背了 TCH 条件，因此，这类模型的实用性受到影响。

14.3　Probit 模型

Probit 模型是非线性模型的一种，用来估计概率和解释变量之间的关系。与线性概率模型不同的地方有两个方面：一方面，引入了一个新的变量——潜在变量，用来表示所有大于 0 却小于 1 的概括性变量，潜在变量是促使被解释变量趋近于 1 的所有难以观测到的变量总称；另一方面，潜在变量的函数分布，符合累计标准正态分布特征。

Probit 模型中的潜在变量表达式：

$$\theta(X'\beta) = \beta_0 + X'\beta + \mu_i \qquad (14.5)$$

其中：

$$\theta(X'\beta) > 0 \rightarrow \mu_i > -(\beta_0 + X'\beta) \rightarrow \text{Prob}(Y \mid X) = 1 \qquad (14.5.1)$$

$$\theta(X'\beta) < 0 \rightarrow \mu_i < -(\beta_0 + X'\beta) \rightarrow \text{Prob}(Y \mid X) = 0 \qquad (14.5.2)$$

存在。

Probit 模型中的潜在变量期望值：

$$E[\theta(X'\beta)] = \beta_0 + X'\beta \qquad (14.6)$$

式（14.5）和式（14.6）的关系为：

$$\theta(X'\beta) = E[\theta(X'\beta)] + \mu_i \qquad (14.7)$$

Probit 概率函数分布情况：

$$\text{Prob}(Y = 1 \mid X'\beta) = \int_0^{X'\beta} F(\theta)d\theta = \Phi(X'\beta) \qquad (14.8)$$

$$\text{Prob}(Y = 0 \mid X'\beta) = \int_{-\infty}^{0} F(\theta)d\theta = 1 - \Phi(X'\beta) \qquad (14.9)$$

其中：

$$F(\theta) = \varphi_0(x)$$

$$1 - F(\theta) = 1 - \varphi_0(x)$$

$$\text{Prob}(Y = 1 \mid X) = \int_{-\infty}^{X'\beta} \Phi(x) \times dx = \Phi(X'\beta)$$

在式 (14.8) 和式 (14.9) 中, $F(\theta)$ 满足标准正态分布, $\varphi_0(x)$ 是标准正态分布的概率密度, $\Phi(X'\beta)$ 是累计标准正态分布。

于是, 得到 Probit 模型表达式为:

$$\text{Prob}(Y = 1 \mid X'\beta) = \Phi(X'\beta) + \mu_i \qquad (14.10)$$

$$\text{Prob}(Y = 0 \mid X'\beta) = 1 - \Phi(X'\beta) + \mu_i \qquad (14.11)$$

14.4 Logit 模型

同样, Logit 模型也是非线性模型的一种, 用来估计概率和解释变量之间的关系。与线性概率模型不同的地方也有两方面: 一方面, 引入了一个新的变量——潜在变量, 用来表示所有大于 0 却小于 1 的概括性变量。潜在变量是促使被解释变量趋近于 1 的所有难以观测到的变量总称。另一方面, 潜在变量的函数分布符合 Logistic 函数累计分布特征。

Logit 模型中的潜在变量表达式:

$$\theta(X'\beta) = \beta_0 + X'\beta + \mu_i \qquad (14.12)$$

其中:

$$\theta(X'\beta) > 0 \rightarrow \mu_i > -(\beta_0 + X'\beta) \rightarrow \text{Prob}(Y \mid X) = 1 \qquad (14.12.1)$$

$$\theta(X'\beta) < 0 \rightarrow \mu_i < -(\beta_0 + X'\beta) \rightarrow \text{Prob}(Y \mid X) = 0 \qquad (14.12.2)$$

存在。

Logit 模型中的潜在变量期望值:

$$E[\theta(X'\beta)] = \beta_0 + X'\beta \qquad (14.13)$$

式 (14.12) 和式 (14.13) 的关系为:

$$\theta(X'\beta) = E[\theta(X'\beta)] + \mu_i \qquad (14.14)$$

Logit 概率函数分布情况:

$$\text{Prob}(Y = 1 \mid X'\beta) = \int_0^{X'\beta} F(\theta) d\theta = \Phi(X'\beta) \qquad (14.15)$$

$$\text{Prob}(Y = 0 \mid X'\beta) = \int_{-\infty}^{0} F(\theta) d\theta = 1 - \Phi(X'\beta) \qquad (14.16)$$

其中:

$$F(\theta) = \frac{\exp(\theta)}{1 + \exp(\theta)}$$

$$1 - F(\theta) = 1 - \frac{\exp(\theta)}{1 + \exp(\theta)} = \frac{1}{1 + \exp(\theta)}$$

在式（14.15）和式（14.16）中，F（θ）满足 Logistic 分布，Φ（X′β）是 Logistic 函数的累计概率分布。

于是，得到 Logit 模型的一般表达式：

$$\text{Prob}(Y = 1 \mid X'\beta) = \Phi(X'\beta) + \mu_i \tag{14.17}$$

$$\text{Prob}(Y = 0 \mid X'\beta) = 1 - \Phi(X'\beta) + \mu_i \tag{14.18}$$

14.5 LP 模型、 Probit 模型及 Logit 模型的估计与检验

随机变量进入模型作为被解释变量，传统的 OLS 估计方法已经不再适用这类模型了。一般来说，极大似然估计（MLE）方法适合此类模型，与 MLE 方法相匹配的拟合优度检验也需要新的统计量，代表性的有 Pseudo – R^2、MCFadden R^2 等。

本章总结

本章对随机被解释变量模型中的代表性模型——LP 模型、Probit 模型和 Logit 模型，进行了概念、模型形式以及模型特点的介绍。最后，对此类模型的估计方法和检验拟合的统计量做了简要提及。

英语词汇

random explained variable

linear probability model

probit model

logit model

maximum likelihood model

Pseudo – R^2

MCFadden R^2

拓展阅读

①阅读线性概率模型的适用性文献。

②阅读 Probit 模型和 Logit 模型的具体应用文献。

③阅读极大似然估计方法的中英文文献。

④阅读关于极大似然估计方法下的拟合检验统计量文献。

本章思考
①线性概率模型的优点与缺点。

②Probit 模型和 Logit 模型的局限性。

③极大似然估计方法与传统的 OLS 方法有何不同。

第五部分　横纵交织的线性模型

　　本书的第五部分对时间数列模型和面板数据模型进行了介绍。时间的长河浩浩荡荡，无数时间节点串成内在的规律，如灯塔一般，引领着数据海洋中的巨轮启航；之后，又与每个节点上聚集的无数个个体数据形成面板数据模型，使挖掘出来的规律能更好地为人所用。

第 15 章　时间数列模型

时间数列模型是《计量经济学》的重要组成部分之一。其初级阶段的基础知识架构主要包括以下内容：时间数列模型的定义；带正态白噪声的随机游走过程；平稳性与时间数列模型的关系；单一时间数列平稳性检验；时间数列的单整过程；两个时间数列的平稳性检验；两个时间数列的协整过程；时间数列的线性组合平稳性检验；两个时间数列的格兰杰因果检验；长期均衡误差模型；单一误差修正模型；向量自回归模型；典型的时间序列模型等。

15.1　时间数列模型的定义

时间数列是单一个体按不同时间获得的不同数值构成的数列。针对时间数列建立起来的以研究其内在规律为目的的模型，被称作时间数列模型。不同于以往由确定的样本数据建立的模型，这里的时间数列模型更侧重于对时间过程中呈现的随机性如何转化为平稳性的研究。因此，从本章开始，我们要树立一个概念，确定性的样本数据，取自无限的随机过程；即时间数列是取自某变量随机过程中的一段样本的集合数列。随机过程包括连续型和离散型，本章研究的是离散型时点数列。

$$y_i = \alpha_0 + \beta_1 x_i + \mu_i \quad i = 1,2,\cdots,n \qquad (15.1)$$

在式（15.1）中，x_i、y_i 均为 i 期时间数列。

通过对时间数列及其模型定义的描述，我们能够体会出平稳性是时间数列特征得以展现的基本条件。

15.2　时间数列的平稳性特征

时间数列的平稳性是指，时间数列特征不随时间的推移而变化。即时间数列过去具备什么特征，未来仍然具备什么特征。用分布函数关系等式表示如下：

$$F(x_1, x_2, \cdots, x_i; t_1, t_2, \cdots, t_i) = F(x_1, x_2, \cdots, x_i; t_{1+s}, t_{2+s}, \cdots, t_{i+s})$$

$$(15.2)$$

在式（15.2）中，x_i 表示某变量的时间数列；t_i 表示不同的时间节点；t_{i+s} 表示不同的时间节点向前平移 s 个时间间隔呈现出的新一组时间节点。式（15.2）表明，伴随着时间的等间隔平移，时间数列依然呈现出相同的分布特征。这些分布特征具体包括均值特征、自协方差特征和自相关特征等。

按分布特征的条件程度，时间数列平稳包括严平稳和宽平稳两种。

（1）严平稳。

严平稳是指不随时间平移而改变概率分布特征的时间数列。

（2）宽平稳。

宽平稳是指针对不同时间间隔具备相同均值和方差的时间数列。

对于正态分布而言，既是严平稳又是宽平稳。

（3）白噪声。

白噪声属于宽平稳，满足均值为零、方差为同方差的正态性独立同分布特征。

（4）有色噪声。

相比白噪声，有色噪声的分布是杂乱无章的，不具备独立同分布特征。

15.3 带白噪声的随机游走过程

一般来说，随机游走包括纯随机游走、带漂移项的随机游走，带趋势项的随机游走三种，是典型的非平稳时间数列模型，见式（15.3）、式（15.4）和式（15.5）。

$$y_t = y_{t-1} + \mu_t \tag{15.3}$$

$$y_t = \alpha_t + y_{t-1} + \mu_t \tag{15.4}$$

$$y_t = \beta_t t + y_{t-1} + \mu_t \tag{15.5}$$

式（15.3）是纯随机游走；式（15.4）是带漂移项的随机游走，α 为其漂移项；式（15.5）是带趋势项的随机游走，β_t 是随时间 t 变化的趋势项。三种随机游走的随机误差项 μ_t 均具有白噪声特征。

首先，证明式（15.3）的随机性。

证明：时间数列y_t的均值平稳性。

$\because E(\mu_t) = E(y_t - y_{t-1}) = E(y_t) - E(y_{t-1}) = 0$

$\therefore E(y_t) = E(y_{t-1})$ $\hspace{4cm}$ (15.6)

式（15.6）表明，时间数列y_t的均值不随时间的平移而变化。

证明：时间数列y_t的方差随时间游走。

$\because var(\mu_t) = var(y_t - y_{t-1}) = var(y_t) + var(y_{t-1}) = \sigma^2$

将$y_t = y_{t-1} + \mu_t$代入上式，整理得到：

$$var(\mu_t) = 2var(y_{t-1}) + var(\mu_t) \rightarrow var(y_{t-1}) = 0$$

$\therefore var(\mu_t) = var(y_t) = \sigma^2$ $\hspace{3.5cm}$ (15.7)

利用式（15.3）、式（15.7），计算时间数列y_t的方差，

$var(\sum_{i=2}^{t}\mu_i) = var[(y_t - y_{t-1}) + (y_{t-1} - y_{t-2}) + \cdots + (y_2 - y_1)] = (t-1)\sigma^2$

得到：

$$var(\sum_{i=2}^{t}\mu_i) = var(y_t) + var(y_1) = (t-1)\sigma^2 \hspace{1cm} (15.8)$$

整理：

$$var(y_1) = (t-1)\sigma^2 - var(y_t) = (t-2)\sigma^2 \hspace{1cm} (15.9)$$

其中：

$$var(y_t) = \sigma^2$$

从（$t-2$）σ^2至σ^2，时间数列y_t的方差是随时间变化而变化的量。

其次，证明式（15.4）的随机性。

证明：时间数列y_t的均值差随漂移项的变化而变化。

$\because E(\mu_t) = E(y_t - \alpha_t - y_{t-1}) = E(y_t) - E(\alpha_t) - E(y_{t-1}) = 0$

$\therefore E(y_t) = \alpha_t + E(y_{t-1})$

即：

$$E(y_t) - E(y_{t-1}) = \alpha_t \hspace{3cm} (15.10)$$

式（15.10）表明，时间数列y_t的均值差随时间的平移，漂移项的变化而变化。

证明：时间数列y_t的方差随时间游走性。

$\because var(\mu_t) = var(y_t - \alpha_t - y_{t-1}) = var(y_t) + var(y_{t-1}) = \sigma^2$

将$y_t = \alpha_t + y_{t-1} + \mu_t$代入上式，整理得到：

$$var(\mu_t) = var(\alpha_t + y_{t-1} + \mu_t) + var(y_{t-1}) \rightarrow var(y_{t-1}) = 0$$

同样，得到和式（15.7）同样的关系式。即：

$$var(\mu_t) = var(y_t) = \sigma^2$$

利用式（15.4）、式（15.7），计算时间数列y_t的方差：

$$var(\sum_{i=2}^{t}\mu_i) = var[(y_t - y_{t-1}) + (y_{t-1} - y_{t-2}) + \cdots + (y_2 - y_1) + \sum_{i=2}^{t}\alpha_i]$$
$$= (t-1)\sigma^2$$

$\because var(\sum_{i=2}^{t}\mu_i) = var(y_t - y_1) = var(y_t) + var(y_1) = (t-1)\sigma^2$

又已知 $var(y_t) = \sigma^2$，

$\therefore var(y_1) = (t-2)\sigma^2$

带漂移项的时间数列y_t的方差，是随时间变化而变化的量。

最后，证明式（15.5）的随机性。

证明：时间数列y_t的均值差随趋势项的变化而变化。

$\because E(\mu_t) = E(y_t - \beta_t t - y_{t-1}) = E(y_t) - E(\beta_t t) - E(y_{t-1}) = 0$

$\therefore E(y_t) = \beta_t t + E(y_{t-1})$

即：

$$E(y_t) - E(y_{t-1}) = \beta_t t \qquad\qquad (15.11)$$

式（15.11）表明，时间数列y_t的均值差随时间的平移趋势变化而变化。

证明：时间数列y_t的方差随时间游走。

$\because var(\mu_t) = var(y_t - \beta_t t - y_{t-1}) = var(y_t) + var(y_{t-1}) + var(\beta_t t) = \sigma^2$

将$y_t = \beta_t t + y_{t-1} + \mu_t$代入上式，整理得到：

$$var(\mu_t) = var(\beta_t t + y_{t-1} + \mu_t) + var(y_{t-1}) + var(\beta_t t) \rightarrow var(y_{t-1}) + var(\beta_t t)$$
$$= 0$$

于是，得到和式（15.7）同样的关系式。即：

$$var(\mu_t) = var(y_t) = \sigma^2$$

利用式（15.5）、式（15.7），计算时间数列y_t的方差：

$$var(\sum_{i=2}^{t}\mu_i) = var[(y_t - y_{t-1}) + (y_{t-1} - y_{t-2}) + \cdots + (y_2 - y_1) + \sum_{i=2}^{t}\beta_i t]$$
$$= (t-1)\sigma^2$$

$\because var(\sum_{i=2}^{t}\mu_i) = var(y_t - y_1) = var(y_t) + var(y_1) = (t-1)\sigma^2$

$var(y_1) = (t-2)\sigma^2$

又 $var(\mu_t) = var(y_t) = \sigma^2$，

$\therefore$ 带趋势项的时间数列y_t的方差是随时间变化而变化的量。

以上对三种类型的随机游走的随机性进行了证明。这些结论为研究时间数列的平稳性提供了理论依据。

15.4　平稳性与时间数列模型的关系

通过以上分析我们不难发现，时间数列是一个以时间为轴，以各时点均值为参照和基准不断变化的量。在各时点形成的累计概率分布，若满足均值为零，方差为同方差的分布特征，该时间数列就具备了稳定性的特征。具备平稳性的时间数列，其序列特征是非常明显的。反之，随机游走类型的时间数列呈现出的随机性，使序列本身内在的规律性被掩盖。因此，识别时间数列的平稳性问题，是分析时间数列规律性的第一步。同理，由时间数列构建起来的时间数列模型，先需要研究时间数列线性组合的平稳性问题，否则，将会不可避免地出现"虚假回归"的问题。

下面，作者将按照单一时间数列的平稳性检验、两变量时间数列平稳性检验以及多变量时间数列组合平稳性检验等脉络对时间数列的平稳性问题进行逐一研究。

15.5　时间数列的平稳性检验

15.5.1　单一时间数列的平稳性检验

对于单一时间数列的平稳性检验，国际上最流行的方法是基于单位根知识派生出的 DF 检验和 ADF 检验。其他的常规方法包括，图示法、观察 AC、PAC 以及 Q 统计量法等，均在相关章节有所提及，在此做一简单总结。

15.5.1.1　常规检验法

（1）图示法。

时间数列是个体对时间的变化趋势，因此，为观察时间数列的平稳性，设定横轴为时间轴，纵轴为不同时点的样本值，将样本点的均值线也标注在坐标轴内，然后，观察各个样本点围绕均值线波动的情况。

观察图 15.1，图 15.1 中的（a）图体现出时间数列y_i围绕其均值$\bar{y}$，在时间的平移中逐步收敛于其均值的过程，这是典型的平稳性时间数列特征；图 15.1 中的（b）图体现出时间数列y_i在时间的平移中逐步偏离其均值的发散过程。

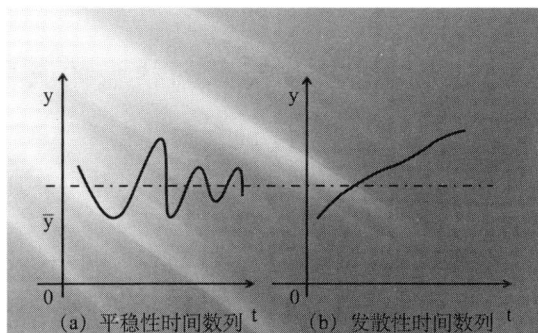

图 15.1 平稳性时间数列与发散性时间数列

（2）常规统计量。

AC 统计量的有限样本公式：

$$\rho_k = \frac{\sum_{t=1}^{T}(Y_t - \overline{Y})(Y_{t-k} - \overline{Y})}{\sum_{t=1}^{T}(Y_t - \overline{Y})^2} \tag{15.12}$$

AC 统计量的 EViews 公式：

$$\rho_k = \frac{[\sum_{t=1}^{T}(Y_t - \overline{Y})(Y_{t-k} - \overline{Y})]/(T-K)}{[\sum_{t=1}^{T}(Y_t - \overline{Y})^2]/T} \tag{15.13}$$

Q 统计量公式表达为：

$$Q = T(T+2)\sum_{K=1}^{\rho}\frac{\widehat{\rho_k}}{T-K} \tag{15.14}$$

15.5.1.2 单位根检验法

（1）介绍单位根用于检验时间数列平稳性的基本原理。

$$y_i = \gamma y_{i-1} + \mu_i \tag{15.15}$$

式（15.15）是关于时间数列 y 的一阶滞后模型。γ 可以被认为是自相关系数。当 $|\gamma| < 1$，时间数列 y_i 是平稳的。具体证明过程如下：

$\because y_i = \gamma y_{i-1} + \mu_i$

$\therefore y_i - \gamma y_{i-1} = \mu_i \tag{15.16}$

设：

$$y_{i-1} = L \times y_i \tag{15.17}$$

在式（15.17）中，L 被称为滞后算子。这里，滞后算子可以参与计算，满足算子乘常数列不变、算子结合律、算子分配律、算子零次幂为 1 等运算性质。

将式（15.17）代入式（15.16）得到：

$$y_i - \gamma y_{i-1} = y_i - \gamma L \times y_i = (1 - \gamma L) y_i = \mu_i \qquad (15.18)$$

建立式（15.18）的特征方程：

$$|1 - \gamma L| = 0 \qquad (15.19)$$

计算式（15.19）的特征根，得到：

$$L = \frac{1}{|\gamma|} \qquad (15.20)$$

观察式（15.20）特征根的结果，得到如下结论：

如果$|\gamma| < 1$，则 $L > 1$，时间数列y_i是平稳的；否则，y_i是不平稳的。特别是$|\gamma| = 1$，则 $L = 1$，时间数列y_i是不平稳的。这就是单位根检验的基本原理，因此，单一时间数列的平稳性检验，从狭义的角度讲，就是单位根的检验。根据单位根的检验原理，可以设计出单位根检验的原假设和备择假设。即：

原假设：$|\gamma| \geq 1$，等价于时间数列是非平稳的；

备择假设：$|\gamma| < 1$，等价于时间数列是平稳的。

（2）介绍进入平稳性检验的时间数列特征。

由于时间数列的方差随时间变化而变化，因此，传统的用于单个系数显著性检验的 t 统计量不再适用。遵循客观性原则，随机误差项不再满足 TCH 的正态性假定，更倾向于满足随时间变化而变化方差的维纳过程。即：

$$\text{TCH}:\mu_t \sim N(0, \sigma^2) \rightarrow \text{Wiener Process}:\mu_t \sim N[0, \sigma^2(t-s)] \quad (15.21)$$

在式（15.21）中，s，t 分别代表不同的时间节点，$s < t$。

（3）介绍检验时间数列平稳性的统计量。

①DF 检验法。

首先，认识 DF 检验需要的基础模型。

$$\Delta y_i = \delta y_{i-1} + \mu_i \qquad (15.22)$$

$$\Delta y_i = \alpha + \delta y_{i-1} + \mu_i \qquad (15.23)$$

$$\Delta y_i = \beta t + \delta y_{i-1} + \mu_i \qquad (15.24)$$

$$\Delta y_i = \alpha + \beta t + \delta y_{i-1} + \mu_i \qquad (15.25)$$

在式（15.22）、式（15.23）、式（15.24）和式（15.25）中，δ 是平稳性检验对象；Δ 是差分算子。这里需要说明一下，一阶一次差分算子、二次差分算子、n 次差分算子的计算公式分别为：$\Delta y_i = y_i - y_{i-1}$；$\Delta^2(y_i) = \Delta y_i - \Delta y_{i-1}$；$\Delta^n(y_i) = \Delta^{n-1}(y_i) - \Delta^{n-1}(y_{i-1})$。

其次，认识 DF 检验统计量表达式。

$$t_{\hat{\delta}} = \frac{\hat{\delta} - H_0}{S.E(\hat{\delta})} = \frac{\hat{\delta}}{S.E(\hat{\delta})} \qquad (15.26)$$

$$t_{\hat{\gamma}} = \frac{\hat{\gamma} - H_0}{S.E(\hat{\gamma})} = \frac{\hat{\gamma} - 1}{S.E(\hat{\gamma})} \qquad (15.27)$$

式（15.26）和式（15.27），均是检验统计量。

再次，认识 DF 检验的原假设和备择假设。

原假设：$\delta = 0$（等价于 $\gamma = 1$）；备择假设：$\delta < 0$（等价于 $\gamma < 1$）。

最后，查 DF 临界值表，做出判断。

$t_{\hat{\delta}}(t_{\hat{\gamma}}) < DF_{临界值} = \tau_\alpha(n)$，拒绝原假设，基础模型是稳定的；

$t_{\hat{\delta}}(t_{\hat{\gamma}}) > DF_{临界值} = \tau_\alpha(n)$，接受原假设，基础模型是不稳定的。

需要注意的一点是，$DF_{临界值}$ 又被称为 τ_α 的临界值，检验过程中由 EViews 8 及以上版本软件直接给出。

②ADF 检验法。

首先，认识 ADF 检验需要的基础模型。

$$\Delta y_t = \delta y_{t-1} + \sum_{j=1}^{p} \lambda_j \Delta y_{t-j} + \mu_t \qquad (15.28)$$

$$\Delta y_t = \alpha + \delta y_{t-1} + \sum_{j=1}^{p} \lambda_j \Delta y_{t-j} + \mu_t \qquad (15.29)$$

$$\Delta y_t = \beta t + \delta y_{t-1} + \sum_{j=1}^{p} \lambda_j \Delta y_{t-j} + \mu_t \qquad (15.30)$$

$$\Delta y_t = \alpha + \beta t + \delta y_{t-1} + \sum_{j=1}^{p} \lambda_j \Delta y_{t-j} + \mu_t \qquad (15.31)$$

在式（15.28）、式（15.29）、式（15.30）和式（15.31）中，δ 是平稳性检验对象，Δ 是差分算子。

其次，认识 ADF 检验统计量表达式。

$$t_{\hat{\delta}} = \frac{\hat{\delta} - H_0}{S.E(\hat{\delta})} = \frac{\hat{\delta}}{S.E(\hat{\delta})} \qquad (15.32)$$

$$t_{\hat{\gamma}} = \frac{\hat{\gamma} - H_0}{S.E(\hat{\gamma})} = \frac{\hat{\gamma} - 1}{S.E(\hat{\gamma})} \qquad (15.33)$$

式（15.32）和式（15.33），均是检验统计量。

再次，认识 ADF 检验的原假设和备择假设。

原假设：$\delta = 0$（等价于 $\gamma = 1$）；备择假设：$\delta < 0$（等价于 $\gamma < 1$）。

最后，查 ADF 临界值表，做出判断。

$t_{\hat{\delta}}(t_{\hat{\gamma}}) < ADF_{临界值} = \tau_\alpha(n)$，拒绝原假设，基础模型是稳定的；

$t_{\hat{\delta}}(t_{\hat{\gamma}}) > ADF_{临界值} = \tau_\alpha(n)$，接受原假设，基础模型是不稳定的。

需要注意一点，$ADF_{临界值}$ 又被称为 τ_α 的临界值，同样是由 EViews 8 及以上版本软件直接给出。

（4）介绍修正时间数列平稳性的方法——单整。

单整就是对某一时间数列，通过不断差分的方法，使数列回归平稳状态。通过一阶差分就得到了平稳性的时间数列，被称为一阶单整，符号标记为 I（1）；通过二阶差分得到平稳性的时间数列，被称为二阶单整，符号标记为 I（2）；通过 P 阶差分最终得到平稳性的时间数列，被称为 P 阶单整，符号标记为 I（P）。如果该时间数列本身就是平稳的，符号标记为 I（0）。还有一种时间数列，无论如何差分，都不可能转化为平稳性的时间数列，这种时间数列被称为不可单整数列。

不过，大家需要注意一点，就是不平稳的时间数列经过差分变换后形成新的时间数列，一定要重新进行平稳性检验，只有通过后，才能被称为具备了平稳性的某阶单整。

15.5.2　两变量时间数列或者多变量时间数列之间的平稳性检验

通过以上知识的解析，我们不难发现，某一时间数列的平稳性检验或者转化是比较容易实现的。但是，对于两个时间数列或者两个以上的时间数列，如何检验其平稳性问题，就需要新方法给以解决，下面，我们介绍协整概念。

15.5.2.1　协整概念

协整，是相对于单整而言，通过同阶分别差分的方法，使原本不具备稳定性特征的时间数列变量之间转化为稳定性状态的过程。进行协整的时间数列不再是单一的某个时间数列，而是由两个变量或者多个变量组成的时间数列集。其中，包括两个变量之间的时间数列，或者某一个变量的时间数列与多个变量的时间数列的组合。这种一对一的时间数列集或者一对多的时间数列集的平稳性修正过程，被称为协整过程。

15.5.2.2　线性组合与协整系数

假设 X_t 和 Y_t 均是一阶单整的时间数列，即 $X_t \sim I（1）$ 和 $Y_t \sim I（1）$，如果存在某一系数 θ，使 $Y_t - \theta X_t$ 成为零阶单整数列，即 $（Y_t - \theta X_t） \sim I（0）$，那么，时间数列 X_t 和时间数列 Y_t 就被称作具备协整关系的时间数列，系数 θ 被称作协整系数。

如果单一时间数列 X_t 变为由 k 个时间数列组成的 X_{kt} 集，其与 Y_t 协整关系的构成将以线性组合的形式出现。但是，尽量注意保持 Y_t 与 X_{kt} 组合的协整同阶性。

15.5.2.3 协整检验

通过以上分析我们发现，对线性组合（$Y_t - \theta X_t$）的平稳性检验，等价于对其产生的残差 $\widehat{\mu_t}$ 的平稳性检验。这样一来，对线性组合平稳性的协整检验转化为对单一时间数列 $\widehat{\mu_t}$ 平稳性的单整检验了。以下两种最基本的协整检验方法——EG 检验法和 AEG 检验法，就是基于这种简化稳定性检验的原理。

①EG 检验法。

首先，认识 EG 检验需要的基础模型。

$$\Delta \widehat{\mu_t} = \delta \widehat{\mu_{t-1}} + \varepsilon_t \tag{15.34}$$

$$\Delta \widehat{\mu_t} = \alpha + \delta \widehat{\mu_{t-1}} + \varepsilon_t \tag{15.35}$$

$$\Delta \widehat{\mu_t} = \beta t + \delta \widehat{\mu_{t-1}} + \varepsilon_t \tag{15.36}$$

$$\Delta \widehat{\mu_t} = \alpha + \beta t + \delta \widehat{\mu_{t-1}} + \varepsilon_t \tag{15.37}$$

在式（15.34）、式（15.35）、式（15.36）和式（15.37）中，δ 是平稳性检验对象；Δ 是差分算子。

其次，认识 EG 检验统计量表达式。

$$t_{\widehat{\delta}} = \frac{\widehat{\delta} - H_0}{S.E(\widehat{\delta})} = \frac{\widehat{\delta}}{S.E(\widehat{\delta})} \tag{15.38}$$

$$t_{\hat{\gamma}} = \frac{\hat{\gamma} - H_0}{S.E(\hat{\gamma})} = \frac{\hat{\gamma} - 1}{S.E(\hat{\gamma})} \tag{15.39}$$

式（15.38）和式（15.39）均是检验统计量。

再次，认识 EG 检验的原假设和备择假设。

原假设：$\delta = 0$（等价于 $\gamma = 1$）；备择假设：$\delta < 0$（等价于 $\gamma < 1$）。

最后，查 EG 临界值表，做出判断。

$t_{\widehat{\delta}}(t_{\hat{\gamma}}) < EG_{临界值} = \tau_\alpha(n)$，拒绝原假设，变量之间存在协整关系；

$t_{\widehat{\delta}}(t_{\hat{\gamma}}) > EG_{临界值} = \tau_\alpha(n)$，接受原假设，变量之间不存在协整关系。

需要注意的一点是，$EG_{临界值}$ 又被称为 τ_α 临界值，同样，检验值由 EViews 8 及以上版本软件直接给出。

②AEG 检验法。

首先，认识 AEG 检验需要的基础模型。

$$\Delta \widehat{\mu_t} = \delta \widehat{\mu_{t-1}} + \sum_{i=1}^{p} \lambda_i \Delta \widehat{\mu_{t-i}} + \varepsilon_t \tag{15.40}$$

$$\Delta \widehat{\mu_t} = \alpha + \delta \widehat{\mu_{t-1}} + \sum_{i=1}^{p} \lambda_i \Delta \widehat{\mu_{t-i}} + \varepsilon_t \tag{15.41}$$

$$\Delta \widehat{\mu_t} = \beta t + \delta \widehat{\mu_{t-1}} + \sum_{i=1}^{p} \lambda_i \Delta \widehat{\mu_{t-i}} + \varepsilon_t \tag{15.42}$$

$$\Delta \widehat{\mu_t} = \alpha + \beta t + \delta \widehat{\mu_{t-1}} + \sum_{i=1}^{p} \lambda_i \Delta \widehat{\mu_{t-i}} + \varepsilon_t \tag{15.43}$$

在式（15.40）、式（15.41）、式（15.42）和式（15.43）中，δ 是平稳性检验对象，Δ 是差分算子。

其次，认识 AEG 检验统计量表达式。

$$t_{\hat{\delta}} = \frac{\hat{\delta} - H_0}{S.\,E(\hat{\delta})} = \frac{\hat{\delta}}{S.\,E(\hat{\delta})} \tag{15.44}$$

$$t_{\hat{\gamma}} = \frac{\hat{\gamma} - H_0}{S.\,E(\hat{\gamma})} = \frac{\hat{\gamma} - 1}{S.\,E(\hat{\gamma})} \tag{15.45}$$

式（15.44）和式（15.45）均是检验统计量。

再次，认识 AEG 检验的原假设和备择假设。

原假设：δ=0（等价于 γ=1）；备择假设：δ<0（等价于 γ<1）。

最后，查 AEG 临界值表，做出判断。

$t_{\hat{\delta}}(t_{\hat{\gamma}}) <$ AEG$_{临界值} = \tau_\alpha(n)$，拒绝原假设，变量之间存在协整关系；

$t_{\hat{\delta}}(t_{\hat{\gamma}}) >$ AEG$_{临界值} = \tau_\alpha(n)$，接受原假设，变量之间不存在协整关系。

需要注意的一点是，AEG$_{临界值}$也被称为 τ_α 临界值，检验值同样由 EViesw 8 及以上版本软件直接给出。

③响应面函数的建立。

通过以上关于 DF、ADF、EG 和 AEG 等检验统计量的介绍，我们不难发现，尽管恩格尔、格兰杰、尤（Yoo）、迪克以及富勒等对检验值的计算做出了很大的贡献，但是，通过 τ_α 表来看，检验值的数量还是非常有限的。于是，麦金农（Mackinnon，1991）创立了响应面函数，使检验临界值的内容丰富起来。

响应面函数的一般表达式：

$$R(\alpha) = \phi_\infty + \phi_1 T^{-1} + \phi_2 T^{-2} \tag{15.46}$$

在式（15.46）中，T 是样本容量；α 是显著性水平；φ 是根据 τ_α 表查找得到的临界值；R（α）是响应面函数计算的临界值。当 N＝1 时，R（α）变成 ADF 检验；当 N≥2 时，R（α）变为 AEG 检验。

④多变量协整关系的检验。

包含三个变量或者三个以上变量的时间数列，进行总体协整性检验时，一定要注意先选择被解释变量，再将剩余的变量作为解释变量构建线性组合，进行协整回归。可以说，有多少个变量，就有多少种协整回归的可能，直到找到平稳性的协整关系。如果到最后也没有发现平稳性的协整关系，那么，结论就是这些变量之间不存在任何协整关系，也不适合建立线性回归模型，否则，会产生虚假回归问题。

总而言之，无论是两变量的协整关系检验还是多变量的协整关系检验，都是在变量单整或者线性组合稳定的前提下，研究从变量到协整回归模型构建的过程。否则，不会出现随机误差项残差估计量的单整。这个逻辑是初学者首先要厘清的内容。

15.6　格兰杰因果关系检验

格兰杰因果关系检验的方法，是确定哪个变量适合作为被解释变量，哪个变量适合作为解释变量的问题。至于是否存在因果关系，在表达上有些不确切。准确地说不是因果，而是哪个变量能在相对较大的程度上解释另外一个变量的关系。这个方法由英国计量经济学家克莱夫·格兰杰（1969）等创立，使用范围非常广泛。

15.6.1　使用格兰杰因果检验的注意事项

格兰杰因果检验意味着，如果变量 X 能引起变量 Y 的变化，那么，变量 X 就是变量 Y 的一个解释量。变量 X 就是"因"，变量 Y 就是"果"。因此，使用格兰杰因果检验之前，必须先明确哪个变量是因，哪个变量是果。因果变量确定上的不同，导致检验统计量表达式上的完全不同。

15.6.2　检验 X 是 Y 的格兰杰因果原因

15.6.2.1　格兰杰因果检验统计量表达式

$$F = \frac{(RSS_r - RSS_{ur})/q}{RSS_{ur}/(n-k)} \sim F_\alpha(q, n-k) \tag{15.47}$$

在式（15.47）中，RSS_r 代表约束模型的残差平方和；RSS_{ur} 代表非约束模型的残差平方和；q 代表约束模型的约束条件个数；k 代表非约束模型的解释变量个数；n 代表样本容量。格兰杰因果检验是构造起来的符合 F 分布的 F 统计量。

15.6.2.2　格兰杰因果检验统计量使用步骤

以下是检验变量 x 能引起变量 y 变化的格兰杰因果检验的步骤。

①对变量 y 的时间数列建立由自身滞后项作为解释变量的线性回归模型，该模型是关于变量 x 的约束模型，回归产生的 RSS 就是RSS_r。

②对变量 y 的时间数列建立由自身滞后项和变量 x 的滞后项作为解释变量的线性回归模型，该模型是关于变量 x 的非约束模型，回归产生的 RSS 就是RSS_{ur}。

③建立原假设$H_0: \alpha_1 = \alpha_2 = \cdots = \alpha_q = 0$和备择假设$H_1: \alpha_1，\alpha_2，\cdots，\alpha_q$不同时为零。其中，q 代表约束模型中的约束条件个数。

④如果检验统计量$F > F_\alpha (q，n-k)$，就拒绝原假设，即变量 x 是变量 y 的格兰杰因果原因；否则，接受原假设，即接受变量 x 不是变量 y 的格兰杰因果原因的结果。

15.6.2.3　格兰杰因果检验统计量使用中的注意事项

①使用格兰杰因果检验之前，需要检验单一时间数列的平稳性问题。
②为了保证进入模型的变量具有滞后期同阶性，需要借助协整的方法。
③使用格兰杰因果检验的时候，一定弄清楚孰是"因"、孰是"果"的问题。
④动态分布滞后模型最佳滞后期的选择，可以利用 AIC、SC（BIC）、HQ 等统计量的最小值为参考标准；也可以采用交叉相关系数进行确定。

15.7　误差修正模型的单一性与系统性

误差修正模型，英文表达是 error correction model，一般简称为 ECM，由戴维森、亨德里、斯尔巴和尤等（1978）提出，也被称作 DHSY 模型。误差修正模型包括单一误差修正模型（ECM）和系统误差修正模型（VAR）两种。

15.7.1　误差修正模型的单一性

15.7.1.1　单一误差修正模型表达式

$$\Delta y_t = \alpha_0 \Delta x_t - \alpha_1 ECT_{t-1} + \mu_t \tag{15.48}$$

其中：

$$ECT_{t-1} = y_{t-1} - b_0 - b_1 x_{t-1} \tag{15.49}$$

式（15.49）被称为误差修正项，也是 $t-1$ 期的长期均衡误差。在式（15.48）中，α_1 是误差修正系数。

观察式（15.48），我们不难发现，误差修正模型由两部分组成：一部分是 t 时点的时点趋势 $\alpha_0 \Delta x_t$；另一部分是 $t-1$ 期的长期均衡趋势 $\alpha_1 ECT_{t-1}$。其中，t 时点的趋势 $\alpha_0 \Delta x_t$ 通过 $t-1$ 期的长期均衡趋势 $\alpha_1 ECT_{t-1}$ 进行修正，以保证模型在整个 t 时间段内，始终处于均衡发展的轨道上。

15.7.1.2 误差修正模型的形成逻辑

已知模型：

$$y_t = \alpha_0 + \alpha_1 x_t + \alpha_2 x_{t-1} + \gamma\, y_{t-1} + \mu_t \tag{15.50}$$

式（15.50）展示的模型不知道其平稳性，只知道被解释变量与解释变量及其滞后项、被解释变量自身滞后项有关。因此，该动态模型不能直接利用 OLS 方法进行估计。以下，对该模型进行变形，使之出现平稳性特征。

①模型两边同时减去被解释变量的滞后一期项，得到：

$$y_t - y_{t-1} = \alpha_0 + \alpha_1 x_t + \alpha_2 x_{t-1} + \gamma\, y_{t-1} + \mu_t - y_{t-1}$$

整理，得到：

$$\Delta y_t = \alpha_0 + \alpha_1 x_t + \alpha_2 x_{t-1} + (\gamma - 1) y_{t-1} + \mu_t$$

②将上式中的解释变量 x_t、x_{t-1} 进行差分项整理，得到：

$$\alpha_0 + \alpha_1 x_t + \alpha_2 x_{t-1} + (\gamma - 1) y_{t-1} + \mu_t$$

$$= \alpha_0 + \alpha_1 \Delta x_t + \alpha_1 x_{t-1} + \alpha_2 x_{t-1} + (\gamma - 1) y_{t-1} + \mu_t$$

$$= \alpha_0 + \alpha_1 \Delta x_t + (\alpha_1 + \alpha_2) x_{t-1} + (\gamma - 1) y_{t-1} + \mu_t$$

$$= \alpha_1 \Delta x_t + (\gamma - 1)\left[y_{t-1} + \frac{\alpha_1 + \alpha_2}{\gamma - 1} \times x_{t-1} + \frac{\alpha_0}{\gamma - 1} \right] + \mu_t$$

$$= \alpha_1 \Delta x_t - (1 - \gamma)\left[y_{t-1} - \frac{\alpha_1 + \alpha_2}{1 - \gamma} \times x_{t-1} - \frac{\alpha_0}{1 - \gamma} \right] + \mu_t$$

令 $\lambda = 1 - \gamma$，$\alpha_1^{*} = \dfrac{\alpha_1 + \alpha_2}{1 - \gamma}$，$\alpha_0^{*} = \dfrac{\alpha_0}{1 - \gamma}$，代入上式，得到：

$$\Delta y_t = \alpha_1 \Delta x_t - \lambda(y_{t-1} - \alpha_0^{*} - \alpha_1^{*} x_{t-1}) + \mu_t \tag{15.51}$$

令 $ECT_{t-1} = y_{t-1} - \alpha_0^{*} - \alpha_1^{*} x_{t-1}$

式（15.51）转化为误差修正模型（15.48）的形式。

$$\Delta y_t = \alpha_1 \Delta x_t - \lambda\, ECT_{t-1} + \mu_t \tag{15.52}$$

从形式上来说，式（15.52）是经过差分变换后的平稳性模型，可以进行 OLS 方法的估计了。但是，在实际使用过程中，为了严谨原则，还应该利用以上所学平稳性检验的统计量逐项进行检验。

15.7.1.3　格兰杰对 ECM 表达式的扩展

格兰杰 (1987) 对 ECM 模型进行了扩展，创立了格兰杰表达式理论模型。这种模型基于 ECM 的基础之上，用以检验变量间的关系。

$$\Delta y_t = \alpha_0 \Delta x_t - \alpha_1 ECT_{t-1} + \mu_t$$

$$\Delta y_t = \text{lagged}(\Delta y, \Delta x) - \alpha_1 ECT_{t-1} + \mu_t \tag{15.53}$$

式 (15.53) 表明，模型中增加了解释变量和被解释变量的差分项。至于几阶差分，依据模型需要而定。

15.7.2　误差修正模型的系统性

误差修正模型的单一性，由 ECM 模型体现出来；误差修正模型的系统性，由 VAR 模型具体体现。VAR 模型的全称是向量自回归模型，创立者是克里斯托弗·A. 西姆斯 (Christopher A. Sims, 1980)。VAR 模型类似联立模型，表达的是一个反馈系统的概念。下面，以时间数列变量 x_t、y_t 来描述一阶 VAR 模型的基本形式。

$$y_t = \alpha_0 + \alpha_1 x_t + \gamma_1 y_{t-1} + \gamma_2 x_{t-1} + \mu_{1t} \tag{15.54}$$

$$x_t = \beta_0 + \beta_1 y_t + \delta_1 x_{t-1} + \delta_2 y_{t-1} + \mu_{2t} \tag{15.55}$$

式 (15.54) 和式 (15.55) 表明，时间数列变量 x_t、y_t 相互影响，构成了一个影响系统。将变量 x_t、y_t 的相互影响用线性关系式表达出来放在等号的左边，再将对应的解释变量 x_t 或者 y_t 及 x_t、y_t 的滞后影响放在等号的右边，构成向量空间。然后，通过消元、降维，得到反馈系统中关于变量 x_t、y_t 的自回归动态模型的一般简化形式：

$$y_t^* = \alpha_0 + \alpha_1 y_{t-1} + \alpha_2 x_{t-1} + \varepsilon_{1t} \tag{15.56}$$

$$x_t^* = \beta_0 + \beta_1 x_{t-1} + \beta_2 y_{t-1} + \varepsilon_{2t} \tag{15.57}$$

将式 (15.56)、式 (15.57) 合在一起，构成一个完整的一阶 VAR 动态系统模型：

$$y_t^* = \alpha_0 + \alpha_1 y_{t-1} + \alpha_2 x_{t-1} + \varepsilon_{1t} + \beta_0 + \beta_1 x_{t-1} + \beta_2 y_{t-1} + \varepsilon_{2t} - x_t^* \tag{15.58}$$

整理式 (15.58)，得到：

$$y_t^* = (\alpha_0 + \beta_0) + (\alpha_1 + \beta_2) y_{t-1} + (\alpha_2 + \beta_1) x_{t-1} + (\varepsilon_{1t} + \varepsilon_{2t}) - x_t^* \tag{15.59}$$

令 $\alpha = \alpha_0 + \beta_0, \beta = -1, \gamma = \alpha_1 + \beta_2, \delta = \alpha_2 + \beta_1, \varepsilon_t = \varepsilon_{1t} + \varepsilon_{2t}$，

整理：

$$y_t^* = \alpha + \beta x_t^* + \gamma y_{t-1} + \delta x_{t-1} + \varepsilon_t \qquad (15.60)$$

式（15.60）就是一阶 VAR 的综合表达式，式中，包括内生变量y_{t-1}、外生变量x_t^*、x_{t-1}等。模型可以采用 OLS 方法估计。对于高阶 VAR 动态模型可以采用 TSLS 方法的 IV 方法估计模型结果。不过，要视模型中包含的滞后项情况而定。

15.8　时间数列模型的其他几种常用形式

时间数列模型的其他几种常用形式包括，自回归（AR）模型；移动（MA）平均模型；自回归移动平均（ARMA）模型；自回归滞后（ARL）分布模型以及自回归多元滞后（ARML）分布模型等。这些常用模型的一般表达式为：

①AR（1）：$y_t = \beta_0 + \beta_1 y_{t-1} + \mu_t$

②AR（p）：$y_t = \beta_0 + \sum_{i=1}^{P} \beta_i y_{t-i} + \mu_t$

③MA（1）：$y_t = \mu_t - \beta_1 \mu_{t-1}$

④MA（P）：$y_t = \mu_t - \sum_{i=1}^{p} \beta_i \mu_{t-i}$

⑤ARMA（1，1）：$y_t = \alpha_0 + \alpha_1 y_{t-1} + \mu_t - \beta_1 \mu_{t-1}$

⑥ARMA（p，q）：$y_t = \alpha_0 + \sum_{i=1}^{p} \alpha_i y_{t-i} + \mu_t - \sum_{i=1}^{q} \beta_i \mu_{t-i}$

⑦ARL（p，q）：$Y_t = \beta_0 + \beta_1 Y_{t-1} + \beta_2 Y_{t-2} + \cdots + \beta_p Y_{t-p} + \delta_1 X_{t-1} + \delta_2 X_{t-2} + \cdots + \delta_q X_{t-q} + \mu_t$

⑧ARML（p，q_k）：$Y_t = \beta_0 + \beta_1 Y_{t-1} + \beta_2 Y_{t-2} + \cdots + \beta_p Y_{t-p} + \delta_{11} X_{1t-1} + \delta_{12} X_{1t-2} + \cdots + \delta_{1q_i} X_{1t-q_i} + \delta_{21} X_{2t-1} + \delta_{22} X_{2t-2} + \cdots + \delta_{2q_i} X_{2t-q_i} + \cdots + \delta_{k1} X_{kt-1} + \delta_{k2} X_{kt-2} + \cdots + \delta_{kq_k} X_{kt-q_k} + \mu_t$

15.9　时间数列建模步骤

对于时间数列模型，一般建模的步骤为：

第一步：单一时间数列的稳定性检验；

第二步：随机误差项数列的稳定性检验；

第三步：修正成单整或协整关系；

第四步：格兰杰因果检验确定被解释变量和解释变量；

第五步：建立时间数列模型进行回归；

第六步：建立误差修正模型，时刻修正偏离均衡机制的误差；

第七步：建立 VAR 系统反馈模型，观察时间数列动态运行机制。

15.10 案例分析

结合 3.5 节案例的数据，本节准备研究该地区农村家庭收入与家庭适龄子女受教育年限两个变量之间的格兰杰因果关系。结合 15.9 节时间数列建模步骤，完成该检验的具体步骤为：首先，对两个时间数列进行平稳性检验；其次，通过平稳性检验后，对两个时间数列进行格兰杰因果检验；最后，通过格兰杰因果检验后，建立时间数列模型，原始数据见表 15.1。

表 15.1　　　　　　　　　　　　格兰杰因果检验的原始数据

年份	家庭收入（元/月）	对数化	子女教育（年/人）	年份	家庭收入（元/月）	对数化	子女教育（年/人）
1978	20	3.00	5.5	1998	480	6.17	10.2
1979	26	3.26	5.6	1999	600	6.40	10.2
1980	30	3.40	5.7	2000	710	6.57	10.3
1981	36	3.58	5.9	2001	800	6.68	10.7
1982	40	3.69	6.1	2002	880	6.78	10.8
1983	42	3.74	6.2	2003	909	6.81	11
1984	44	3.78	6.4	2004	1200	7.09	11.2
1985	49	3.89	7.2	2005	1300	7.17	11.3
1986	58	4.06	7.6	2006	1500	7.31	11.5
1987	60	4.09	8.2	2007	1900	7.55	11.7
1988	66	4.19	8	2008	2100	7.65	11.9
1989	52	3.95	7.5	2009	2300	7.74	11.9
1990	90	4.50	8.5	2010	2500	7.82	12.1
1991	95	4.55	9.2	2011	2600	7.86	12.3
1992	106	4.66	9.7	2012	2700	7.90	12.5
1993	150	5.01	9	2013	2900	7.97	12.6
1994	180	5.19	9.5	2014	3003	8.01	12.8
1995	240	5.48	9.8	2015	3100	8.04	12.7
1996	336	5.82	9.9	2016	3500	8.16	12.9
1997	400	5.99	10.1	2017	4100	8.32	13.4

资料来源：根据作者的调研数据计算整理而得。

15.10.1 对时间数列的平稳性检验

15.10.1.1 对农村家庭收入时间数列的平稳性检验

在进行时间数列的平稳性检验之前，最好先利用 JB 统计量检验时间数列的正态性特征。因为时间数列本身的时间惯性，所以，数据一般呈正态分布或者近似正态分布。因此，这项检验依据使用者对时间数列数据的把控程度而定，可自主选择检验与否。这里，因为收入数据与教育年限数据等资料为作者调研而得的科研数据，因此，有必要先进行正态性检验。

①对农村家庭收入时间数列 JB 统计量检验结果。

观察表 15.2，JB 统计量的值为 6.719789，大于 2 个自由度的卡方分布，因此，农村家庭收入时间数据的正态性特征稍差一些。为了消除这种情况，接下来，可以对数据进行对数化处理。处理结果一并放入表 15.2 中的对数时间数列中。

表 15.2　　　　　　　　　　JB 统计量检验结果 1

	INCOME
Mean	1030.050
Median	440.0000
Maximum	4100.000
Minimum	20.00000
Std. Dev.	1202.794
Skewness	0.988191
Kurtosis	2.645331
Jarque – Bera	6.719789
Probability	0.034739
Sum	41202.00
Sum Sq. Dev.	56421824
Observations	40

②对农村家庭收入时间数列数据的对数化处理及 JB 统计量检验。

观察表 15.3 不难发现，经过对数化处理的农村家庭收入时间数列已经呈现出正态性特征。

表 15.3　　　　　　　　　　　　JB 统计量检验结果 2

	LNINCOME
Mean	5.846488
Median	6.082625
Maximum	8.318742
Minimum	2.995732
Std. Dev.	1.740556
Skewness	− 0.107138
Kurtosis	1.493669
Jarque − Bera	3.858247
Probability	0.145275
Sum	233.8595
Sum Sq. Dev.	118.1519
Observations	40

③对农村家庭收入时间数列对数化数据的平稳性检验。

利用单位根原理，对该时间数列进行 DF 检验，结果见表 15.4 和表 15.5。

表 15.4　　　　　　　　　　　DF 平稳性检验结果 1

Elliott − Rothenberg − Stock DF − GLS test statistic		1.486912
Test critical values：	1% level	− 2.625606
	5% level	− 1.949609
	10% level	− 1.611593

* MacKinnon（1996）.

表 15.5　　　　　　　　　　　DF 平稳性检验结果 2

Elliott − Rothenberg − Stock DF − GLS test statistic		− 5.966959
Test critical values：	1% level	− 2.627238
	5% level	− 1.949856
	10% level	− 1.611469

* MacKinnon（1996）.

表 15.4 表明，通过对数化处理后的农村家庭收入时间数列不具备平稳性特征；表 15.5 表明，经过对数化处理后的农村家庭收入时间数列一阶差分的 DF 值小于 1%、5% 和 10% 显著性水平下的 τ 临界值，具备了平稳性特征，成为 I（1），可以进行格兰杰因果检验。

15.10.1.2　对家庭适龄子女受教育年限时间数列的平稳性检验

①对家庭适龄子女受教育年限时间数列的 JB 检验。

表 15.6 表明，家庭适龄子女受教育年限时间数列通过 JB 正态性检验，可以继续下面的平稳性检验。

表 15.6	JB 统计量检验结果 3
	EDUCATIONYEARS
Mean	9.740000
Median	10.15000
Maximum	13.40000
Minimum	5.500000
Std. Dev.	2.384759
Skewness	−0.372167
Kurtosis	1.942401
Jarque – Bera	2.787580
Probability	0.248133
Sum	389.6000
SumSq. Dev.	221.7960
Observations	40

②对家庭适龄子女受教育年限的平稳性检验。

表 15.7 表明，家庭适龄子女受教育年限时间数列不具备平稳性特征；表 15.8 表明，家庭适龄子女受教育年限时间数列一阶差分的 DF 值小于 1%、5% 和 10% 显著性水平下的 τ 临界值，具备了平稳性特征，成为 I（1），可以继续下面的格兰杰因果检验。

表 15.7	DF 平稳性检验结果 1	
Elliott – Rothenberg – Stock DF – GLS test statistic		0.986099
Test critical values：	1% level	−2.625606
	5% level	−1.949609
	10% level	−1.611593

＊MacKinnon（1996）.

表 15.8	DF 平稳性检验结果 2	
Elliott – Rothenberg – Stock DF – GLS test statistic		−6.347963
Test critical values：	1% level	−2.627238
	5% level	−1.949856
	10% level	−1.611469

＊MacKinnon（1996）.

15.10.2 对以上两个时间数列的格兰杰因果检验

通过表 15.2～表 15.8 的统计量分析我们知道，农村家庭收入和农村家庭适龄子女受教育年限时间数列均为 I（1），可以进行两个具备平稳性的一阶单整时间数列的平稳性检验了。

在检验之前，我们先对这两个 I（1）时间数列进行相关性检验，见表 15.9。

表 15.9　　　　　　　　　两个 I（1）时间数列相关性检验

	收入序列差分	教育序列差分
收入序列差分	1.000000	0.249617
教育序列差分	0.249617	1.000000

表 15.9 表示，两个 I（1）时间数列相关性不高，相关系数仅为 0.249617，不适宜建立线性回归模型，回归模型结果也加以验证，见表 15.10。

表 15.10　　　　　　　　　　回归结果 1

Variable	Coefficient	Std. Error	t − Statistic	Prob.
C	0.115772	0.023562	4.913550	0.0000
DED	0.102265	0.065220	1.567993	0.1254
R − squared	0.062308	Mean dependent var		0.136487
Adjusted R − squared	0.036965	S. D. dependent var		0.124153
S. E. of regression	0.121837	Akaike info criterion		− 1.322345
Sum squared resid	0.549237	Schwarz criterion		− 1.237034
Log likelihood	27.78573	Hannan − Quinn criter.		− 1.291736
F − statistic	2.458604	Durbin − Watson stat		2.204616
Prob（F − statistic）	0.125396			

观察表 15.10，从拟合优度来讲，农村家庭子女受教育年限时间数列的一阶差分对农村家庭收入时间数列的一阶差分尽管通过了自相关检验，但是，教育的解释变量对收入的被解释变量的解释力非常低。

但是，既然已知两个时间数列具备 I（1）平稳性，所以，说明两个时间数列存在潜在的平稳性，我们也可以将其称为潜在稳健性的平稳性。基于这一背景条件，下面，我们将选择原时间数列再次进行格兰杰因果检验，检验之前，仍然先进行一下相关系数的检验。所有的检验结果，见表 15.11。

表 15.11　　　　　　　　　时间数列相关性检验

	收入序列	教育序列
收入序列	1.000000	0.976371
教育序列	0.976371	1.000000

观察表 15.11 的检验结果，我们清楚地看到，原收入时间数列和受教育时间数列的相关系数为 0.976371，相关程度非常高。因此，两个时间数列可以进行格兰杰因果检验。

观察表 15.12 的检验结果我们发现，带三期滞后的时间数列"农村家庭子女受教育年限不是对数化处理的农村家庭收入时间数列的格兰杰因果原因"，通过检验，落入 F 分布的拒绝域。即农村家庭子女受教育年限是对数化处理的农村家庭收入时间数列的有力解释量。

表 15.12   对两时间数列的格兰杰因果检验结果

滞后期：3

Null Hypothesis：	Obs	F – Statistic	Prob.
EDUCATIONYEARS does not Granger Cause LNINCOME	37	4.09679	0.0150
LNINCOME does not Granger Cause EDUCATIONYEARS		0.03717	0.9902

15.10.3　建立时间数列模型

将对数化处理的农村家庭收入时间数列作为被解释变量，将农村家庭子女受教育年限作为解释变量，建立线性回归模型。对于模型中解释变量的滞后期选多少期合适，将借助交叉相关系数进行选择。

观察表 15.13，这两个时间数列在解释变量的较长滞后期上均存在较高的相关性，因此，模型形式可以灵活地选择进入模型的解释变量滞后期的长度。一般来讲，观察是否通过了自相关检验是重要参考标准之一。

表 15.13   对数化农村家庭收入时间数列与家庭子女受教育
年限滞后期相关程度收敛情况

lnI, EDU (−i)	lnI, EDU (+i)	i	lag	lead
* * * * * * * * * *	* * * * * * * * * *	0	0.9764	0.9764
* * * * * * * * *	* * * * * * * * *	1	0.9097	0.9036
* * * * * * * *	* * * * * * * *	2	0.8523	0.8297
* * * * * * * *	* * * * * * *	3	0.7977	0.7543
* * * * * * *	* * * * * * *	4	0.7389	0.6814
* * * * * *	* * * * * *	5	0.6807	0.6039
* * * * * *	* * * * *	6	0.6173	0.5234
* * * * * *	* * * *	7	0.5518	0.4406
* * * * *	* * * *	8	0.4872	0.3679
* * * *	* * *	9	0.4238	0.2990
* * * *	* *	10	0.3541	0.2382
* * *	* *	11	0.2833	0.1707
* *	*	12	0.2045	0.0929
*		13	0.1374	0.0317
*		14	0.0677	−0.0201
	*	15	−0.0017	−0.0595

观察表 15.14 的回归结果，解释变量的显著性通过检验，模型整体的拟合状态很好，但是，模型却存在较为严重的自相关问题。对于自相关问题的修正方法，本书已在第 9 章中做了详细解析，这里不再赘述。

表 15.14   回归结果 2

Variable	Coefficient	Std. Error	t - Statistic	Prob.
C	- 1.094437	0.256391	- 4.268625	0.0001
EDUCATIONYEARS	0.712621	0.025586	27.85156	0.0000
R - squared	0.953300	Mean dependent var		5.846488
Adjusted R - squared	0.952071	S. D. dependent var		1.740556
S. E. of regression	0.381053	Akaike info criterion		0.956952
Sum squared resid	5.517661	Schwarz criterion		1.041396
Log likelihood	- 17.13903	Hannan - Quinn criter.		0.987484
F - statistic	775.7095	Durbin - Watson stat		0.335595
Prob（F - statistic）	0.000000			

本章总结

　　本章是计量经济学课程的重点章节。本书在此着重笔墨，对以下问题进行了逐步研究。内容包括，时间数列的概念；时间数列模型的定义；带正态白噪声的随机游走过程及其分类；平稳性的内涵；平稳性与时间数列模型的关系；单一时间数列平稳性检验；时间数列的单整过程；两个时间数列的平稳性检验；两个时间数列的协整关系定义；协整系数定义、协整均衡误差与协整线性组合的关系；时间数列线性组合的平稳性检验；两个时间数列的格兰杰因果检验；长期均衡误差模型；误差修正模型的单一性表达；误差修正模型的系统性表达——向量自回归模型等。最后，对一些常用的时间数列模型形式进行了补充介绍。

英语词汇

time series

white noise

random walk

pure random walk

random walk with drift

random walk with trend

random process

viener process

Gaussian process

integrated

cointegrating

difference method

linear combination

stability

stable state

equilibrium

spurious regression

correlogram

autocorrelation function

partial autocorrelation

simultaneous hypotheses

unit root

unit root test

Brownian motion

DF test

ADF test

EG test

AEG test

τ critical value table

cointegrated parameter

cointegrating relationship

response surface function

Enger

Granger

Yoo

Dickey

Fuller

Mackinnon

Granger causality test

restricted model

unrestricted model

AR(p) model

autoregressive model

MR（p）　model

moving average model

ARMA（p, q）model

ARIMA（p, q）model

lagged operator

reversible MA operator

autoregressive distributed lag model

autoregressive distributed lag model with multiple predictors

error correction model（ECM）

error correction term（ECT）

error correction parameter

vector autoregressive model（VAR model）

basic model

long period disequlibrium

Granger representation theorem model

拓展阅读

①阅读关于时间数列的相关中英文文献。

②阅读时间数列平稳性的中英文文献。

③阅读格兰杰因果检验的中英文文献。

④阅读误差修正模型的单一性与系统性表达的相关模型文献。

⑤阅读向量自回归模型在金融领域中应用的中英文文献。

⑥阅读时间数列平稳性在股票、期货等金融资本市场上的应用。

本章思考

①时间数列平稳性的内涵。

②时间数列平稳性与随机游走之间的内在关联。

③时间数列平稳性的检验方法。

④误差修正模型中的长期均衡趋势机制分析。

⑤向量自回归模型如何体现系统反馈机制原理。

⑥时间数列平稳性如何检验股票市场波动性状况。

⑦格兰杰因果检验的适用性与不足。

第16章 面板数据模型

面板数据模型是计量经济学的重要内容之一。一般来说，面板数据模型经常和时间数列模型放在一起来介绍，是为了便于大家从数据类型上区分模型的本质区别。

我们说，单一个体在多个时间点上的样本数据集合被称为时间数列；而多个个体在多个时间点上的样本数据的集合就是面板数据的类型。伴随着大数据时代的来临，AI 技术处理数据能力日益增强，面板数据模型应用也越来越广泛。

16.1 面板数据

面板数据是多个个体，比如，国家、地区以及企业等，在两个时点及两个以上时点取值形成的数据类型。按有无缺省值，面板数据被分为平行面板和非平行面板。对于平行面板来说，当存在 N 个个体和 T 个时点时，$N \times T$ 就是面板数据的样本容量，即观测值的数量。面板数据一般用双下标来表示：

$$(X_{it}, Y_{it}) \quad i = 1, 2, \cdots, N \text{ and } t = 1, 2, \cdots, T \tag{16.1}$$

在式（16.1）中，第一个下标 i 表示个体，第二个下标 t 表示观测的时点。

16.2 面板数据模型

面板数据模型的类型，主要包括三种：混合面板模型、固定效应影响模型以及随机效应影响模型。混合面板模型又称不变系数面板模型；固定效应影响模型包括个体固定效应影响面板数据模型、时间固定效应影响面板数据模型、个体和时间均固定的效应影响面板数据模型；随机效应影响模型表示回归系数是随机的，不是固定的概念，见图 16.1。

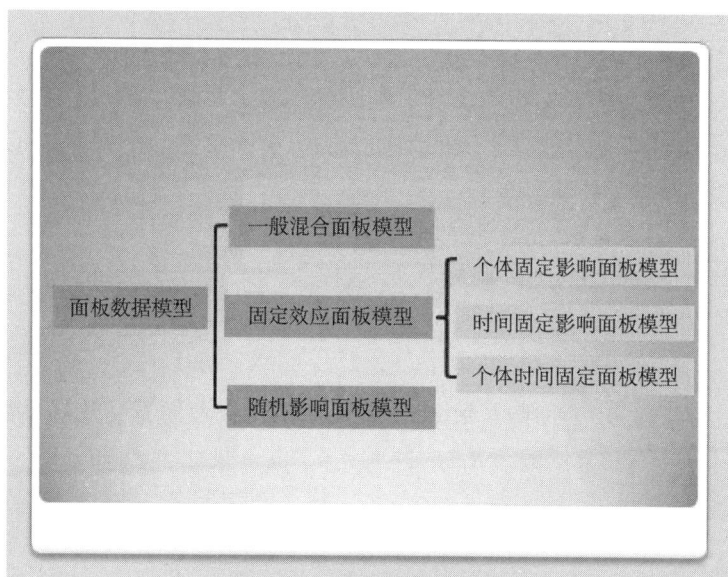

图 16.1　面板数据模型类型架构

16.2.1　一般混合面板模型

$$y_{it} = \alpha + X'_{it}\beta + \mu_{it} \quad i = 1, 2, \cdots, N; \; t = 1, 2, \cdots, T \qquad (16.2)$$

观察式（16.2），回归系数 α 和 β 没有带任何脚标，表明面板数据回归最终得到的是共同的系数。因此，一般混合面板数据模型经常又被称作不变系数面板数据模型。

16.2.2　固定效应影响面板数据模型

①个体固定影响面板数据模型。

$$y_{it} = \alpha_i + X'_{it}\beta + \mu_{it} \quad i = 1, 2, \cdots, N; \; t = 1, 2, \cdots, T \qquad (16.3)$$

在式（16.3）中，回归系数 β 没带脚标，表示共同系数。常数项 α_i 带有表示个体的脚标，表明不同个体依赖于 X'_{it} 形成的不同的截距项。

②时间固定影响面板数据模型。

$$y_{it} = \gamma_t + X'_{it}\beta + \mu_{it} \quad i = 1, 2, \cdots, N; \; t = 1, 2, \cdots, T \qquad (16.4)$$

在式（16.4）中，回归系数 β 没带脚标，表示共同系数。常数项 γ_t 带有时间脚标，表明不同时间依赖于 X'_{it} 形成的不同的截距项。

③个体和时间均固定影响面板模型。

$$y_{it} = (\alpha_i + \gamma_t) + X'_{it}\beta + \mu_{it} \quad i = 1, 2, \cdots, N; \ t = 1, 2, \cdots, T \quad (16.5)$$

在式（16.5）中，回归系数 β 没带脚标，表示共同系数。常数项 $\alpha_i + \gamma_t$ 分别带有表示个体和时间独立影响的脚标，表明不同个体与不同时间依赖于 X'_{it} 形成的两个不同截距项之和。

16.2.3　随机效应影响面板数据模型

$$y_{it} = \alpha^* + X'_{it}\beta^* + \mu_{it}^* \quad i = 1, 2, \cdots, N; \ t = 1, 2, \cdots, T \quad (16.6)$$

在式（16.6）中，回归系数 α^*、β^* 均以随机概念而不是共同系数的概念出现。α^*、β^* 不完全依赖于 X_{it}' 的影响；μ_{it}^* 也不是完全依赖于 X'_{it} 的随机误差项。

16.3　面板数据模型的估计方法

面板数据不同于以往的时间数列和单一的横截面数据，因此，估计方法也不是传统意义上的 OLS 方法。时间数列与横截面数据的融合，促使传统的 OLS 方法也需要进行相应的变形与调整，才能满足面板数据复杂回归分析的要求。

16.3.1　针对一般混合面板数据模型

我们知道，一般混合面板数据模型最终的回归系数，是对所有数据不分个体与时间的回归结果。以往，在 OLS 方法中计算回归系数，需要的元素包括解释变量以及被解释变量的真实值与平均值。然而，在面板数据中，由于不同个体在不同时间上都有数值，因此，先需要对每个时间节点上的个体值进行简单算术平均，得到平均值；之后，再用这些变量的平均值构成的时间数列进行 OLS 方法的回归。这就是 OLS 方法升级版本之一的"平均数 OLS 方法"，英文名称是 between OLS，我们将其简称为 BOLS 方法。BOLS 方法适用于一般混合面板数据模型、随机效应影响面板数据模型等，使估计量能保持一致性特征。另外，针对一般混合面板数据模型，最基本的混合最小二乘法，即 pooled least squared method，简称 PLS 方法也是适用的，该方法是针对所有 NT 样本的总回归方法。

16.3.2　针对固定效应类面板数据模型

以个体固定效应面板数据模型为例，对于准备研究个体固定效应的面板数据，需要知道每个个体在时间数列上的均值情况，以及每个个体值与均值的偏离程度，这样，才能得到针对每一个个体的 OLS 估计值，这就是离差最小二乘法的基本原理。这种方法的英文表达是 within least squared method，我们称之为 WOLS 方法。WOLS 方法保证了个体固定效应面板数据模型估计量的一致性特征。

16.3.3　针对随机效应类面板数据模型

对于随机效应类面板数据模型，我们采用广义可行最小二乘法，对模型进行估计。广义可行最小二乘法，英文表达式为 generalized feasible least squared method，简称为 GFLS 方法。该方法的基本原理是回归中先引入一个类似于虚拟变量的值 λ，该值可以取 0，也可以取 1，构建新变量的表达式：

$$x_i^* = x_i - \lambda \bar{x}_i \qquad (16.7)$$

在式（16.7）中，$\lambda = 0$，$x_i^* = x_i$，GFLS 转变为 POLS；$\lambda = 1$，$x_i^* = x_i - \bar{x}_i$，GFLS 转变为 WOLS。

通过广义可行最小二乘法对随机效应影响面板数据模型进行估计得到的估计量具有一致性特征。

其他适合面板数据模型估计的方法，因篇幅有限，不再赘述。

16.4　面板数据模型的检验

由于面板数据模型种类较多，因此，对面板数据模型的检验，很大一部分集中于模型形式的选择上。这里重点介绍两个统计量：一个是模型形式在一般混合面板数据模型形式与个体固定效应面板数据模型形式之间做出选择的 F 统计量；另一个是模型形式在固定效应影响类面板数据模型形式与随机效应影响类面板数据模型形式之间做出选择的豪斯曼（Hausman，1978）统计量。另外，再简单介绍一些其他有关检验统计量的使用原理。

16.4.1 一般混合面板数据模型与个体固定效应面板数据模型形式选择检验

对选择一般混合面板数据模型还是个体固定效应面板数据模型，我们采用 F 统计量进行检验。

16.4.1.1 F 检验统计量的具体表达式

$$F = \frac{(RSS_{ur} - RSS_r)/(N - K)}{RSS_{ur}/(NT - N - K)} \sim F(N - K, NT - N - k) \qquad (16.8)$$

在式（16.8）中，N 表示面板数据的个体数；T 表示面板数据的时期数；k 表示面板数据模型中的解释变量数量。RSS_r 是带约束条件的面板数据模型的残差平方和；RSS_{ur} 是非约束条件的面板数据模型的残差平方和。

16.4.1.2 假设条件的设定

原假设：$\alpha_i = \alpha$；

备择假设：$\alpha_i \neq \alpha$。

观察原假设不难发现，截距项不随个体的变化而变化，成为一个常数项，说明原假设是表明选择一般混合面板数据模型的假设；相对而言，备择假设中令截距项不再为常数，而是与面板数据中涉及的个体息息相关。因此，备择假设表达的意思是，选择个体固定效应类面板数据模型。

16.4.1.3 F 统计量的具体应用

将 F 统计量的计算结果与一定显著性水平下的 F 分布临界值相比较，如果，
$F < F_\alpha$，接受原假设，原面板数据模型适合建立一般混合面板模型；
$F \geq F_\alpha$，拒绝原假设，原面板数据模型适合建立个体固定效应面板数据模型。

16.4.2 固定影响类面板数据模型与随机影响类面板数据模型形式选择检验

对选择固定影响类面板数据模型还是随机影响类面板数据模型，我们采用 Hausman 统计量进行检验。

16.4.2.1　Hausman 检验统计量的基本原理

Hausman 检验是通过利用两种不同的面板数据模型的估计方法得到的两个回归系数估计量差异与对应的回归系数的样本方差之差的比值，构造出符合 χ^2 分布的检验统计量。依据模型中解释变量的个数，临界检验分为 χ^2（1）和 χ^2（k）。

Hausman 检验统计量的基本原理就是，利用不同估计方法下的估计值之间的差异程度来权衡模型形式的选择。如果模型形式的选择是正确的，适合这种模型形式的估计方法也不止一种，不同的估计方法形成的估计值之间差异的概率极限分布应该是渐近为零的。这也是估计量一致性在不同估计方法之间的延伸运用。反过来说，如果模型形式的选择是不正确的，选择的不同估计方法得到的估计量之间的差异明显，出现了对估计量一致性的违背。

不过，使用 Hausman 检验统计量，对原假设的设定是非常关键的问题。这决定了使用者对哪种模型形式的认可。

16.4.2.2　Hausman 检验统计量的具体表达式

根据 Hauseman 检验原理，整理如下：

①包含一个回归元的面板数据模型。

$$\text{Hausman} = \frac{(\widehat{\beta}_{\text{fix}} - \widehat{\beta}_{\text{ran}})^2}{\text{var}(\widehat{\beta}_{\text{fix}} - \widehat{\beta}_{\text{ran}})} \sim \chi^2_\alpha(1) \tag{16.9}$$

②包含 k 个回归元的面板数据模型。

$$\text{Hausman} = \frac{(\widehat{\beta}^k_{\text{fix}} - \widehat{\beta}^k_{\text{ran}})^2}{\text{var}(\widehat{\beta}^k_{\text{fix}} - \widehat{\beta}^k_{\text{ran}})} \sim \chi^2_\alpha(K) \tag{16.10}$$

综合检验可以表述为：

$$\frac{\sum_{i=1}^k (\widehat{\beta}^k_{\text{fix}} - \widehat{\beta}^k_{\text{ran}})^2}{k[\sum_{i=1}^k \text{var}(\widehat{\beta}^k_{\text{fix}} - \widehat{\beta}^k_{\text{ran}})]} \sim X^2_\alpha(k) \tag{16.11}$$

在式（16.9）和式（16.10）中，$\widehat{\beta}_{\text{fix}}$、$\widehat{\beta}^k_{\text{fix}}$ 和 $\widehat{\beta}_{\text{ran}}$、$\widehat{\beta}^k_{\text{ran}}$ 分别是 WOLS 方法和 GFLS 方法下的回归系数估计量；$\text{var}(\widehat{\beta}_{\text{fix}})$、$\text{var}(\widehat{\beta}^k_{\text{fix}})$ 和 $\text{var}(\widehat{\beta}_{\text{ran}})$、$\text{var}(\widehat{\beta}^k_{\text{ran}})$ 分别是 WOLS 方法和 GFLS 方法下的回归系数估计量的方差，实际运用中，有时采用标准误差进行近似计算。如果利用 WOLS 方法和 GFLS 方法计算的 Hausman 统计量结果具有一致性，即 Hausman 统计量的值的极限分布趋于零，说明原面板数据模型选择的模型形式应该是随机影响类面板数据模型形式。如果 Hausman

统计量的值差异明显，说明原面板数据模型选择的模型形式应该是固定影响类面板数据模型形式。

16.4.2.3　假设条件的设定

①第一种假设方案。

原假设：模型是随机效应影响类面板数据模型形式；

备择假设：模型是固定效应影响类面板数据模型形式。

②第二种假设方案。

原假设：模型是固定效应影响类面板数据模型形式；

备择假设：模型是随机效应影响类面板数据模型形式。

两种假设方案完全不同，使用时要谨慎。

16.4.2.4　Hausman 统计量的具体应用

将 Hausman 统计量的计算结果与一定显著性水平下的 χ^2 分布临界值相比较，如果 Hausman 值 $< \chi^2_\alpha$，接受原假设，面板数据模型适合建立随机效应影响类面板数据模型形式（第一种假设方案）、固定效应影响类面板数据模型形式（第二种假设方案）；如果 Hausman 值 $\geqslant \chi^2_\alpha$，拒绝原假设，面板数据模型适合建立固定效应影响类面板数据模型形式（第一种假设方案）、随机效应影响类面板数据模型形式（第二种假设方案）。

16.4.3　其他有关检验统计量介绍

面板数据模型是目前常用的数据集合的形式，所以，熟练掌握对面板数据的建模方法、估计方法是非常重要的知识点。

其他关于检验面板数据模型选择形式的统计量有 LM 统计量；模型若干约束条件能否存在的联合检验等，都对面板数据模型形式的选择有逻辑上的启发。

16.5　案例分析

借助 3.5 节的案例资料，本节对面板数据模型进行案例分析。将 3.5 节的案例数据设定为 A 地区数据，下面，补充 B 地区和 C 地区的数据。A、B、C 三地 1978 ~ 2017 年的数据资料构成了一个标准的面板数据见表 16.1。

表 16.1　　　　　　　　　　　　面板数据资料

年份	农村家庭收入情况（元/月）			农村家庭适龄子女受教育年限（年/人）		
	A 地区	B 地区	C 地区	A 地区	B 地区	C 地区
1978	20	40	60	5.5	5.9	6.9
1979	26	47	90	5.6	6.2	7.2
1980	30	56	124	5.7	6.3	7.3
1981	36	62	241	5.9	6.9	7.9
1982	40	70	283	6.1	7.1	8.1
1983	42	78	365	6.2	7.2	8.2
1984	44	86	426	6.4	7.4	8.4
1985	49	96	589	7.2	7.8	8.8
1986	58	113	824	7.6	7.9	8.9
1987	60	129	969	8.2	8.1	9.1
1988	66	142	1201	8	8.2	9.2
1989	52	158	1300	7.5	8.0	10.0
1990	90	169	1424	8.5	8.9	10.9
1991	95	184	1621	9.2	9.3	10.3
1992	106	209	1789	9.7	9.9	10.9
1993	150	224	1896	9	10.1	11.1
1994	180	249	2002	9.5	10.5	11.5
1995	240	298	2106	9.8	10.8	11.8
1996	336	345	2203	9.9	10.9	11.9
1997	400	416	2368	10.1	10.1	12.1
1998	480	514	2513	10.2	10.2	12.2
1999	600	618	2619	10.2	11.2	13.2
2000	710	786	2896	10.3	12.3	13.3
2001	800	959	3014	10.7	13.1	13.7
2002	880	1115	3123	10.8	13.8	14.3
2003	909	1332	3268	11	14	14.8
2004	1200	1554	3426	11.2	14.2	14.9
2005	1300	1789	3517	11.3	14.3	15.3
2006	1500	1892	3619	11.5	14.5	15.5
2007	1900	2132	3812	11.7	14.7	15.7
2008	2100	2340	3926	11.9	14.9	15.9
2009	2300	2582	3986	11.9	14.9	16.3
2010	2500	2723	4012	12.1	15.1	16.5
2011	2600	2916	4135	12.3	15.3	16.7
2012	2700	3204	4216	12.5	15.5	16.8
2013	2900	3426	4326	12.6	15.6	16.9
2014	3003	3610	4562	12.8	15.8	17.2
2015	3100	3990	4613	12.7	15.7	17.7
2016	3500	4325	4785	12.9	15.9	17.9
2017	4100	4519	5103	13.4	16	18.1

资料来源：根据作者的调研数据计算整理而得。

对面板数据模型进行估计时，同样需要对各组数据的正态性特征进行初步检验，然后再进行以下步骤。

16.5.1　面板数据的正态性检验

观察表 16.2，面板数据中各组数据的 JB 统计量基本上满足正态分布，可以进行相关估计。

表 16.2　　　　　　　　　　　面板数据的正态性检验

	A 收入	B 收入	C 收入	A 教育	B 教育	C 教育
Mean	1030.050	1237.425	2433.800	9.740000	11.36250	12.58500
Median	440.0000	465.0000	2440.500	10.15000	10.85000	12.15000
Maximum	4100.000	4519.000	5103.000	13.40000	16.00000	18.10000
Minimum	20.00000	40.00000	60.00000	5.500000	5.900000	6.900000
Std. Dev.	1202.794	1400.981	1551.042	2.384759	3.407359	3.517251
Skewness	0.988191	0.977822	-0.048471	-0.372167	-0.058696	-0.023824
Kurtosis	2.645331	2.602737	1.724725	1.942401	1.500343	1.655200
Jarque - Bera	6.719789	6.637268	2.726208	2.787580	3.771254	3.017927
Probability	0.034739	0.036202	0.255865	0.248133	0.151734	0.221139
Sum	41202.00	49497.00	97352.00	389.6000	454.5000	503.4000
Sum Sq. Dev.	56421824	76547216	93823520	221.7960	452.7937	482.4710
Observations	40	40	40	40	40	40

16.5.2　混合面板数据模型估计

混合面板数据模型估计时可以带常数项，也可以不带常数项。为了节约空间，有些模型估计省略了常数项；有些模型估计结果将中间年份省略了。

表 16.3 的估计结果是忽略了个体和时间的影响，得到混合最小二乘估计量，该估计量是一个共同系数。系数通过了显著性检验，但是，模型存在的自相关问题明显。

表 16.3　　　　　　　　　　　面板数据的混合估计结果 1

Variable	Coefficient	Std. Error	t - Statistic	Prob.
EDUYPOOL?	161.7078	8.372259	19.31471	0.0000
R - squared	0.496836	Mean dependent var		1567.092
Adjusted R - squared	0.496836	S. D. dependent var		1513.868
S. E. of regression	1073.848	Akaike info criterion		16.80418
Sum squared resid	1.37E + 08	Schwarz criterion		16.82741
Log likelihood	-1007.251	Hannan - Quinn criter.		16.81362
Durbin - Watson stat	0.017040			

表 16.4 的估计结果是，忽略时间的影响，得到的个体固定最小二乘估计量，这些估计量是每个个体的共同系数。系数均通过了显著性检验，但是，模型存在的自相关问题依然明显。

表 16.4　　　　　　　　　面板数据的混合估计结果 2

Variable	Coefficient	Std. Error	t – Statistic	Prob.
A—EDUYPOOLA	123. 4544	15. 23524	8. 103216	0. 0000
B—EDUYPOOLB	129. 4707	12. 88306	10. 04969	0. 0000
C—EDUYPOOLC	210. 8033	11. 69371	18. 02708	0. 0000
R – squared	0. 600047	Mean dependent var		1567. 092
Adjusted R – squared	0. 593210	S. D. dependent var		1513. 868
S. E. of regression	965. 5462	Akaike info criterion		16. 60795
Sum squared resid	1. 09E + 08	Schwarz criterion		16. 67763
Log likelihood	– 993. 4768	Hannan – Quinn criter.		16. 63625
Durbin – Watson stat	0. 021402			

16.5.3　固定效应影响类面板数据模型的估计

固定效应影响类面板数据模型分为个体固定效应影响面板数据模型、时间固定效应影响面板数据模型和个体、时间效应均固定影响面板数据模型三种。三种固定效应影响类面板数据模型的估计结果，分别见表 16.5.1、表 16.5.2、表 16.6 和表 16.7。

表 16.5.1　　　　　不变系数个体固定效应影响面板数据模型估计 1

Variable	Coefficient	Std. Error	t – Statistic	Prob.
C	– 3007. 924	187. 4060	– 16. 05031	0. 0000
EDUYPOOL?	407. 4225	16. 08553	25. 32851	0. 0000
Fixed Effects（Cross）				
A—C	69. 67841			
B—C	– 383. 9897			
C—C	314. 3113			
Effects Specification				
Cross – section fixed（dummy variables）				
R – squared	0. 872661	Mean dependent var		1567. 092
Adjusted R – squared	0. 869368	S. D. dependent var		1513. 868
S. E. of regression	547. 1590	Akaike info criterion		15. 48012
Sum squared resid	34728423	Schwarz criterion		15. 57304
Log likelihood	– 924. 8073	Hannan – Quinn criter.		15. 51785
F – statistic	264. 9842	Durbin – Watson stat		0. 095006
Prob（F – statistic）	0. 000000			

表 16.5.2　　　　　　变系数个体固定效应影响面板数据模型估计 2

Variable	Coefficient	Std. Error	t – Statistic	Prob.
C	– 3039. 266	190. 3345	– 15. 96803	0. 0000
A—EDUYPOOLA	426. 2796	36. 29145	11. 74601	0. 0000
B—EDUYPOOLB	364. 0376	25. 39984	14. 33228	0. 0000
C—EDUYPOOLC	439. 4701	24. 60626	17. 86010	0. 0000
Fixed Effects（Cross）				
A—C	– 82. 64810			
B—C	140. 3137			
C—C	– 57. 66561			
Effects Specification				
Cross – section fixed（dummy variables）				
R – squared	0. 877892	Mean dependent var		1567. 092
Adjusted R – squared	0. 872536	S. D. dependent var		1513. 868
S. E. of regression	540. 4819	Akaike info criterion		15. 47151
Sum squared resid	33301761	Schwarz criterion		15. 61088
Log likelihood	– 922. 2904	Hannan – Quinn criter.		15. 52811
F – statistic	163. 9198	Durbin – Watson stat		0. 098665
Prob（F – statistic）	0. 000000			

　　表 16.5.1 和表 16.5.2 显示，A、B 和 C 三个地区农村家庭适龄子女受教育年限对农村家庭收入的影响比较显著，呈正向影响。模型存在的自相关问题明显。

　　表 16.6 显示，A、B 和 C 三个地区农村家庭适龄子女受教育年限对农村家庭收入的影响系数作为共同系数出现在面板模型中，时间固定影响分布在1978～2017 年的各个时间节点上。模型存在的自相关问题明显。

表 16.6　　　　　　时间固定影响面板数据模型估计

Variable	Coefficient	Std. Error	t – Statistic	Prob.
C	1751. 565	860. 1219	2. 036414	0. 0451
A—EDUYPOOLA	– 76. 33476	88. 97260	– 0. 857958	0. 3936
B—EDUYPOOLB	– 43. 54645	75. 26070	– 0. 578608	0. 5645
C—EDUYPOOLC	54. 42017	68. 34189	0. 796293	0. 4283
Fixed Effects（Period）				
1978—C	– 1611. 143			
⋮				
2017—C	3067. 310			
Effects Specification				
Period fixed（dummy variables）				
R – squared	0. 967142	Mean dependent var		1567. 092
Adjusted R – squared	0. 949220	S. D. dependent var		1513. 868
S. E. of regression	341. 1428	Akaike info criterion		14. 77546
Sum squared resid	8961138.	Schwarz criterion		15. 77431
Log likelihood	– 843. 5276	Hannan – Quinn criter.		15. 18110
F – statistic	53. 96241	Durbin – Watson stat		0. 062939
Prob（F – statistic）	0. 000000			

表 16.7 显示，A、B 和 C 三个地区农村家庭适龄子女受教育年限对农村家庭收入的影响系数作为固定系数出现在面板模型中，时间固定效应影响分布在 1978～2017 年的各个时间节点上。个体和时间均固定效应的模型看起来烦琐很多，模型同样存在明显的自相关问题。

表 16.7　　　　　　　　　个体、时间均固定影响面板数据模型估计

Variable	Coefficient	Std. Error	t – Statistic	Prob.
C	3414. 427	1028. 258	3. 320595	0. 0014
A—EDUYPOOLA	– 300. 2966	118. 5882	– 2. 532262	0. 0134
B—EDUYPOOLB	– 153. 9514	83. 32031	– 1. 847706	0. 0686
C—EDUYPOOLC	– 68. 95875	80. 88588	– 0. 852544	0. 3966
Fixed Effects (Cross)				
A—C	540. 5110			
B—C	– 427. 7294			
C—C	– 112. 7817			
Fixed Effects (Period)				
1978—C	– 2362. 508			
⋮				
2017—C	3738. 023			
Effects Specification				
Cross – section fixed (dummy variables)				
Period fixed (dummy variables)				
R – squared	0. 970142	Mean dependent var		1567. 092
Adjusted R – squared	0. 952626	S. D. dependent var		1513. 868
S. E. of regression	329. 5032	Akaike info criterion		14. 71305
Sum squared resid	8142927.	Schwarz criterion		15. 75835
Log likelihood	– 837. 7827	Hannan – Quinn criter.		15. 13755
F – statistic	55. 38424	Durbin – Watson stat		0. 094886
Prob (F – statistic)	0. 000000			

16.5.4　随机效应影响类面板数据模型的估计

表 16.8 是个体随机效应影响的面板数据模型的估计结果。个体不再固定，解释变量成为一个共同的系数，每个个体拥有不同的常数项。

表16.8		个体随机效应影响面板数据模型估计		
Variable	Coefficient	Std. Error	t – Statistic	Prob.
C	– 3011. 290	331. 9030	– 9. 072802	0. 0000
EDUYPOOL?	407. 7223	16. 04928	25. 40440	0. 0000
Random Effects（Cross）				
A—C	67. 87259			
B—C	– 371. 6958			
C—C	303. 8232			
Effects Specification				
			S. D.	Rho
Cross – section random			474. 9278	0. 4297
Idiosyncratic random			547. 1590	0. 5703
Weighted Statistics				
R – squared	0. 846448	Mean dependent var		280. 8418
Adjusted R – squared	0. 845147	S. D. dependent var		1384. 997
S. E. of regression	545. 0151	Sum squared resid		35050895
F – statistic	650. 4709	Durbin – Watson stat		0. 094203
Prob（F – statistic）	0. 000000			
Unweighted Statistics				
R – squared	0. 835856	Mean dependent var		1567. 092
Sum squared resid	44765827	Durbin – Watson stat		0. 073760

表16.9 是时间随机效应影响的面板数据模型估计结果。时间不再固定，解释变量成为一个共同的系数，每个时间节点拥有不同的常数项。

表16.9		时间随机影响面板数据模型估计		
Variable	Coefficient	Std. Error	t – Statistic	Prob.
C	– 3096. 794	225. 9844	– 13. 70358	0. 0000
EDUYPOOL?	415. 3367	19. 20242	21. 62939	0. 0000
Random Effects（Period）				
1978—C	271. 7842			
⋮				
2017—C	493. 1752			
Effects Specification				
			S. D.	Rho
Period random			287. 1031	0. 2147
Idiosyncratic random			549. 1602	0. 7853
Weighted Statistics				
R – squared	0. 799935	Mean dependent var		1161. 615
Adjusted R – squared	0. 798240	S. D. dependent var		1217. 426
S. E. of regression	546. 8403	Sum squared resid		35286052
F – statistic	471. 8084	Durbin – Watson stat		0. 072980
Prob（F – statistic）	0. 000000			
Unweighted Statistics				
R – squared	0. 836159	Mean dependent var		1567. 092
Sum squared resid	44683188	Durbin – Watson stat		0. 075355

表 16. 10 是个体、时间随机效应影响的面板数据模型估计结果。个体和时间均不再固定，解释变量成为一个共同的系数，每个个体、每个时间节点均拥有不同的常数项。当然，构成的模型数量也是非常多的。

表 16. 10　　　　　　　个体、时间均随机影响面板数据模型估计

Variable	Coefficient	Std. Error	t – Statistic	Prob.
C	– 2787. 488	385. 9050	– 7. 223250	0. 0000
EDUYPOOL?	387. 7919	21. 74584	17. 83293	0. 0000
Random Effects（Cross）				
A—C	39. 79309			
B—C	– 375. 2243			
C—C	335. 4312			
Random Effects（Period）				
1978—C	335. 4794			
⋮				
2017—C	887. 0322			
Effects Specification				
			S. D.	Rho
Cross – section random			478. 8363	0. 4475
Period random			364. 5043	0. 2593
Idiosyncratic random			387. 6486	0. 2933
Weighted Statistics				
R – squared	0. 729366	Mean dependent var		194. 8473
Adjusted R – squared	0. 727073	S. D. dependent var		779. 0776
S. E. of regression	407. 0093	Sum squared resid		19547475
F – statistic	318. 0133	Durbin – Watson stat		0. 098845
Prob（F – statistic）	0. 000000			
Unweighted Statistics				
R – squared	0. 832406	Mean dependent var		1567. 092
Sum squared resid	45706788	Durbin – Watson stat		0. 068729

16. 5. 5　面板数据模型形式选择检验

16. 5. 5. 1　一般混合面板与个体固定面板数据模型选择检验

检验面板数据模型是选择混合面板模型还是个体固定面板模型，采用的统计量是 F 统计量和卡方统计量。此处介绍 F 统计量，卡方统计量放在下一个内容介绍。使用 F 统计量的基本步骤：首先，建立假设条件；其次，对面板数据进行混合估计和个体固定面板数据模型估计；最后，选择 F 统计量判断目前的估计结果是否被接受。

原假设：面板数据模型选择混合面板数据模型；

备择假设：面板数据模型选择个体固定面板数据模型。

估计所需数据，见表 16.11。

表 16.11 综合上述面板数据的混合估计与个体固定面板数据估计

Variable	Coefficient	Std. Error	t – Statistic	Prob.
C	– 3100. 204	198. 3133	– 15. 63286	0. 0000
EDUYPOOL?	415. 6404	16. 93722	24. 54006	0. 0000
R – squared	0. 836160			
Variable	Coefficient	Std. Error	t – Statistic	Prob.
A—EDUYPOOLA	123. 4544	15. 23524	8. 103216	0. 0000
B—EDUYPOOLB	129. 4707	12. 88306	10. 04969	0. 0000
C—EDUYPOOLC	210. 8033	11. 69371	18. 02708	0. 0000
R – squared	0. 600047			

$$F = \frac{(RSS_{ur} - RSS_r)/(N - k)}{RSS_{ur}/(NT - N - k)} = \frac{(0.836160 - 0.600047)/(3 - 1)}{(1 - 0.836160)/(120 - 3 - 1)} \approx 90.78$$

$$F \approx 90.78 > F_{0.05}(2, 116) = 3.074$$

根据统计量计算值和临界值的比较，拒绝原假设，模型建立个体固定的混合面板模型比较理想。这一结果与表 16.12 中软件检验的结果一致。

表 16.12 个体固定面板的 F 统计量、卡方统计量检验结果

Effects test	Statistic	d. f.	Prob.
Cross – section F	16. 625268	(2, 116)	0. 0000
Cross – section Chi – square	30. 244338	2	0. 0000

16.5.5.2 个体固定效应影响与个体随机效应影响面板数据模型选择检验

检验面板数据模型是选择个体固定影响还是个体随机影响，采用的统计量是 Hausman 统计量。首先，建立假设条件；其次，对面板数据进行个体随机影响模型的估计结果，见表 16.13、表 16.14；最后，选择 Hausman 统计量判断目前的估计结果是否被接受。

原假设：面板数据模型选择个体随机效应影响模型；

备择假设：面板数据模型选择个体固定效应影响模型。

表 16.13 个体固定效应影响面板数据模型估计

Variable	Coefficient	Std. Error	t – Statistic	Prob.
C	– 3007. 924	187. 4060	– 16. 05031	0. 0000
EDUYPOOL?	407. 4225	16. 08553	25. 32851	0. 0000
Fixed Effects（Cross）				
A—C	69. 67841			
B—C	– 383. 9897			
C—C	314. 3113			

$$\text{S. E}\ (\widehat{\text{EDU}})\ =407.\,4225/25.\,32851=16.\,0855$$

表 16.14　　　　　　　　个体随机效应影响面板数据模型估计

Variable	Coefficient	Std. Error	t – Statistic	Prob.
C	– 3011. 290	331. 9030	– 9. 072802	0. 0000
EDUYPOOL?	407. 7223	16. 04928	25. 40440	0. 0000
Random Effects（Cross）				
A—C	67. 87259			
B—C	– 371. 6958			
C—C	303. 8232			

$$\text{S. E}(\widehat{\text{EDU}})\ =407.\,7223/25.\,40440=16.\,0493$$

$$\text{Hausman 统计量} = \frac{(\theta_{\text{Fixed}} - \theta_{\text{Random}})^2}{[\,\text{S. E}(\widehat{\text{EDU}_{\text{Fixed}}})\,]^2 - [\,\text{S. E}(\widehat{\text{EDU}_{\text{Random}}})\,]^2}$$

$$= \frac{(407.\,4225 - 407.\,7223)^2}{16.\,0855^2 - 16.\,0493^2} = \frac{0.\,08988}{1.\,16327976}$$

$$= 0.\,07726 < \chi^2_{0.05}(1) = 3.\,841$$

因此，接受原假设，该面板数据模型选择个体随机效应影响面板数据模型合适。

表 16.15 是软件计算的结果，比较这个统计量，两个数据基本一致。

表 16.15　　　　　　　　Hausman Test 的输出结果

Test Summary	Chi – Sq. Statistic	Chi – Sq. d. f.	Prob.
Cross – section random	0. 077122	1	0. 7812

Cross – section random effects test comparisons：

Variable	Fixed	Random	Var（Diff.）	Prob.
EDUYPOOL?	407. 422547	407. 722295	1. 165028	0. 7812

本章总结

本章先对面板数据的定义、表示方法进行了重点介绍；之后，对面板数据模型的类型、定义及其表达式进行了分析。对面板数据模型的估计方法是依据面板数据模型的类型展开的，本章重点介绍了混合面板模型、固定效应影响类面板数据模型以及随机效应影响类面板数据模型的估计，涉及的估计方法包括混合 LS 法（POLS 法）、平均数 LS 法（WOLS 法）、离差 LS 法（BOLS 法）以及可行广义 LS 法（FGLS 法）等。对于面板数据模型的检验，集中在对选择哪一种面板数据模型的类型上，本章重点介绍了"基于混合面板数据模型形式和固定影响类面板数据模型形式选择"的 F 检验以及"基于固定效应影响类面板数据模型形式和随机效应影响类面板数据模型形式选择"的 Hausman 检验。

英语词汇

period

entity

missing value

panel data

balance panel data

unbalance panel data

panel data model

pooled panel data model

fixed effects panel data model

random effects panel data model

entitiy fixed effects panel data model

time fixed effects panel data model

entity and time fixed effects panel data model

pooled OLS method

between OLS method

within OLS method

feasible generalized least square estimation method

F test

Hausman test

拓展阅读

①阅读关于面板数据模型的相关中英文文献。

②阅读面板数据模型估计方法的中英文文献。

③阅读面板数据模型检验形式选择的相关文献。

④阅读面板数据模型与大数据分析的结合点文献。

本章思考

①面板数据模型的具体类型。

②面板数据模型的不同估计方法的基本原理。

③面板数据模型类型选择的检验方法。

④Hausman 检验统计量的扩展运用。

第六部分
单一模型向联立模型的跨越

　　第六部分是对联立模型的介绍。当我们领略了前五部分众多的单一模型的神奇后，计量经济学的学科魅力会促使你继续认识联立模型的完美。这种完美来自理论体系，来自缜密思维，更来自抽象模型与厚重现实的"接地气"。

第 17 章　联立模型

本书前面各章，都是在讲单一模型及其出现的各种类型、问题、修正以及使用等。这一章，本书将联立模型介绍给大家。尽管超出了本科生的授课范围，但是，希望大家通过本章的学习与中级计量经济学进行衔接。

17.1　联立模型的概念

联立模型是相对于单一模型而言，由几个存在内在联系的单一模型和关系等式组成的关系统。在该关系统中，包括单一模型，也包括关系等式，通过该关系统中的内在关系来研究内生变量的变化规律和系统的总体特征。

通过联立模型的概念，我们可以归纳出这类模型包括的要件有：内生变量、外生变量、单一模型以及关系式等。内生变量是由系统本身决定的变量，外生变量是不受系统影响外生给定的变量。这里，我们只给大家介绍线性回归模型做单一模型的情况。除了单一线性回归模型，还有含微分、三角函数、导数等形式的线性模型及等式和非线性模型及等式等。

17.2　联立模型的设计要求

联立模型的设计有基本条件上的要求。这个基本条件就是，联立模型中的识别条件。换句话说，联立模型只有可识别，才能有解。所谓可识别就是，联立模型中存在的内生变量是否可以由其他模型中的外生变量解释的问题。可识别的有解情况包括，能恰好识别的单一解和能过度识别的多解及无穷解等情况。具体关于联立模型的识别条件，本书在第 2 章中已有介绍。总而言之，关于模型的可识别，一般可以从联立模型中的单一模型数量、联立模型的阶条件和秩条件等角度进行判断。特别是在设计联立模型时，大家一定要把握几条原则：首先，只有联立模型中每一个单一模型均可识别，整个联立模型才是可识别的；其次，如果联立模型中不存在内生变量，也就不存在模型是否可识别的问题；最后，进行联立模型估计的时候，一定先分清模型的具体形式再选择估计方法。

17.3 联立模型的常用形式

17.3.1 简约式联立模型

简约式联立模型是指，系统中任何一个单一模型的解释变量均为外生变量，根本不存在内生变量，表明系统中所有单一模型均面临相同的建模环境。

$$\begin{cases} y_1 = \alpha x_1 + \mu_1 \\ y_2 = \beta x_2 + \mu_2 \\ \vdots \\ y_i = \gamma x_i + \mu_i \end{cases} \tag{17.1}$$

在式（17.1）中，x_i 和 y_i 均为外生变量。

对于这种简约式联立模型，可以直接利用 OLS 方法进行估计；也可以采用系统 OLS 方法，在系统命令窗口编程得到集合估计量。

17.3.2 结构式联立模型

结构式联立模型是指，系统中不仅包括外生变量，还包括内生变量，其中，系统单一模型数量就是系统中的内生变量数量。模型中的外生变量，可以是既定变量，也可以是滞后变量。除内生变量模型之外，系统还包括关系等式。另外，除了外生变量、内生变量、滞后变量等，系统中还可能存在随机变量。因此，这类模型可以借助工具变量进行系统回归。

$$\begin{cases} S_i = \alpha M_i + \beta\, p_i^s + \mu_i \\ D_i = \gamma\, I_i + \delta\, p_i^d + \theta_i \\ S_i = D_i \end{cases} \tag{17.2}$$

在式（17.2）中，S_i 和 D_i 为内生变量；M_i 和 I_i 为外生变量；p_i^s 和 p_i^d 为随机

变量。

对于这种结构式联立模型，可以采取系统两阶段最小二乘法（STSLS 法）进行估计，其间，工具变量的选择是一个很重要的问题。但是，如果 p_i^s 和 p_i^d 成为外生变量，以价格为例，即在市场经济中加入指导价格的成分，那么，式（17.2）将转变为式（17.1），结构式联立模型形式回归到简约式联立模型形式。如果 M_i 和 I_i 两个外生变量，一个外生变量或两个外生变量变成了内生变量，那么，系统中的单一模型将会增加一个单一解释模型或者两个单一解释模型。届时，系统中单一模型的数量将变为三个或者四个，结构式联立模型就演变为 17.3.3 的递归式联立模型了。

因此，通过以上关于结构式联立模型的分析，我们可以得到结论：结构式联立模型是联立模型的一般形式，它的特殊形式包括简约式联立模型和递归式联立模型两种。也就是说，结构式联立模型借助工具变量、相关系数等知识，通过变量替代可以转化为简约式联立模型和递归式联立模型。总而言之，三种联立模型形式不是完全孤立、割裂开的。

17.3.3 递归式联立模型

递归式联立模型是指，系统先从一个由外生变量作为解释变量、内生变量作为被解释变量的模型起步，然后，逐渐增加内生变量作为被解释变量的模型的数量，直到最后一个内生变量模型，且后一个内生变量模型必定是由前几个内生变量进行解释。最终，模型形成了 K 个变量，小于等于 K-1 个内生变量的联立模型形式。

$$\begin{cases} y_1 = \alpha_1 x_{1i} + \mu_i \\ y_2 = \beta_1 y_1 + \alpha_2 x_{2i} + \theta_i \\ y_3 = \beta_1 y_1 + \beta_2 y_2 + \alpha_3 x_{3i} + \varepsilon_i \\ \vdots \\ y_i = \beta_1 y_1 + \beta_2 y_2 + \cdots + \beta_{i-1} y_{i-1} + \alpha_i x_{ki} + \varepsilon_i \end{cases} \quad (17.3)$$

在式（17.3）中，x_{ki} 是外生变量；y_i（i=1，2，…，n）是内生变量。

对于这种递归式联立模型，可以采取逐步回归的方法；也可以采取系统 OLS 方法进行估计，其中，还可能用到系统可行广义最小二乘法（SFGLS 法）。所有这些方法，均被标注上了"系统"的概念，因此，使用这些系统类方法的时候，要先记住进行联立模型形式的窗口编程。

17.4　联立模型的估计方法

联立模型的估计方法，在理论上，一般包括两种：一种是从联立模型的单一方程角度进行估计；另一种是从联立模型的系统性角度进行估计。然而，在实际使用过程中，这些估计方法又是相互交叉、综合使用的。这些方法包括，系统普通最小二乘法（SOLS 法）、系统加权最小二乘法（SWLS 法）、系统两阶段最小二乘法（STSLS 法）、系统自回归条件异方差法（SARCH 法）（有时需要借助工具变量（IV））、无关似回归法（SUR 法）、系统加权两阶段最小二乘法（SWTSLS 法）、系统三阶段最小二乘法（STHSLS 法）、完全信息最大似然法（FIML 法）以及广义矩法（GMM）等。

17.4.1　系统普通最小二乘法（SOLS 法）

和单一线性回归模型 OLS 估计方法一样，这种方法的基本原理依旧是要得到"保证残差平方和达到最小"的回归系数，这种回归系数又称交叉回归系数，是联立模型系统中解释变量回归系数的最佳估计量。于是，单一线性回归模型的回归系数，演变成了联立模型中带约束的交叉回归系数。

17.4.2　系统加权最小二乘法（SWLS 法）

系统加权最小二乘法和传统的单一线性回归模型中的加权最小二乘法的根本区别就在于是对交叉系数加权，而不是对以前的一般回归系数加权。交叉系数是联立模型系统中特有的，加权方法同样是采用估计模型方差取倒数再相乘，产生独立同分布的传统办法进行。

17.4.3　系统两阶段最小二乘法（STSLS 法）

系统两阶段最小二乘法采用工具变量的方法替代系统中出现的随机解释变量。不同之处就是，原来是单一线性回归模型，现在是系统的联立模型组，工具变量的格式、书写以及同期独立同分布等条件，都将在特定的命令窗口借助多条语言的编程得以实现。

17.4.4 系统加权两阶段最小二乘法（SWTSLS 法）

对比 17.4.3 小节的 STSLS 法，这里多了"加权"内容，说明这种方法面对的系统单一线性模型中存在异方差的情况。使用时，注意是否为交叉系数。如果是交叉系数，我们要注意满足同期关系；如果不是交叉系数，工作就简化很多，直接采用以前我们学过的单一线性回归模型通过加权系数法消除异方差现象即可。

17.4.5 系统三阶段最小二乘法（STHSLS 法）

系统三阶段最小二乘法是针对模型系统中随机解释变量与随机误差项存在相关性，导致系统模型出现异方差、同期相关问题时使用的方法。这种方法在使用中被分为两部分：一是系统两阶段最小二乘法（STSLS 法）；二是系统可行广义最小二乘法（SFGLS 法）。STSLS 法为了替代系统中的随机解释变量；SFGLS 法为了修正系统模型中的异方差现象。

17.4.6 完全信息最大似然法（FIML 法）

我们知道，最大似然估计是针对非线性模型进行估计使用的方法。完全信息最大似然法与有限信息最大似然法（LIML 法）是一对相对概念，前者使用系统模型的全部信息；后者使用单一模型的有限信息。因此，完全信息最大似然法是一种系统估计方法。使用完全信息最大似然估计时，因为联立模型中的所有模型都要被用到，所以，设计正确的系统模型形式非常重要。该估计方法的逻辑，首先，求出随机误差项的似然函数；其次，根据随机误差项的似然函数，导出内生变量的似然函数；最后，计算内生变量的似然函数在所有约束条件下的极大似然值。

17.4.7 无关似回归法（SUR 法）

无关似回归法（SUR 法），又被称作泽尔纳法（Zellner，1962），使用者有时建议将其称为相关似回归。原因在于，系统中单一模型被假设存在交叉关联性，因此，似相关回归的名字更符合该方法的初衷。SUR 估计方法是利用

OLS 方法对系统中关系比较明确的单一模型进行逐步估计。有时，估计量的有效性因为异方差的存在受到影响。当系统中不存在异方差的时候，SUR 法等价于传统的 OLS 法。采用 SUR 法进行估计的模型，可以是有约束模型也可以是无约束模型。对于无约束模型，解释变量也可以使用内生变量。使用该方法时，注意系统模型涉及的自由度问题。

17.4.8 广义矩法（GMM）

广义矩法是汉森（Hansen，1982）基于皮尔逊（Pearson，1894）矩估计方法拓展的，在总体数据分布未知的情况下，在解释变量与随机误差项客观存在相关性的情况下，利用矩构建出的准则函数，使工具变量与随机误差项之间的相关程度尽可能缩小，再通过选择合适的权数，使带自相关或者异方差的估计量转变为稳健性估计量的估计方法。

17.4.9 系统自回归条件异方差法（SARCH 法）

系统自回归条件异方差是单一线性回归模型自回归条件异方差的多变量版本，允许通过构建最简捷的自回归表达式，借助条件相关的常数性，消除系统随机误差项中的异方差现象的一种估计方法。

17.5 联立模型的检验方法

对于联立模型的检验，可以分为单一性检验和系统性检验。

单一性检验是指，依据单一模型的形式，对应选择检验方法。如果系统中单一模型是线性模型形式，检验方法将采用前面所学的单一模型的常用统计检验方法，比如，F 检验、t 检验、R^2 检验等。如果系统中单一模型是非线性模型形式，检验方法将选择对应的统计量，比如，LR 统计量、Pseudo – R^2 统计量等。

系统性检验是指，联立模型中单一模型检验通过以后，再对整个联立模型的系统稳定性所做的检验。一般来说，可以分为不同模型之间误差传递性检验和模型不同时期的系统误差动态性检验。采用的统计量是基于均方误差构造出的系列统计量：一是均方误差、均方根误差；二是利用残差估计量的逐期增长量构造的均方误差比；三是利用估计值和实际值之间的剩余变差进行的动态监测检验等。本书认为，以上系统稳定性检验的统计量存在一定的缺陷，特别是在当前环境问题比较突出的现实条件下，如果不加入一定的边界条件，保证平稳性与经济性的有机衔接，就违背了计量经济学的美好初衷。

17.6 联立模型的预测方法

联立模型的预测方法和单一模型的预测方法类似，只是比单一模型复杂一些。采用的预测方法仍然是将已知的外生变量代入模型计算内生变量的方法。

本章总结

本章是计量经济学基础的最后一个部分的章节。旨在让学生们认识什么是联立模型、联立模型的组成要件、联立模型的类型、联立模型的估计方法、联立模型的检验方法以及预测方法等。因为联立模型是系统化的计量经济模型系统，建模时在兼顾系统平稳性特征的同时，一定不要忘记兼顾经济性的初衷。

英语词汇

endogenous variable

exogenous variable

predetermined variable

reduced form

structural form

recursive form

identification

identification condition

unidentified

at least identified

over identification

order condition

rank condition

restriction

simultaneous model

system equation

system ordinary least squares

system weighted least squares

system two – stage least squares

system weighted two – stage least squares

seemingly unrelated regression

system three – stage squares

full information maximum likelihood

generalized method of moments

system autogressive conditional heteroskedasticity

limited information maximum likelihood

拓展阅读
①阅读克莱因战争模型，体会联立模型的逻辑。
②阅读一些宏观经济模型，体会联立模型的系统性。
③阅读联立模型系统性检验的最新方法文献。
④阅读联立模型结构性的建模技巧文献。

本章思考
①联立模型建立与模型识别条件的关联。
②联立模型三种基本形式之间的关联。
③联立模型估计方法的类型及包含的内容。
④联立模型检验的类型和代表性检验统计量介绍。

附 1

EViews 8 及以上版本命令集合

第一部分

1. 创建工作文件：File/New/Workfile.
2. 编辑工作文件：Object/New object/Type of object/Series/Name for series.
3. OLS 估计命令：Quick/Estimate equation/Specification.
4. 估计结果表达式：View/Representations.
5. 残差正态性检验：View/Residual diagnostics/Histogram – normality test.
6. 模型结构稳定性检验：View/Stability diagnostics/Chow breakpoint test.
7. 检验回归置信情况：View/Coefficient diagnostics/Confidence intervals.
8. 检验后的预测拟合：Quick/Estimate equation/Forecast.

第二部分

9. 观察原始数据图：Show/Series name/View/Plot.
10. 生成新数列命令：Genr/x^* = Log（x），Genr/x^* = x^2.
11. 模型设定形式检验：View/Stability diagnostics/Ramsey RESET test/RESET specification/Number of fitted terms.

第三部分

12. 检验组间相关性：Quick/Correlations.
13. 多重共线性（VIF）检验：View/Coefficient diagnostics/Variance inflation factors.
14. 系数方差组成检验：View/Coefficient diagnostics/Coefficient Variance Decomposition.
15. 相关图和 Q 统计量检验：View/Residual test/Correlogram Q statistics.
16. 高阶自相关检验：View/Residual diagnostics/Serial correlation LM test.

17. 科克伦 – 奥科特（Cochrane – Orcutt）迭代估计：LS y c x AR（1）AR（2）……

18. 异方差检验：View/Heteroskedasticity tests/Specification/White test.

19. 异方差修正：Quick/Estimate equation/Weights.

第四部分

20. 乘法形式 DV 生成命令：Genr x^* = Dx.

21. 工具变量进入模型：Quick/Estimate equation/TSLS/LS Y C X @ IV.

22. 滞后变量生成命令：Genr x_1 = x（ – 1）；Genr y_1 = y（ – 1）.

23. 滞后期测定命令：Quick/Group statistics/Cross correlogram.

第五部分

24. 检验时间数列相关性：Quick/Series statistics/Correlogram/Q statistic.

25. 检验时间数列平稳性：Quick/Series statistics/Unit root test/ADF.

26. 检验时间数列协整性：Genr E = resid；Unit root test/ADF E.

27. 时间数列格兰杰因果检验：Quick/Group statistics/Granger causality test.

28. 估计时间数列 VAR 模型：Quick/Estimate VAR.

29. 建立面板数据文件：File/New/Workfile structure type/Balanced panel.

30. 建立面板数据池：Object/New object/Pool/ Cross Section Identifiers.

31. 面板数据估计：Pool/Estimate/Pool estimation.

32. 面板数据检验：Pool/Quick/Group series/Johansen cointegration test.

第六部分

33. 建立联立模型系统：Object/New object/System.

34. 联立模型估计：System/Estimate/System Estimation.

《双语计量经济学》 自测试卷

自测试卷（90 分钟）

1 Definition（30 scores, each one 6 scores）

1. 1 econometrics

1. 2 random error term

1. 3 statistic

1. 4 instrumental variable

1. 5 cointegration

2 Write on blank（20 scores, each one 2 scores）

2. 1 In linear regression with one regressor model, there are some classic hypotheses about error term. One is that the expected value of error term is（   ）.

2. 2 Formula of the Jarque – Bera statistic is（   ）.

2. 3 In linear regression with multiple regressors, one regressor becomes one linear（   ）.

2. 4 Linear regression with multiple regressors model, OLS estimator of matrix can be described（   ）.

2. 5 Dummy variable is media to let（   ）variable included in model.

2. 6 For nonlinear model—binary choice model, we can adopt（   ）method to estimate parameters.

2. 7 Omission of relevant variables is（   ）than inclusion of superfluous variables.

2. 8 In reality world, absolutely strict homoskedasticity is almost（   ）.

2. 9 Variance inflating factor is（   ）diagnosis statistic.

2. 10 （   ）and（   ）are two key classification words in panel data definition.

3 Select single result（10 scores, each one 1 score）

3. 1 Who found the econometrics theory framework?（   ）

① Jan Tinbergen；② Francis Galton；③ Ragnar Frisch；④ Charles Darwin

3. 2   Which one is not the classical hypothesis about error term? (i, s, t = 1, 2, …, n) (   )

①E (μ_i) = 0；②var (μ_i) = σ^2；③μ_i ~ N (0, σ^2)；④cov (μ_s, μ_t) ≠ 0, s ≠ t

3. 3   Residual plot is almost located within (   ) .

① ± σ^2；② ± $\hat{\sigma}$；③ ± $\widehat{y_i}$；④ ± $\widehat{x_i}$

3. 4   M dummy variables, each has two types, how many dummy variable will be included in model?

① m；② 2m；③ m − 1；④ m + 1

3. 5   The interval of DW statistic is (   ) .

① [−1, 1]；② [−2, 2]；③ [0, 2]；④ [0, 4]

3. 6   White test for linear regressive model with 2 regressors, the freedom of χ^2 distribution is (   ) .

① 5；② 4；③ 3；④ 2

3. 7   Estimation methods : pooled LS, between OLS, feasible generalized LS, all are not fit for (   ) .

①pooled model；②entity fixed effects model；③time fixed effects model；④random effects model

3. 8   In error correction model (ECM), the parameter of ECT means (   ) .

①negative value；②positive value；③critical value；④equilibrium value

3. 9   Which test principle is used to DF Test? (   )

①F test；②Unit root test；③DW test；④Q test

3. 10   Variance of white noise series is (   )?

① 0；② 1；③σ^2；④μ

4   Answer briefly (20 scores, each one 10 scores)

4. 1   Difference between econometrics model and maths equation. What is specification error types?

4. 2   Adding more explanatory variables, sometimes, is not a good thing. How to comprehend?

5   Analyze step by step (20 scores)

Combining experimental process, please analyze Granger Causality Test.

《双语计量经济学》自测试卷答案

1（略）。

2 write on blank

2.1 0；

2.2 $\dfrac{n}{6}\left[S^2 + \dfrac{(K-3)^2}{4}\right]$；

2.3 combination；

2.4 $\hat{B} = (X'X)^{-1}X'Y$；

2.5 qualitative；

2.6 MLE；

2.7 worse；

2.8 impossible；

2.9 multicollinearity；

2.10 entity, time（period）.

3 select single result

3.1③；3.2④；3.3②；3.4①；3.5④；3.6①；3.7②；3.8①；3.9②；3.10③。

4（略）。

5（略）。

附录

重要统计分布临界值

附表 1 标准正态分布累计函数值表

z	0.00	0.01	0.02	0.03	0.04	0.05	0.06	0.07	0.08	0.09
−4.0	0.00003	0.00003	0.00003	0.00003	0.00003	0.00003	0.00002	0.00002	0.00002	0.00002
−3.9	0.00005	0.00005	0.00004	0.00004	0.00004	0.00004	0.00004	0.00004	0.00003	0.00003
−3.8	0.00007	0.00007	0.00007	0.00006	0.00006	0.00006	0.00006	0.00005	0.00005	0.00005
−3.7	0.00011	0.00010	0.00010	0.00010	0.00009	0.00009	0.00008	0.00008	0.00008	0.00008
−3.6	0.00016	0.00015	0.00015	0.00014	0.00014	0.00013	0.00013	0.00012	0.00012	0.00011
−3.5	0.00023	0.00022	0.00022	0.00021	0.00020	0.00019	0.00019	0.00018	0.00017	0.00017
−3.4	0.00034	0.00032	0.00031	0.00030	0.00029	0.00028	0.00027	0.00026	0.00025	0.00024
−3.3	0.00048	0.00047	0.00045	0.00043	0.00042	0.00040	0.00039	0.00038	0.00036	0.00035
−3.2	0.00069	0.00066	0.00064	0.00062	0.00060	0.00058	0.00056	0.00054	0.00052	0.00050
−3.1	0.00097	0.00094	0.00090	0.00087	0.00084	0.00082	0.00079	0.00076	0.00074	0.00071
−3.0	0.00135	0.00131	0.00126	0.00122	0.00118	0.00114	0.00111	0.00107	0.00104	0.00100
−2.9	0.00187	0.00181	0.00175	0.00169	0.00164	0.00159	0.00154	0.00149	0.00144	0.00139
−2.8	0.00256	0.00248	0.00240	0.00233	0.00226	0.00219	0.00212	0.00205	0.00199	0.00193
−2.7	0.00347	0.00336	0.00326	0.00317	0.00307	0.00298	0.00289	0.00280	0.00272	0.00264
−2.6	0.00466	0.00453	0.00440	0.00427	0.00415	0.00402	0.00391	0.00379	0.00368	0.00357
−2.5	0.00621	0.00604	0.00587	0.00570	0.00554	0.00539	0.00523	0.00508	0.00494	0.00480
−2.4	0.00820	0.00798	0.00776	0.00755	0.00734	0.00714	0.00695	0.00676	0.00657	0.00639
−2.3	0.01072	0.01044	0.01017	0.00990	0.00964	0.00939	0.00914	0.00889	0.00866	0.00842
−2.2	0.01390	0.01355	0.01321	0.01287	0.01255	0.01222	0.01191	0.01160	0.01130	0.01101
−2.1	0.01786	0.01743	0.01700	0.01659	0.01618	0.01578	0.01539	0.01500	0.01463	0.01426
−2.0	0.02275	0.02222	0.02169	0.02118	0.02068	0.02018	0.01970	0.01923	0.01876	0.01831
−1.9	0.02872	0.02807	0.02743	0.02680	0.02619	0.02559	0.02500	0.02442	0.02385	0.02330
−1.8	0.03593	0.03515	0.03438	0.03362	0.03288	0.03216	0.03144	0.03074	0.03005	0.02938
−1.7	0.04457	0.04363	0.04272	0.04182	0.04093	0.04006	0.03920	0.03836	0.03754	0.03673
−1.6	0.05480	0.05370	0.05262	0.05155	0.05050	0.04947	0.04846	0.04746	0.04648	0.04551
−1.5	0.06681	0.06552	0.06426	0.06301	0.06178	0.06057	0.05938	0.05821	0.05705	0.05592

续表

z	0.00	0.01	0.02	0.03	0.04	0.05	0.06	0.07	0.08	0.09
−1.4	0.08076	0.07927	0.07780	0.07636	0.07493	0.07353	0.07215	0.07078	0.06944	0.06811
−1.3	0.09680	0.09510	0.09342	0.09176	0.09012	0.08851	0.08691	0.08534	0.08379	0.08226
−1.2	0.11507	0.11314	0.11123	0.10935	0.10749	0.10565	0.10383	0.10204	0.10027	0.09853
−1.1	0.13567	0.13350	0.13136	0.12924	0.12714	0.12507	0.12302	0.12100	0.11900	0.11702
−1.0	0.15866	0.15625	0.15386	0.15151	0.14917	0.14686	0.14457	0.14231	0.14007	0.13786
−0.9	0.18406	0.18141	0.17879	0.17619	0.17361	0.17106	0.16853	0.16602	0.16354	0.16109
−0.8	0.21186	0.20897	0.20611	0.20327	0.20045	0.19766	0.19489	0.19215	0.18943	0.18673
−0.7	0.24196	0.23885	0.23576	0.23270	0.22965	0.22663	0.22363	0.22065	0.21770	0.21476
−0.6	0.27425	0.27093	0.26763	0.26435	0.26109	0.25785	0.25463	0.25143	0.24825	0.24510
−0.5	0.30854	0.30503	0.30153	0.29806	0.29460	0.29116	0.28774	0.28434	0.28096	0.27760
−0.4	0.34458	0.34090	0.33724	0.33360	0.32997	0.32636	0.32276	0.31918	0.31561	0.31207
−0.3	0.38209	0.37828	0.37448	0.37070	0.36693	0.36317	0.35942	0.35569	0.35197	0.34827
−0.2	0.42074	0.41683	0.41294	0.40905	0.40517	0.40129	0.39743	0.39358	0.38974	0.38591
−0.1	0.46017	0.45620	0.45224	0.44828	0.44433	0.44038	0.43644	0.43251	0.42858	0.42465
0.0	0.50000	0.49601	0.49202	0.48803	0.48405	0.48006	0.47608	0.47210	0.46812	0.46414
0.1	0.53983	0.54380	0.54776	0.55172	0.55567	0.55962	0.56356	0.56749	0.57142	0.57535
0.2	0.57926	0.58317	0.58706	0.59095	0.59483	0.59871	0.60257	0.60642	0.61026	0.61409
0.3	0.61791	0.62172	0.62552	0.62930	0.63307	0.63683	0.64058	0.64431	0.64803	0.65173
0.4	0.65542	0.65910	0.66276	0.66640	0.67003	0.67364	0.67724	0.68082	0.68439	0.68793
0.5	0.69146	0.69497	0.69847	0.70194	0.70540	0.70884	0.71226	0.71566	0.71904	0.72240
0.6	0.72575	0.72907	0.73237	0.73565	0.73891	0.74215	0.74537	0.74857	0.75175	0.75490
0.7	0.75804	0.76115	0.76424	0.76730	0.77035	0.77337	0.77637	0.77935	0.78230	0.78524
0.8	0.78814	0.79103	0.79389	0.79673	0.79955	0.80234	0.80511	0.80785	0.81057	0.81327
0.9	0.81594	0.81859	0.82121	0.82381	0.82639	0.82894	0.83147	0.83398	0.83646	0.83891
1.0	0.84134	0.84375	0.84614	0.84849	0.85083	0.85314	0.85543	0.85769	0.85993	0.86214
1.1	0.86433	0.86650	0.86864	0.87076	0.87286	0.87493	0.87698	0.87900	0.88100	0.88298
1.2	0.88493	0.88686	0.88877	0.89065	0.89251	0.89435	0.89617	0.89796	0.89973	0.90147
1.3	0.90320	0.90490	0.90658	0.90824	0.90988	0.91149	0.91309	0.91466	0.91621	0.91774
1.4	0.91924	0.92073	0.92220	0.92364	0.92507	0.92647	0.92785	0.92922	0.93056	0.93189
1.5	0.93319	0.93448	0.93574	0.93699	0.93822	0.93943	0.94062	0.94179	0.94295	0.94408
1.6	0.94520	0.94630	0.94738	0.94845	0.94950	0.95053	0.95154	0.95254	0.95352	0.95449
1.7	0.95543	0.95637	0.95728	0.95818	0.95907	0.95994	0.96080	0.96164	0.96246	0.96327
1.8	0.96407	0.96485	0.96562	0.96638	0.96712	0.96784	0.96856	0.96926	0.96995	0.97062
1.9	0.97128	0.97193	0.97257	0.97320	0.97381	0.97441	0.97500	0.97558	0.97615	0.97670
2.0	0.97725	0.97778	0.97831	0.97882	0.97932	0.97982	0.98030	0.98077	0.98124	0.98169

z	0.00	0.01	0.02	0.03	0.04	0.05	0.06	0.07	0.08	0.09
2.1	0.98214	0.98257	0.98300	0.98341	0.98382	0.98422	0.98461	0.98500	0.98537	0.98574
2.2	0.98610	0.98645	0.98679	0.98713	0.98745	0.98778	0.98809	0.98840	0.98870	0.98899
2.3	0.98928	0.98956	0.98983	0.99010	0.99036	0.99061	0.99086	0.99111	0.99134	0.99158
2.4	0.99180	0.99202	0.99224	0.99245	0.99266	0.99286	0.99305	0.99324	0.99343	0.99361
2.5	0.99379	0.99396	0.99413	0.99430	0.99446	0.99461	0.99477	0.99492	0.99506	0.99520
2.6	0.99534	0.99547	0.99560	0.99573	0.99585	0.99598	0.99609	0.99621	0.99632	0.99643
2.7	0.99653	0.99664	0.99674	0.99683	0.99693	0.99702	0.99711	0.99720	0.99728	0.99736
2.8	0.99744	0.99752	0.99760	0.99767	0.99774	0.99781	0.99788	0.99795	0.99801	0.99807
2.9	0.99813	0.99819	0.99825	0.99831	0.99836	0.99841	0.99846	0.99851	0.99856	0.99861
3.0	0.99865	0.99869	0.99874	0.99878	0.99882	0.99886	0.99889	0.99893	0.99896	0.99900
3.1	0.99903	0.99906	0.99910	0.99913	0.99916	0.99918	0.99921	0.99924	0.99926	0.99929
3.2	0.99931	0.99934	0.99936	0.99938	0.99940	0.99942	0.99944	0.99946	0.99948	0.99950
3.3	0.99952	0.99953	0.99955	0.99957	0.99958	0.99960	0.99961	0.99962	0.99964	0.99965
3.4	0.99966	0.99968	0.99969	0.99970	0.99971	0.99972	0.99973	0.99974	0.99975	0.99976
3.5	0.99977	0.99978	0.99978	0.99979	0.99980	0.99981	0.99981	0.99982	0.99983	0.99983
3.6	0.99984	0.99985	0.99985	0.99986	0.99986	0.99987	0.99987	0.99988	0.99988	0.99989
3.7	0.99989	0.99990	0.99990	0.99990	0.99991	0.99991	0.99992	0.99992	0.99992	0.99992
3.8	0.99993	0.99993	0.99993	0.99994	0.99994	0.99994	0.99994	0.99995	0.99995	0.99995
3.9	0.99995	0.99995	0.99996	0.99996	0.99996	0.99996	0.99996	0.99996	0.99997	0.99997
4.0	0.99997	0.99997	0.99997	0.99997	0.99997	0.99997	0.99998	0.99998	0.99998	0.99998

附表2			t 分布临界值表			
∝ n	0.25 单侧 0.5 双侧	0.1 单侧 0.2 双侧	0.05 单侧 0.1 双侧	0.025 单侧 0.05 双侧	0.01 单侧 0.02 双侧	0.005 单侧 0.01 双侧
1	1.0000	3.0777	6.3138	12.7062	31.8205	63.6567
2	0.8165	1.8856	2.9200	4.3027	6.9646	9.9248
3	0.7649	1.6377	2.3534	3.1824	4.5407	5.8409
4	0.7407	1.5332	2.1318	2.7764	3.7469	4.6041
5	0.7267	1.4759	2.0150	2.5706	3.3649	4.0321
6	0.7176	1.4398	1.9432	2.4469	3.1427	3.7074
7	0.7111	1.4149	1.8946	2.3646	2.9980	3.4995
8	0.7064	1.3968	1.8595	2.3060	2.8965	3.3554
9	0.7027	1.3830	1.8331	2.2622	2.8214	3.2498
10	0.6998	1.3722	1.8125	2.2281	2.7638	3.1693
11	0.6974	1.3634	1.7959	2.2010	2.7181	3.1058
12	0.6955	1.3562	1.7823	2.1788	2.6810	3.0545
13	0.6938	1.3502	1.7709	2.1604	2.6503	3.0123
14	0.6924	1.3450	1.7613	2.1448	2.6245	2.9768
15	0.6912	1.3406	1.7531	2.1314	2.6025	2.9467
16	0.6901	1.3368	1.7459	2.1199	2.5835	2.9208
17	0.6892	1.3334	1.7396	2.1098	2.5669	2.8982
18	0.6884	1.3304	1.7341	2.1009	2.5524	2.8784
19	0.6876	1.3277	1.7291	2.0930	2.5395	2.8609
20	0.6870	1.3253	1.7247	2.0860	2.5280	2.8453
21	0.6864	1.3232	1.7207	2.0796	2.5176	2.8314
22	0.6858	1.3212	1.7171	2.0739	2.5083	2.8188
23	0.6853	1.3195	1.7139	2.0687	2.4999	2.8073
24	0.6848	1.3178	1.7109	2.0639	2.4922	2.7969
25	0.6844	1.3163	1.7081	2.0595	2.4851	2.7874
26	0.6840	1.3150	1.7056	2.0555	2.4786	2.7787
27	0.6837	1.3137	1.7033	2.0518	2.4727	2.7707
28	0.6834	1.3125	1.7011	2.0484	2.4671	2.7633
29	0.6830	1.3114	1.6991	2.0452	2.4620	2.7564
30	0.6828	1.3104	1.6973	2.0423	2.4573	2.7500
31	0.6825	1.3095	1.6955	2.0395	2.4528	2.7440
32	0.6822	1.3086	1.6939	2.0369	2.4487	2.7385
33	0.6820	1.3077	1.6924	2.0345	2.4448	2.7333
34	0.6818	1.3070	1.6909	2.0322	2.4411	2.7284
35	0.6816	1.3062	1.6896	2.0301	2.4377	2.7238
36	0.6814	1.3055	1.6883	2.0281	2.4345	2.7195
37	0.6812	1.3049	1.6871	2.0262	2.4314	2.7154
38	0.6810	1.3042	1.6860	2.0244	2.4286	2.7116
39	0.6808	1.3036	1.6849	2.0227	2.4258	2.7079
40	0.6807	1.3031	1.6839	2.0211	2.4233	2.7045
41	0.6805	1.3025	1.6829	2.0195	2.4208	2.7012

续表

n ＼ ∝	0.25 单侧 0.5 双侧	0.1 单侧 0.2 双侧	0.05 单侧 0.1 双侧	0.025 单侧 0.05 双侧	0.01 单侧 0.02 双侧	0.005 单侧 0.01 双侧
42	0.6804	1.3020	1.6820	2.0181	2.4185	2.6981
43	0.6802	1.3016	1.6811	2.0167	2.4163	2.6951
44	0.6801	1.3011	1.6802	2.0154	2.4141	2.6923
45	0.6800	1.3006	1.6794	2.0141	2.4121	2.6896
46	0.6799	1.3002	1.6787	2.0129	2.4102	2.6870
47	0.6797	1.2998	1.6779	2.0117	2.4083	2.6846
48	0.6796	1.2994	1.6772	2.0106	2.4066	2.6822
49	0.6795	1.2991	1.6766	2.0096	2.4049	2.6800
50	0.6794	1.2987	1.6759	2.0086	2.4033	2.6778
51	0.6793	1.2984	1.6753	2.0076	2.4017	2.6757
52	0.6792	1.2980	1.6747	2.0066	2.4002	2.6737
53	0.6791	1.2977	1.6741	2.0057	2.3988	2.6718
54	0.6791	1.2974	1.6736	2.0049	2.3974	2.6700
55	0.6790	1.2971	1.6730	2.0040	2.3961	2.6682
56	0.6789	1.2969	1.6725	2.0032	2.3948	2.6665
57	0.6788	1.2966	1.6720	2.0025	2.3936	2.6649
58	0.6787	1.2963	1.6716	2.0017	2.3924	2.6633
59	0.6787	1.2961	1.6711	2.0010	2.3912	2.6618
60	0.6786	1.2958	1.6706	2.0003	2.3901	2.6603
61	0.6785	1.2956	1.6702	1.9996	2.3890	2.6589
62	0.6785	1.2954	1.6698	1.9990	2.3880	2.6575
63	0.6784	1.2951	1.6694	1.9983	2.3870	2.6561
64	0.6783	1.2949	1.6690	1.9977	2.3860	2.6549
65	0.6783	1.2947	1.6686	1.9971	2.3851	2.6536
66	0.6782	1.2945	1.6683	1.9966	2.3842	2.6524
67	0.6782	1.2943	1.6679	1.9960	2.3833	2.6512
68	0.6781	1.2941	1.6676	1.9955	2.3824	2.6501
69	0.6781	1.2939	1.6672	1.9949	2.3816	2.6490
70	0.6780	1.2938	1.6669	1.9944	2.3808	2.6479
80	0.6776	1.2922	1.6641	1.9901	2.3739	2.6387
90	0.6772	1.2910	1.6620	1.9867	2.3685	2.6316
100	0.6770	1.2901	1.6602	1.9840	2.3642	2.6259
110	0.6767	1.2893	1.6588	1.9818	2.3607	2.6213
120	0.6765	1.2886	1.6577	1.9799	2.3578	2.6174
130	0.6764	1.2881	1.6567	1.9784	2.3554	2.6142
140	0.6762	1.2876	1.6558	1.9771	2.3533	2.6114
150	0.6761	1.2872	1.6551	1.9759	2.3515	2.6090
10^7	0.6745	1.2816	1.6449	1.9600	2.3263	2.5758

注：如果本表不满足所需，可以继续自行计算临界值，命令为 TINV（概率、自由度）。

附表3　　　　　　　　　F 分布临界值表（α＝0.05）

	1	2	3	4	5	6	7	8	9	10
1	161.448	199.500	215.707	224.583	230.162	233.986	236.768	238.883	240.543	241.882
2	18.513	19.000	19.164	19.247	19.296	19.330	19.353	19.371	19.385	19.396
3	10.128	9.552	9.277	9.117	9.013	8.941	8.887	8.845	8.812	8.786
4	7.709	6.944	6.591	6.388	6.256	6.163	6.094	6.041	5.999	5.964
5	6.608	5.786	5.409	5.192	5.050	4.950	4.876	4.818	4.772	4.735
6	5.987	5.143	4.757	4.534	4.387	4.284	4.207	4.147	4.099	4.060
7	5.591	4.737	4.347	4.120	3.972	3.866	3.787	3.726	3.677	3.637
8	5.318	4.459	4.066	3.838	3.687	3.581	3.500	3.438	3.388	3.347
9	5.117	4.256	3.863	3.633	3.482	3.374	3.293	3.230	3.179	3.137
10	4.965	4.103	3.708	3.478	3.326	3.217	3.135	3.072	3.020	2.978
11	4.844	3.982	3.587	3.357	3.204	3.095	3.012	2.948	2.896	2.854
12	4.747	3.885	3.490	3.259	3.106	2.996	2.913	2.849	2.796	2.753
13	4.667	3.806	3.411	3.179	3.025	2.915	2.832	2.767	2.714	2.671
14	4.600	3.739	3.344	3.112	2.958	2.848	2.764	2.699	2.646	2.602
15	4.543	3.682	3.287	3.056	2.901	2.790	2.707	2.641	2.588	2.544
16	4.494	3.634	3.239	3.007	2.852	2.741	2.657	2.591	2.538	2.494
17	4.451	3.592	3.197	2.965	2.810	2.699	2.614	2.548	2.494	2.450
18	4.414	3.555	3.160	2.928	2.773	2.661	2.577	2.510	2.456	2.412
19	4.381	3.522	3.127	2.895	2.740	2.628	2.544	2.477	2.423	2.378
20	4.351	3.493	3.098	2.866	2.711	2.599	2.514	2.447	2.393	2.348
21	4.325	3.467	3.072	2.840	2.685	2.573	2.488	2.420	2.366	2.321
22	4.301	3.443	3.049	2.817	2.661	2.549	2.464	2.397	2.342	2.297
23	4.279	3.422	3.028	2.796	2.640	2.528	2.442	2.375	2.320	2.275
24	4.260	3.403	3.009	2.776	2.621	2.508	2.423	2.355	2.300	2.255
25	4.242	3.385	2.991	2.759	2.603	2.490	2.405	2.337	2.282	2.236
26	4.225	3.369	2.975	2.743	2.587	2.474	2.388	2.321	2.265	2.220
27	4.210	3.354	2.960	2.728	2.572	2.459	2.373	2.305	2.250	2.204
28	4.196	3.340	2.947	2.714	2.558	2.445	2.359	2.291	2.236	2.190
29	4.183	3.328	2.934	2.701	2.545	2.432	2.346	2.278	2.223	2.177
30	4.171	3.316	2.922	2.690	2.534	2.421	2.334	2.266	2.211	2.165
31	4.160	3.305	2.911	2.679	2.523	2.409	2.323	2.255	2.199	2.153
32	4.149	3.295	2.901	2.668	2.512	2.399	2.313	2.244	2.189	2.142
33	4.139	3.285	2.892	2.659	2.503	2.389	2.303	2.235	2.179	2.133
34	4.130	3.276	2.883	2.650	2.494	2.380	2.294	2.225	2.170	2.123
35	4.121	3.267	2.874	2.641	2.485	2.372	2.285	2.217	2.161	2.114
36	4.113	3.259	2.866	2.634	2.477	2.364	2.277	2.209	2.153	2.106
37	4.105	3.252	2.859	2.626	2.470	2.356	2.270	2.201	2.145	2.098
38	4.098	3.245	2.852	2.619	2.463	2.349	2.262	2.194	2.138	2.091
39	4.091	3.238	2.845	2.612	2.456	2.342	2.255	2.187	2.131	2.084
40	4.085	3.232	2.839	2.606	2.449	2.336	2.249	2.180	2.124	2.077
41	4.079	3.226	2.833	2.600	2.443	2.330	2.243	2.174	2.118	2.071
42	4.073	3.220	2.827	2.594	2.438	2.324	2.237	2.168	2.112	2.065
43	4.067	3.214	2.822	2.589	2.432	2.318	2.232	2.163	2.106	2.059

	1	2	3	4	5	6	7	8	9	10
44	4.062	3.209	2.816	2.584	2.427	2.313	2.226	2.157	2.101	2.054
45	4.057	3.204	2.812	2.579	2.422	2.308	2.221	2.152	2.096	2.049
46	4.052	3.200	2.807	2.574	2.417	2.304	2.216	2.147	2.091	2.044
47	4.047	3.195	2.802	2.570	2.413	2.299	2.212	2.143	2.086	2.039
48	4.043	3.191	2.798	2.565	2.409	2.295	2.207	2.138	2.082	2.035
49	4.038	3.187	2.794	2.561	2.404	2.290	2.203	2.134	2.077	2.030
50	4.034	3.183	2.790	2.557	2.400	2.286	2.199	2.130	2.073	2.026
51	4.030	3.179	2.786	2.553	2.397	2.283	2.195	2.126	2.069	2.022
52	4.027	3.175	2.783	2.550	2.393	2.279	2.192	2.122	2.066	2.018
53	4.023	3.172	2.779	2.546	2.389	2.275	2.188	2.119	2.062	2.015
54	4.020	3.168	2.776	2.543	2.386	2.272	2.185	2.115	2.059	2.011
55	4.016	3.165	2.773	2.540	2.383	2.269	2.181	2.112	2.055	2.008
56	4.013	3.162	2.769	2.537	2.380	2.266	2.178	2.109	2.052	2.005
57	4.010	3.159	2.766	2.534	2.377	2.263	2.175	2.106	2.049	2.001
58	4.007	3.156	2.764	2.531	2.374	2.260	2.172	2.103	2.046	1.998
59	4.004	3.153	2.761	2.528	2.371	2.257	2.169	2.100	2.043	1.995
60	4.001	3.150	2.758	2.525	2.368	2.254	2.167	2.097	2.040	1.993
61	3.998	3.148	2.755	2.523	2.366	2.251	2.164	2.094	2.037	1.990
62	3.996	3.145	2.753	2.520	2.363	2.249	2.161	2.092	2.035	1.987
63	3.993	3.143	2.751	2.518	2.361	2.246	2.159	2.089	2.032	1.985
64	3.991	3.140	2.748	2.515	2.358	2.244	2.156	2.087	2.030	1.982
65	3.989	3.138	2.746	2.513	2.356	2.242	2.154	2.084	2.027	1.980
66	3.986	3.136	2.744	2.511	2.354	2.239	2.152	2.082	2.025	1.977
67	3.984	3.134	2.742	2.509	2.352	2.237	2.150	2.080	2.023	1.975
68	3.982	3.132	2.740	2.507	2.350	2.235	2.148	2.078	2.021	1.973
69	3.980	3.130	2.737	2.505	2.348	2.233	2.145	2.076	2.019	1.971
70	3.978	3.128	2.736	2.503	2.346	2.231	2.143	2.074	2.017	1.969
71	3.976	3.126	2.734	2.501	2.344	2.229	2.142	2.072	2.015	1.967
72	3.974	3.124	2.732	2.499	2.342	2.227	2.140	2.070	2.013	1.965
73	3.972	3.122	2.730	2.497	2.340	2.226	2.138	2.068	2.011	1.963
74	3.970	3.120	2.728	2.495	2.338	2.224	2.136	2.066	2.009	1.961
75	3.968	3.119	2.727	2.494	2.337	2.222	2.134	2.064	2.007	1.959
76	3.967	3.117	2.725	2.492	2.335	2.220	2.133	2.063	2.006	1.958
77	3.965	3.115	2.723	2.490	2.333	2.219	2.131	2.061	2.004	1.956
78	3.963	3.114	2.722	2.489	2.332	2.217	2.129	2.059	2.002	1.954
79	3.962	3.112	2.720	2.487	2.330	2.216	2.128	2.058	2.001	1.953
80	3.960	3.111	2.719	2.486	2.329	2.214	2.126	2.056	1.999	1.951

注：如果本表不满足所需，可以继续自行计算临界值，命令为 FINV（概率、第一自由度、第二自由度）。

附表 4   F 分布临界值表（α＝0.01）

	1	2	3	4	5	6	7	8	9	10
1	4052.2	4999.5	5403.4	5624.6	5763.6	5859.0	5928.4	5981.1	6022.5	6055.8
2	98.503	99.000	99.166	99.249	99.299	99.333	99.356	99.374	99.388	99.399
3	34.116	30.817	29.457	28.710	28.237	27.911	27.672	27.489	27.345	27.229
4	21.198	18.000	16.694	15.977	15.522	15.207	14.976	14.799	14.659	14.546
5	16.258	13.274	12.060	11.392	10.967	10.672	10.456	10.289	10.158	10.051
6	13.745	10.925	9.780	9.148	8.746	8.466	8.260	8.102	7.976	7.874
7	12.246	9.547	8.451	7.847	7.460	7.191	6.993	6.840	6.719	6.620
8	11.259	8.649	7.591	7.006	6.632	6.371	6.178	6.029	5.911	5.814
9	10.561	8.022	6.992	6.422	6.057	5.802	5.613	5.467	5.351	5.257
10	10.044	7.559	6.552	5.994	5.636	5.386	5.200	5.057	4.942	4.849
11	9.646	7.206	6.217	5.668	5.316	5.069	4.886	4.744	4.632	4.539
12	9.330	6.927	5.953	5.412	5.064	4.821	4.640	4.499	4.388	4.296
13	9.074	6.701	5.739	5.205	4.862	4.620	4.441	4.302	4.191	4.100
14	8.862	6.515	5.564	5.035	4.695	4.456	4.278	4.140	4.030	3.939
15	8.683	6.359	5.417	4.893	4.556	4.318	4.142	4.004	3.895	3.805
16	8.531	6.226	5.292	4.773	4.437	4.202	4.026	3.890	3.780	3.691
17	8.400	6.112	5.185	4.669	4.336	4.102	3.927	3.791	3.682	3.593
18	8.285	6.013	5.092	4.579	4.248	4.015	3.841	3.705	3.597	3.508
19	8.185	5.926	5.010	4.500	4.171	3.939	3.765	3.631	3.523	3.434
20	8.096	5.849	4.938	4.431	4.103	3.871	3.699	3.564	3.457	3.368
21	8.017	5.780	4.874	4.369	4.042	3.812	3.640	3.506	3.398	3.310
22	7.945	5.719	4.817	4.313	3.988	3.758	3.587	3.453	3.346	3.258
23	7.881	5.664	4.765	4.264	3.939	3.710	3.539	3.406	3.299	3.211
24	7.823	5.614	4.718	4.218	3.895	3.667	3.496	3.363	3.256	3.168
25	7.770	5.568	4.675	4.177	3.855	3.627	3.457	3.324	3.217	3.129
26	7.721	5.526	4.637	4.140	3.818	3.591	3.421	3.288	3.182	3.094
27	7.677	5.488	4.601	4.106	3.785	3.558	3.388	3.256	3.149	3.062
28	7.636	5.453	4.568	4.074	3.754	3.528	3.358	3.226	3.120	3.032
29	7.598	5.420	4.538	4.045	3.725	3.499	3.330	3.198	3.092	3.005
30	7.562	5.390	4.510	4.018	3.699	3.473	3.304	3.173	3.067	2.979
31	7.530	5.362	4.484	3.993	3.675	3.449	3.281	3.149	3.043	2.955
32	7.499	5.336	4.459	3.969	3.652	3.427	3.258	3.127	3.021	2.934
33	7.471	5.312	4.437	3.948	3.630	3.406	3.238	3.106	3.000	2.913
34	7.444	5.289	4.416	3.927	3.611	3.386	3.218	3.087	2.981	2.894
35	7.419	5.268	4.396	3.908	3.592	3.368	3.200	3.069	2.963	2.876
36	7.396	5.248	4.377	3.890	3.574	3.351	3.183	3.052	2.946	2.859
37	7.373	5.229	4.360	3.873	3.558	3.334	3.167	3.036	2.930	2.843
38	7.353	5.211	4.343	3.858	3.542	3.319	3.152	3.021	2.915	2.828
39	7.333	5.194	4.327	3.843	3.528	3.305	3.137	3.006	2.901	2.814
40	7.314	5.179	4.313	3.828	3.514	3.291	3.124	2.993	2.888	2.801
41	7.296	5.163	4.299	3.815	3.501	3.278	3.111	2.980	2.875	2.788
42	7.280	5.149	4.285	3.802	3.488	3.266	3.099	2.968	2.863	2.776
43	7.264	5.136	4.273	3.790	3.476	3.254	3.087	2.957	2.851	2.764

续表

	1	2	3	4	5	6	7	8	9	10
44	7.248	5.123	4.261	3.778	3.465	3.243	3.076	2.946	2.840	2.754
45	7.234	5.110	4.249	3.767	3.454	3.232	3.066	2.935	2.830	2.743
46	7.220	5.099	4.238	3.757	3.444	3.222	3.056	2.925	2.820	2.733
47	7.207	5.087	4.228	3.747	3.434	3.213	3.046	2.916	2.811	2.724
48	7.194	5.077	4.218	3.737	3.425	3.204	3.037	2.907	2.802	2.715
49	7.182	5.066	4.208	3.728	3.416	3.195	3.028	2.898	2.793	2.706
50	7.171	5.057	4.199	3.720	3.408	3.186	3.020	2.890	2.785	2.698
51	7.159	5.047	4.191	3.711	3.400	3.178	3.012	2.882	2.777	2.690
52	7.149	5.038	4.182	3.703	3.392	3.171	3.005	2.874	2.769	2.683
53	7.139	5.030	4.174	3.695	3.384	3.163	2.997	2.867	2.762	2.675
54	7.129	5.021	4.167	3.688	3.377	3.156	2.990	2.860	2.755	2.668
55	7.119	5.013	4.159	3.681	3.370	3.149	2.983	2.853	2.748	2.662
56	7.110	5.006	4.152	3.674	3.363	3.143	2.977	2.847	2.742	2.655
57	7.102	4.998	4.145	3.667	3.357	3.136	2.971	2.841	2.736	2.649
58	7.093	4.991	4.138	3.661	3.351	3.130	2.965	2.835	2.730	2.643
59	7.085	4.984	4.132	3.655	3.345	3.124	2.959	2.829	2.724	2.637
60	7.077	4.977	4.126	3.649	3.339	3.119	2.953	2.823	2.718	2.632
61	7.070	4.971	4.120	3.643	3.333	3.113	2.948	2.818	2.713	2.626
62	7.062	4.965	4.114	3.638	3.328	3.108	2.942	2.813	2.708	2.621
63	7.055	4.959	4.109	3.632	3.323	3.103	2.937	2.808	2.703	2.616
64	7.048	4.953	4.103	3.627	3.318	3.098	2.932	2.803	2.698	2.611
65	7.042	4.947	4.098	3.622	3.313	3.093	2.928	2.798	2.693	2.607
66	7.035	4.942	4.093	3.618	3.308	3.088	2.923	2.793	2.689	2.602
67	7.029	4.937	4.088	3.613	3.304	3.084	2.919	2.789	2.684	2.598
68	7.023	4.932	4.083	3.608	3.299	3.080	2.914	2.785	2.680	2.593
69	7.017	4.927	4.079	3.604	3.295	3.075	2.910	2.781	2.676	2.589
70	7.011	4.922	4.074	3.600	3.291	3.071	2.906	2.777	2.672	2.585
71	7.006	4.917	4.070	3.596	3.287	3.067	2.902	2.773	2.668	2.581
72	7.001	4.913	4.066	3.591	3.283	3.063	2.898	2.769	2.664	2.578
73	6.995	4.908	4.062	3.588	3.279	3.060	2.895	2.765	2.660	2.574
74	6.990	4.904	4.058	3.584	3.275	3.056	2.891	2.762	2.657	2.570
75	6.985	4.900	4.054	3.580	3.272	3.052	2.887	2.758	2.653	2.567
76	6.981	4.896	4.050	3.577	3.268	3.049	2.884	2.755	2.650	2.563
77	6.976	4.892	4.047	3.573	3.265	3.046	2.881	2.751	2.647	2.560
78	6.971	4.888	4.043	3.570	3.261	3.042	2.877	2.748	2.644	2.557
79	6.967	4.884	4.040	3.566	3.258	3.039	2.874	2.745	2.640	2.554
80	6.963	4.881	4.036	3.563	3.255	3.036	2.871	2.742	2.637	2.551

注：如果本表不满足所需，可以继续自行计算临界值，命令为 FINV（概率、第一自由度、第二自由度）。

附表 5　　　　　　　　　　　F 分布临界值表（α＝0.1）

	1	2	3	4	5	6	7	8	9	10
1	39.863	49.500	53.593	55.833	57.240	58.204	58.906	59.439	59.858	60.195
2	8.526	9.000	9.162	9.243	9.293	9.326	9.349	9.367	9.381	9.392
3	5.538	5.462	5.391	5.343	5.309	5.285	5.266	5.252	5.240	5.230
4	4.545	4.325	4.191	4.107	4.051	4.010	3.979	3.955	3.936	3.920
5	4.060	3.780	3.619	3.520	3.453	3.405	3.368	3.339	3.316	3.297
6	3.776	3.463	3.289	3.181	3.108	3.055	3.014	2.983	2.958	2.937
7	3.589	3.257	3.074	2.961	2.883	2.827	2.785	2.752	2.725	2.703
8	3.458	3.113	2.924	2.806	2.726	2.668	2.624	2.589	2.561	2.538
9	3.360	3.006	2.813	2.693	2.611	2.551	2.505	2.469	2.440	2.416
10	3.285	2.924	2.728	2.605	2.522	2.461	2.414	2.377	2.347	2.323
11	3.225	2.860	2.660	2.536	2.451	2.389	2.342	2.304	2.274	2.248
12	3.177	2.807	2.606	2.480	2.394	2.331	2.283	2.245	2.214	2.188
13	3.136	2.763	2.560	2.434	2.347	2.283	2.234	2.195	2.164	2.138
14	3.102	2.726	2.522	2.395	2.307	2.243	2.193	2.154	2.122	2.095
15	3.073	2.695	2.490	2.361	2.273	2.208	2.158	2.119	2.086	2.059
16	3.048	2.668	2.462	2.333	2.244	2.178	2.128	2.088	2.055	2.028
17	3.026	2.645	2.437	2.308	2.218	2.152	2.102	2.061	2.028	2.001
18	3.007	2.624	2.416	2.286	2.196	2.130	2.079	2.038	2.005	1.977
19	2.990	2.606	2.397	2.266	2.176	2.109	2.058	2.017	1.984	1.956
20	2.975	2.589	2.380	2.249	2.158	2.091	2.040	1.999	1.965	1.937
21	2.961	2.575	2.365	2.233	2.142	2.075	2.023	1.982	1.948	1.920
22	2.949	2.561	2.351	2.219	2.128	2.060	2.008	1.967	1.933	1.904
23	2.937	2.549	2.339	2.207	2.115	2.047	1.995	1.953	1.919	1.890
24	2.927	2.538	2.327	2.195	2.103	2.035	1.983	1.941	1.906	1.877
25	2.918	2.528	2.317	2.184	2.092	2.024	1.971	1.929	1.895	1.866
26	2.909	2.519	2.307	2.174	2.082	2.014	1.961	1.919	1.884	1.855
27	2.901	2.511	2.299	2.165	2.073	2.005	1.952	1.909	1.874	1.845
28	2.894	2.503	2.291	2.157	2.064	1.996	1.943	1.900	1.865	1.836
29	2.887	2.495	2.283	2.149	2.057	1.988	1.935	1.892	1.857	1.827
30	2.881	2.489	2.276	2.142	2.049	1.980	1.927	1.884	1.849	1.819
31	2.875	2.482	2.270	2.136	2.042	1.973	1.920	1.877	1.842	1.812
32	2.869	2.477	2.263	2.129	2.036	1.967	1.913	1.870	1.835	1.805
33	2.864	2.471	2.258	2.123	2.030	1.961	1.907	1.864	1.828	1.799
34	2.859	2.466	2.252	2.118	2.024	1.955	1.901	1.858	1.822	1.793
35	2.855	2.461	2.247	2.113	2.019	1.950	1.896	1.852	1.817	1.787
36	2.850	2.456	2.243	2.108	2.014	1.945	1.891	1.847	1.811	1.781
37	2.846	2.452	2.238	2.103	2.009	1.940	1.886	1.842	1.806	1.776
38	2.842	2.448	2.234	2.099	2.005	1.935	1.881	1.838	1.802	1.772
39	2.839	2.444	2.230	2.095	2.001	1.931	1.877	1.833	1.797	1.767
40	2.835	2.440	2.226	2.091	1.997	1.927	1.873	1.829	1.793	1.763
41	2.832	2.437	2.222	2.087	1.993	1.923	1.869	1.825	1.789	1.759
42	2.829	2.434	2.219	2.084	1.989	1.919	1.865	1.821	1.785	1.755
43	2.826	2.430	2.216	2.080	1.986	1.916	1.861	1.817	1.781	1.751

	1	2	3	4	5	6	7	8	9	10
44	2.823	2.427	2.213	2.077	1.983	1.913	1.858	1.814	1.778	1.747
45	2.820	2.425	2.210	2.074	1.980	1.909	1.855	1.811	1.774	1.744
46	2.818	2.422	2.207	2.071	1.977	1.906	1.852	1.808	1.771	1.741
47	2.815	2.419	2.204	2.068	1.974	1.903	1.849	1.805	1.768	1.738
48	2.813	2.417	2.202	2.066	1.971	1.901	1.846	1.802	1.765	1.735
49	2.811	2.414	2.199	2.063	1.968	1.898	1.843	1.799	1.763	1.732
50	2.809	2.412	2.197	2.061	1.966	1.895	1.840	1.796	1.760	1.729
51	2.807	2.410	2.194	2.058	1.964	1.893	1.838	1.794	1.757	1.727
52	2.805	2.408	2.192	2.056	1.961	1.891	1.836	1.791	1.755	1.724
53	2.803	2.406	2.190	2.054	1.959	1.888	1.833	1.789	1.752	1.722
54	2.801	2.404	2.188	2.052	1.957	1.886	1.831	1.787	1.750	1.719
55	2.799	2.402	2.186	2.050	1.955	1.884	1.829	1.785	1.748	1.717
56	2.797	2.400	2.184	2.048	1.953	1.882	1.827	1.782	1.746	1.715
57	2.796	2.398	2.182	2.046	1.951	1.880	1.825	1.780	1.744	1.713
58	2.794	2.396	2.181	2.044	1.949	1.878	1.823	1.779	1.742	1.711
59	2.793	2.395	2.179	2.043	1.947	1.876	1.821	1.777	1.740	1.709
60	2.791	2.393	2.177	2.041	1.946	1.875	1.819	1.775	1.738	1.707
61	2.790	2.392	2.176	2.039	1.944	1.873	1.818	1.773	1.736	1.705
62	2.788	2.390	2.174	2.038	1.942	1.871	1.816	1.771	1.735	1.703
63	2.787	2.389	2.173	2.036	1.941	1.870	1.814	1.770	1.733	1.702
64	2.786	2.387	2.171	2.035	1.939	1.868	1.813	1.768	1.731	1.700
65	2.784	2.386	2.170	2.033	1.938	1.867	1.811	1.767	1.730	1.699
66	2.783	2.385	2.169	2.032	1.937	1.865	1.810	1.765	1.728	1.697
67	2.782	2.384	2.167	2.031	1.935	1.864	1.808	1.764	1.727	1.696
68	2.781	2.382	2.166	2.029	1.934	1.863	1.807	1.762	1.725	1.694
69	2.780	2.381	2.165	2.028	1.933	1.861	1.806	1.761	1.724	1.693
70	2.779	2.380	2.164	2.027	1.931	1.860	1.804	1.760	1.723	1.691
71	2.778	2.379	2.163	2.026	1.930	1.859	1.803	1.758	1.721	1.690
72	2.777	2.378	2.161	2.025	1.929	1.858	1.802	1.757	1.720	1.689
73	2.776	2.377	2.160	2.024	1.928	1.856	1.801	1.756	1.719	1.687
74	2.775	2.376	2.159	2.022	1.927	1.855	1.800	1.755	1.718	1.686
75	2.774	2.375	2.158	2.021	1.926	1.854	1.798	1.754	1.716	1.685
76	2.773	2.374	2.157	2.020	1.925	1.853	1.797	1.752	1.715	1.684
77	2.772	2.373	2.156	2.019	1.924	1.852	1.796	1.751	1.714	1.683
78	2.771	2.372	2.155	2.018	1.923	1.851	1.795	1.750	1.713	1.682
79	2.770	2.371	2.154	2.017	1.922	1.850	1.794	1.749	1.712	1.681
80	2.769	2.370	2.154	2.016	1.921	1.849	1.793	1.748	1.711	1.680

注：如果本表不满足所需，可以继续自行计算临界值，命令为 FINV（概率、第一自由度、第二自由度）。

附表 6　　　　　　　　　　$F_{m,\infty}$ 分布的临界值表（∞取 10000）

	$\alpha = 0.01$	$\alpha = 0.05$	$\alpha = 0.1$	$\alpha = 0.15$	$\alpha = 0.2$	$\alpha = 0.25$
1	6.637	3.842	2.706	2.073	1.643	1.323
2	4.607	2.997	2.303	1.897	1.610	1.386
3	3.784	2.606	2.084	1.773	1.547	1.370
4	3.321	2.373	1.945	1.687	1.497	1.347
5	3.019	2.215	1.848	1.623	1.458	1.325
6	2.804	2.099	1.775	1.575	1.427	1.307
7	2.641	2.011	1.717	1.536	1.401	1.291
8	2.513	1.939	1.671	1.504	1.379	1.278
9	2.409	1.881	1.632	1.477	1.361	1.266
10	2.323	1.832	1.599	1.454	1.345	1.255
11	2.249	1.790	1.571	1.434	1.331	1.246
12	2.187	1.753	1.546	1.416	1.318	1.237
13	2.132	1.721	1.525	1.401	1.307	1.230
14	2.083	1.693	1.505	1.387	1.297	1.223
15	2.040	1.667	1.488	1.374	1.288	1.217
16	2.002	1.645	1.472	1.363	1.279	1.211
17	1.967	1.624	1.458	1.352	1.272	1.206
18	1.935	1.605	1.445	1.343	1.265	1.201
19	1.907	1.588	1.432	1.334	1.258	1.196
20	1.880	1.572	1.421	1.325	1.252	1.192
21	1.856	1.557	1.411	1.318	1.247	1.188
22	1.833	1.543	1.401	1.311	1.241	1.184
23	1.812	1.530	1.392	1.304	1.236	1.180
24	1.793	1.518	1.384	1.298	1.232	1.177
25	1.774	1.507	1.376	1.292	1.227	1.174
26	1.757	1.497	1.369	1.286	1.223	1.171
27	1.741	1.487	1.362	1.281	1.219	1.168
28	1.726	1.477	1.355	1.276	1.216	1.165
29	1.712	1.469	1.349	1.271	1.212	1.163
30	1.698	1.460	1.343	1.267	1.209	1.160
31	1.686	1.452	1.337	1.263	1.206	1.158
32	1.673	1.445	1.332	1.259	1.203	1.156
33	1.662	1.438	1.326	1.255	1.200	1.154
34	1.651	1.431	1.322	1.251	1.197	1.152
35	1.640	1.424	1.317	1.248	1.194	1.150
36	1.630	1.418	1.312	1.244	1.192	1.148
37	1.621	1.412	1.308	1.241	1.189	1.146
38	1.612	1.406	1.304	1.238	1.187	1.144
39	1.603	1.401	1.300	1.235	1.184	1.142
40	1.594	1.395	1.296	1.232	1.182	1.141
41	1.5862	1.3901	1.2923	1.2290	1.1801	1.1393
42	1.5784	1.3852	1.2888	1.2263	1.1781	1.1377
43	1.5709	1.3804	1.2853	1.2237	1.1761	1.1363

	$\alpha=0.01$	$\alpha=0.05$	$\alpha=0.1$	$\alpha=0.15$	$\alpha=0.2$	$\alpha=0.25$
44	1.5637	1.3758	1.2820	1.2212	1.1742	1.1348
45	1.5567	1.3714	1.2788	1.2187	1.1723	1.1335
46	1.5500	1.3671	1.2757	1.2164	1.1705	1.1321
47	1.5435	1.3630	1.2727	1.2141	1.1688	1.1308
48	1.5372	1.3590	1.2698	1.2119	1.1671	1.1296
49	1.5311	1.3552	1.2670	1.2097	1.1655	1.1283
50	1.5252	1.3514	1.2643	1.2077	1.1639	1.1271
51	1.5195	1.3478	1.2617	1.2056	1.1623	1.1260
52	1.5140	1.3443	1.2591	1.2037	1.1608	1.1249
53	1.5087	1.3408	1.2566	1.2018	1.1594	1.1238
54	1.5035	1.3375	1.2542	1.1999	1.1579	1.1227
55	1.4984	1.3343	1.2518	1.1981	1.1566	1.1217
56	1.4935	1.3312	1.2495	1.1964	1.1552	1.1207
57	1.4887	1.3281	1.2473	1.1947	1.1539	1.1197
58	1.4841	1.3251	1.2451	1.1930	1.1526	1.1187
59	1.4796	1.3222	1.2430	1.1914	1.1514	1.1178
60	1.4752	1.3194	1.2410	1.1898	1.1502	1.1169
61	1.4710	1.3167	1.2390	1.1883	1.1490	1.1160
62	1.4668	1.3140	1.2370	1.1868	1.1478	1.1151
63	1.4627	1.3114	1.2351	1.1853	1.1467	1.1142
64	1.4588	1.3088	1.2332	1.1839	1.1456	1.1134
65	1.4549	1.3064	1.2314	1.1825	1.1445	1.1126
66	1.4512	1.3039	1.2296	1.1811	1.1434	1.1118
67	1.4475	1.3016	1.2279	1.1798	1.1424	1.1110
68	1.4439	1.2992	1.2262	1.1784	1.1414	1.1102
69	1.4404	1.2970	1.2245	1.1772	1.1404	1.1095
70	1.4370	1.2948	1.2229	1.1759	1.1394	1.1088
71	1.4336	1.2926	1.2213	1.1747	1.1385	1.1081
72	1.4303	1.2905	1.2197	1.1735	1.1376	1.1073
73	1.4271	1.2884	1.2182	1.1723	1.1367	1.1067
74	1.4240	1.2864	1.2167	1.1712	1.1358	1.1060
75	1.4209	1.2844	1.2152	1.1700	1.1349	1.1053
76	1.4179	1.2824	1.2138	1.1689	1.1340	1.1047
77	1.4150	1.2805	1.2124	1.1678	1.1332	1.1040
78	1.4121	1.2786	1.2110	1.1668	1.1324	1.1034
79	1.4093	1.2768	1.2097	1.1657	1.1316	1.1028
80	1.4065	1.2750	1.2083	1.1647	1.1308	1.1022

附表 7　　　　　　　　　　　卡方分布临界值表

n/α	0.001	0.005	0.01	0.05	0.1	0.2	0.25
1	10.8276	7.8794	6.6349	3.8415	2.7055	1.6424	1.3233
2	13.8155	10.5966	9.2103	5.9915	4.6052	3.2189	2.7726
3	16.2662	12.8382	11.3449	7.8147	6.2514	4.6416	4.1083
4	18.4668	14.8603	13.2767	9.4877	7.7794	5.9886	5.3853
5	20.5150	16.7496	15.0863	11.0705	9.2364	7.2893	6.6257
6	22.4577	18.5476	16.8119	12.5916	10.6446	8.5581	7.8408
7	24.3219	20.2777	18.4753	14.0671	12.0170	9.8032	9.0371
8	26.1245	21.9550	20.0902	15.5073	13.3616	11.0301	10.2189
9	27.8772	23.5894	21.6660	16.9190	14.6837	12.2421	11.3888
10	29.5883	25.1882	23.2093	18.3070	15.9872	13.4420	12.5489
11	31.2641	26.7568	24.7250	19.6751	17.2750	14.6314	13.7007
12	32.9095	28.2995	26.2170	21.0261	18.5493	15.8120	14.8454
13	34.5282	29.8195	27.6882	22.3620	19.8119	16.9848	15.9839
14	36.1233	31.3193	29.1412	23.6848	21.0641	18.1508	17.1169
15	37.6973	32.8013	30.5779	24.9958	22.3071	19.3107	18.2451
16	39.2524	34.2672	31.9999	26.2962	23.5418	20.4651	19.3689
17	40.7902	35.7185	33.4087	27.5871	24.7690	21.6146	20.4887
18	42.3124	37.1565	34.8053	28.8693	25.9894	22.7595	21.6049
19	43.8202	38.5823	36.1909	30.1435	27.2036	23.9004	22.7178
20	45.3147	39.9968	37.5662	31.4104	28.4120	25.0375	23.8277
21	46.7970	41.4011	38.9322	32.6706	29.6151	26.1711	24.9348
22	48.2679	42.7957	40.2894	33.9244	30.8133	27.3015	26.0393
23	49.7282	44.1813	41.6384	35.1725	32.0069	28.4288	27.1413
24	51.1786	45.5585	42.9798	36.4150	33.1962	29.5533	28.2412
25	52.6197	46.9279	44.3141	37.6525	34.3816	30.6752	29.3389
26	54.0520	48.2899	45.6417	38.8851	35.5632	31.7946	30.4346
27	55.4760	49.6449	46.9629	40.1133	36.7412	32.9117	31.5284
28	56.8923	50.9934	48.2782	41.3371	37.9159	34.0266	32.6205
29	58.3012	52.3356	49.5879	42.5570	39.0875	35.1394	33.7109
30	59.7031	53.6720	50.8922	43.7730	40.2560	36.2502	34.7997
31	61.0983	55.0027	52.1914	44.9853	41.4217	37.3591	35.8871
32	62.4872	56.3281	53.4858	46.1943	42.5847	38.4663	36.9730
33	63.8701	57.6484	54.7755	47.3999	43.7452	39.5718	38.0575
34	65.2472	58.9639	56.0609	48.6024	44.9032	40.6756	39.1408
35	66.6188	60.2748	57.3421	49.8018	46.0588	41.7780	40.2228
36	67.9852	61.5812	58.6192	50.9985	47.2122	42.8788	41.3036
37	69.3465	62.8833	59.8925	52.1923	48.3634	43.9782	42.3833
38	70.7029	64.1814	61.1621	53.3835	49.5126	45.0763	43.4619
39	72.0547	65.4756	62.4281	54.5722	50.6598	46.1730	44.5395
40	73.4020	66.7660	63.6907	55.7585	51.8051	47.2685	45.6160
41	74.7449	68.0527	64.9501	56.9424	52.9485	48.3628	46.6916
42	76.0838	69.3360	66.2062	58.1240	54.0902	49.4560	47.7663
43	77.4186	70.6159	67.4593	59.3035	55.2302	50.5480	48.8400

续表

n/α	0.001	0.005	0.01	0.05	0.1	0.2	0.25
44	78.7495	71.8926	68.7095	60.4809	56.3685	51.6389	49.9129
45	80.0767	73.1661	69.9568	61.6562	57.5053	52.7288	50.9849
46	81.4003	74.4365	71.2014	62.8296	58.6405	53.8177	52.0562
47	82.7204	75.7041	72.4433	64.0011	59.7743	54.9056	53.1267
48	84.0371	76.9688	73.6826	65.1708	60.9066	55.9926	54.1964
49	85.3506	78.2307	74.9195	66.3386	62.0375	57.0786	55.2653
50	86.6608	79.4900	76.1539	67.5048	63.1671	58.1638	56.3336
51	87.9680	80.7467	77.3860	68.6693	64.2954	59.2481	57.4012
52	89.2722	82.0008	78.6158	69.8322	65.4224	60.3316	58.4681
53	90.5734	83.2526	79.8433	70.9935	66.5482	61.4142	59.5344
54	91.8718	84.5019	81.0688	72.1532	67.6728	62.4961	60.6000
55	93.1675	85.7490	82.2921	73.3115	68.7962	63.5772	61.6650
56	94.4605	86.9938	83.5134	74.4683	69.9185	64.6576	62.7294
57	95.7510	88.2364	84.7328	75.6237	71.0397	65.7373	63.7933
58	97.0388	89.4769	85.9502	76.7778	72.1598	66.8162	64.8565
59	98.3242	90.7153	87.1657	77.9305	73.2789	67.8945	65.9193
60	99.6072	91.9517	88.3794	79.0819	74.3970	68.9721	66.9815
61	100.8879	93.1861	89.5913	80.2321	75.5141	70.0490	68.0431
62	102.1662	94.4187	90.8015	81.3810	76.6302	71.1253	69.1043
63	103.4424	95.6493	92.0100	82.5287	77.7454	72.2010	70.1650
64	104.7163	96.8781	93.2169	83.6753	78.8596	73.2761	71.2251
65	105.9881	98.1051	94.4221	84.8206	79.9730	74.3506	72.2848
66	107.2579	99.3304	95.6257	85.9649	81.0855	75.4245	73.3441
67	108.5256	100.5540	96.8278	87.1081	82.1971	76.4978	74.4029
68	109.7913	101.7759	98.0284	88.2502	83.3079	77.5707	75.4612
69	111.0551	102.9962	99.2275	89.3912	84.4179	78.6429	76.5192
70	112.3169	104.2149	100.4252	90.5312	85.5270	79.7146	77.5767
71	113.5769	105.4320	101.6214	91.6702	86.6354	80.7859	78.6337
72	114.8351	106.6476	102.8163	92.8083	87.7430	81.8566	79.6904
73	116.0915	107.8617	104.0098	93.9453	88.8499	82.9268	80.7467
74	117.3462	109.0744	105.2020	95.0815	89.9560	83.9965	81.8026
75	118.5991	110.2856	106.3929	96.2167	91.0615	85.0658	82.8581
76	119.8503	111.4954	107.5825	97.3510	92.1662	86.1346	83.9133
77	121.1000	112.7038	108.7709	98.4844	93.2702	87.2030	84.9680
78	122.3480	113.9109	109.9581	99.6169	94.3735	88.2709	86.0225
79	123.5944	115.1166	111.1440	100.7486	95.4762	89.3383	87.0765
80	124.8392	116.3211	112.3288	101.8795	96.5782	90.4053	88.1303

注：如果本表不满足所需，可以继续自行计算临界值，命令为 CHIINV（概率、自由度）。

参考文献

［1］［美］William H. Greene，Econometric analysis，Seventh Edition［M］. 北京：中国人民大学出版社，2013.

［2］张晓峒. 应用数量经济学［M］. 北京：机械工业出版社，2009.

［3］孙敬水，马淑琴. 计量经济学（第二版）［M］. 北京：清华大学出版社，2009.

［4］［美］迈克尔·P. 莫瑞著，费剑平译. 现代计量经济学［M］. 北京：机械工业出版社，2009.

［5］贺铿. 经济计量学教程［M］. 北京：中国统计出版社，2000.

后　记

　　《计量经济学基础》完成之际，正值 2018 年岁末。距离 2008 年本人第一部专著出版已经过去了整整十年。十年，弹指一挥间，时间过得真快。

　　十年里，本人曾出国访学，回国后即开设了双语计量经济学课程，之后是统计学英语等课程。其间，笔者几乎每天都是在中西方专业知识的融合与碰撞中案牍劳形，累并快乐着。"幸福是奋斗出来的"，本人很喜欢这句话。

　　对于基础学科的研究，既枯燥又充满挑战，特别是对于基础理论的数理推导，花费了本人很多时间和精力，一个知识点一个结论地去推理，一个问题一个方法地去佐证，旨在给计量经济学初学者一片简捷又富有逻辑性的天空。

　　多年劳累中，感谢女儿及其他亲人无怨无悔的陪伴。感谢河北省政府的访学资助。感谢访学单位美国纽约市哥伦比亚大学的培养。

　　特别感谢责任编辑王柳松女士的敬业与严谨。同时，感谢参与本书校对与修改的所有工作人员的辛苦付出。

　　学海无涯，千里之行，始于足下。大道至简，本人希望阅读者遵循本书的脉络，深刻体会计量经济学的思维与逻辑，拨冗展卷，深入其中，做到开卷有益。

任丽君

2018 年 12 月